教育部人文社会科学重点研究基地成果
中国语言文学国家"双一流"建设学科成果

汉语方言语法研究丛书

顾问　邢福义　张振兴

主编　汪国胜

汉语方言处置范畴比较研究

余　乐◎著

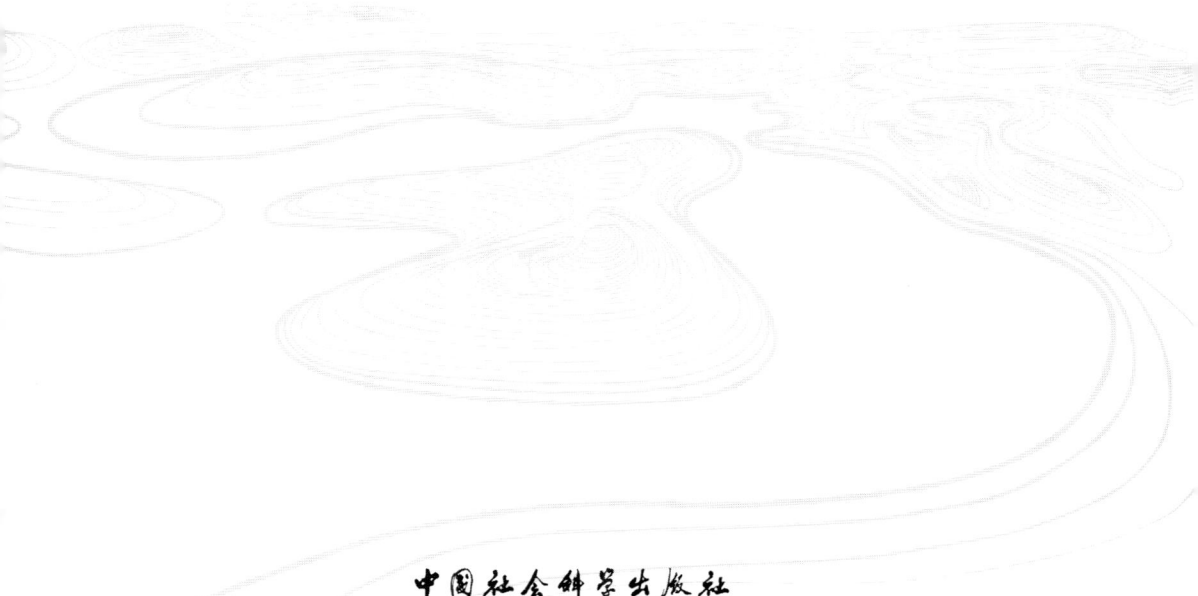

中国社会科学出版社

图书在版编目（CIP）数据

汉语方言处置范畴比较研究／余乐著 . —北京：中国社会科学出版社，2023.1
（汉语方言语法研究丛书）
ISBN 978 – 7 – 5227 – 1311 – 3

Ⅰ. ①汉⋯　Ⅱ. ①余⋯　Ⅲ. ①汉语方言—方言研究　Ⅳ. ①H17

中国国家版本馆 CIP 数据核字（2023）第 022077 号

出 版 人	赵剑英
责任编辑	张　林
特约编辑	乔盖乔
责任校对	李　莉
责任印制	戴　宽

出　　版	中国社会科学出版社
社　　址	北京鼓楼西大街甲 158 号
邮　　编	100720
网　　址	http://www.csspw.cn
发 行 部	010 – 84083685
门 市 部	010 – 84029450
经　　销	新华书店及其他书店

印刷装订	北京君升印刷有限公司
版　　次	2023 年 1 月第 1 版
印　　次	2023 年 1 月第 1 次印刷
开　　本	710 × 1000　1/16
印　　张	18
字　　数	289 千字
定　　价	108.00 元

凡购买中国社会科学出版社图书，如有质量问题请与本社营销中心联系调换
电话：010 – 84083683
版权所有　侵权必究

总　　序

　　20 世纪 80 年代以来,随着汉语方言研究的拓展和深化,方言语法的研究越来越受到学界的关注和重视。这一方面是因为方言语法客观上存在着不同程度的不容小觑的差异;另一方面是因为共同语(普通话)语法和历史语法的深入研究需要方言语法研究的支持。

　　过去人们一般认为,跟方言语音和词汇比较而言,方言语法的差异很小。这是一种误解,让人忽略了对方言语法事实的细致观察。实际上,在南方方言,语法上的差异还是不小的,至少不像过去人们想象的那么小。当然,这些差异大多是表现在一些细节上,但就是这样一些细节,从侧面鲜明地映射出方言的特点和个性。比如,湖北大冶方言的情意变调,[①] 青海西宁方言的左向否定,[②] 南方方言的是非型正反问句,[③] 等等,这些方言语法的特异表现,既显示出汉语方言语法的丰富性和复杂性,也可以提升我们对整体汉语语法的全面认识。

　　共同语语法和方言语法都是对历史语法的继承和发展,它们密切联系,又相互区别。作为整体汉语语法的一个方面,无论是共同语语法还是历史语法,有的问题光从本身来看,可能看不清楚,如果能将视线投向方言,则可从方言中获得启发,找到解决问题的线索和证据。朱德熙和邢福义等先生关于汉语方言语法的许多研究就是明证。[④] 可见方言语法对于共同语语法和历史语法研究的重要价值。

[①]　汪国胜:《大冶话的情意变调》,《中国语文》1996 年第 5 期。
[②]　汪国胜:《从语法角度看〈现代汉语方言大词典〉》,《方言》2003 年第 4 期。
[③]　汪国胜、李曌:《汉语方言的是非型正反问句》,《方言》2019 年第 1 期。
[④]　朱德熙:《从历史和方言看状态形容词的名词化》,《方言》1993 年第 2 期;邢福义:《"起去"的普方古检视》,《方言》2002 年第 2 期。

本《丛书》由教育部人文社会科学重点研究基地华中师范大学"语言与语言教育研究中心"筹划实施并组织编纂,主要收录两方面的成果:一是单点方言语法的专题研究(甲类),如《武汉方言语法研究》;二是方言语法的专题比较研究(乙类),如《汉语方言疑问范畴比较研究》。其中有的是国家或教育部社科基金项目的结项成果,有的是作者多年潜心研究的学术结晶,有的是博士学位论文。就两类成果而言,应该说,当前更需要的是甲类成果。只有把单点方言语法研究的工作做扎实了,调查的方言点足够多了,考察足够深了,有了更多的甲类成果的积累,才能更好地开展广泛的方言语法的比较研究,才能逐步揭示汉语方言语法及整体汉语语法的基本面貌。

出版本《丛书》,一方面是想较为集中地反映汉语方言语法的研究成果,助推方言语法研究;另一方面是想为将来汉语方言语法的系统描写做点基础性的工作。《丛书》能够顺利面世,得力于中国社会科学出版社张林编辑的全心支持,在此表示衷心的感谢。《丛书》难免存在这样那样的问题,盼能得到读者朋友的批评指正。

汪国胜
2021 年 5 月 1 日

目 录

第1章 绪论 (1)
  1.1 选题背景 (1)
    1.1.1 汉语方言研究的走向 (1)
    1.1.2 研究热点和选题依据 (6)
  1.2 研究现状 (9)
    1.2.1 共时汉语处置式研究 (9)
    1.2.2 历时汉语处置式研究 (14)
    1.2.3 汉语方言处置式研究 (18)
  1.3 研究理论与方法 (21)
    1.3.1 研究理论 (21)
    1.3.2 研究方法 (22)
  1.4 研究目的与意义 (24)
    1.4.1 研究目的 (24)
    1.4.2 研究意义 (25)

第2章 汉语方言的处置义 (28)
  2.1 处置式的界定 (28)
    2.1.1 "把"的词性和作用 (28)
    2.1.2 "把"字句和处置式 (33)
    2.1.3 如何理解"处置式" (37)
  2.2 处置式的语义类型 (40)
    2.2.1 处置义处置式 (42)
    2.2.2 致使义处置式 (45)
    2.2.3 遭受义处置式 (47)

  2.2.4 对待义处置式 ……………………………………（48）
  2.2.5 命名义处置式 ……………………………………（50）
 2.3 处置式的语用意义 ………………………………………（52）
第3章 汉语方言的处置标 …………………………………………（54）
 3.1 处置标的分布 ……………………………………………（54）
  3.1.1 处置标的地域分布 ………………………………（54）
  3.1.2 处置标的类型分布 ………………………………（70）
  3.1.3 处置标的方言分布 ………………………………（73）
 3.2 复合处置标 ………………………………………………（75）
  3.2.1 复合处置标的地域分布 …………………………（75）
  3.2.2 复合处置标的结构类型 …………………………（81）
  3.2.3 复合处置标的产生机制 …………………………（86）
 3.3 多标记现象 ………………………………………………（87）
  3.3.1 多处置标记的方言 ………………………………（87）
  3.3.2 多标记的语用差异 ………………………………（98）
第4章 汉语方言的处置式 ………………………………………（104）
 4.1 共同语处置式的结构特点 ……………………………（104）
 4.2 方言处置式的结构特点 ………………………………（107）
 4.3 处置式的结构类型 ……………………………………（110）
  4.3.1 一般处置式 ……………………………………（111）
  4.3.2 复指代词型处置式 ……………………………（112）
  4.3.3 "上古式"处置式 ……………………………（115）
  4.3.4 套合式处置式 …………………………………（116）
  4.3.5 否定处置式 ……………………………………（118）
 4.4 方言处置式的类型学分析 ……………………………（120）
  4.4.1 处置式的宾语类型 ……………………………（120）
  4.4.2 处置式的语义混合类型 ………………………（124）
 4.5 处置式的强度等级 ……………………………………（126）
 4.6 方言处置式与被动式的关系 …………………………（131）
  4.6.1 共标现象 ………………………………………（131）
  4.6.2 共标原因 ………………………………………（135）

第5章 汉语方言处置式的变换句式 (142)
5.1 受事前置型 (142)
5.1.1 句式结构 (142)
5.1.2 句法要求 (145)
5.2 动词谓语型 (150)
5.2.1 句式结构 (150)
5.2.2 句法要求 (152)
5.3 复指代词型 (155)
5.3.1 句式结构 (155)
5.3.2 句法要求 (157)
5.4 几种变换句式的地理分布特点 (158)
5.4.1 地理分布 (158)
5.4.2 分布特点 (160)

第6章 汉语方言处置式和处置标的发展 (162)
6.1 处置式的起源 (162)
6.2 处置式的发展 (168)
6.2.1 先秦至两汉时期 (168)
6.2.2 唐宋时期 (169)
6.2.3 元明清时期 (172)
6.3 处置式的复杂化 (176)
6.3.1 宾语类型复杂化 (176)
6.3.2 谓语部分复杂化 (178)
6.3.3 "S把O"的出现 (180)
6.3.4 其他方面的复杂化 (182)
6.4 处置式的发展动因 (183)
6.5 处置标的演化路径 (187)
6.6 个案分析 (220)

第7章 结语 (234)
7.1 基本认识 (234)
7.1.1 关于方言的处置式 (234)
7.1.2 关于方言的处置标 (235)

   7.1.3 关于方言处置式和处置标的演变 …………… (237)
 7.2 不足之处 ……………………………………………… (240)
   7.2.1 关于处置式分类 ………………………………… (240)
   7.2.2 关于研究的方法 ………………………………… (242)
   7.2.3 关于解释的深度 ………………………………… (244)
 7.3 几点思考 ……………………………………………… (246)
   7.3.1 关于研究内容 …………………………………… (246)
   7.3.2 关于研究方法 …………………………………… (249)
参考文献 ………………………………………………………… (254)
后　记 ………………………………………………………… (278)

第 1 章　绪论

1.1　选题背景

1.1.1　汉语方言研究的走向

汉语方言研究始于中国古代语言学时期，汉代扬雄的《輶轩使者绝代语释别国方言》作为我国最早的汉语方言著作和汉语方言比较词汇集，开创了注重语言实际调查的传统；明清时期，"小学"在中国再次盛行，方言研究步入近代时期，词汇采集和韵书编纂是当时方言研究的主流；清朝末年，传教士出于"传教"的需要，用教会罗马字在各地编纂汉语方言词典和《圣经》译本，也被视作近代汉语方言研究的又一分支[①]。而现代语言学意义上的汉语方言研究关注的重点则是 20 世纪以来的现当代汉语方言研究（李如龙 2007：18）。随着现当代语言学界对汉语方言研究的日益重视，特别是近二三十年间，方言研究已然成为我国语言学界的热点领域，语音、词汇、语法等方面的方言成果不断推陈出新（詹伯慧 2015）。

传统的经验式评估多是研究者通过阅读大量的相关文献，并结合自身的经验和知识水平所作出的判断。受研究者把握文献的能力和专业水平的限制，得出的结论在全面性、客观性上有所欠缺。当代方言研究现状和趋向的宏观把握有必要借助一些先进的科学方法和分析工具。因此，本书借助由美国陈超美教授开发的定量分析文献数据蕴含信息的 Citespace 可视化图谱软件对我国 20 世纪以来方言研究的面貌及走向进

[①] 参考了李如龙（2007：12）的介绍。

行梳理。该软件基于文献共引分析（cociation analysis）理论和寻径网络算法（pathfinder network scaling），辅以可视化的知识图谱形式来帮助研究者探测某知识域演化的关键路径及重要转折点、预测发展前沿（陈悦、陈超美等 2014：12）。Citespace 开发至今，其功能和科学性也在日渐完善并得到有效证实，在自然科学、心理学、教育学等领域已被广泛借鉴。由 Citespace 绘制的科学知识图谱，较之于传统的经验主义评估，更能反映科学研究的本质面貌、保证分析数据的全面性和客观性。

文献共被引分析（Co-Citation analysis）是美国情报学家 Small Henry 在 1973 年发表的《科学文献里的文献共被引分析：一种分析文献关系的新手段》（Co-Citation in the scientific literature: A new measure of the relationship between publications）一文中提出的概念，即通过分析文献间形成的共被引关系群，梳理学科发展的路径、探测在学科演变过程中起到关键作用的文献，从而揭示具体研究领域的知识结构（Small H 1973）。关键词共现分析法以齐普夫定律（Zipf's law）为基本原理，通过提取能够表达文献信息核心内容的关键词或主题词的分布频次，以此来考察该研究领域当前及过去产生过哪些研究热点[①]。以下先介绍观察科学图谱时需要用到的三个重要指标。

（1）中介中心性（betweenness centrality）也叫中间中心性、居间中心性、中间性等，是用来进行中心性测度的指标（Freeman 1979）[②]。中介中心性高的节点一般都处在连接两个不同领域的路径上。因此，文献计量学常借助测量中心性来发现不同学科的连接点或进化网络中的支点（tipping points）（刘则渊 2008：62）。中心忹高的文献（或关键词、作者等）映射在知识图谱上，就是那些用紫色外环重点标示的节点。

（2）突变探测（burst detection）是发现某个科学域内研究兴趣突然增长的动态前沿或研究热点的重要线索（李杰、陈超美 2016：110）。在图谱中表现为内有红色圆点的节点。

（3）频次（frequency）表示 Citespace 统计数据库中节点出现的次数，图谱中的年轮节点越大，说明该节点出现在网络体系中的频率越高

---

① 转引自刘则渊（2008）。
② 转引自李杰、陈超美《CiteSpace：科技文本挖掘及可视化》，首都经济贸易大学出版社 2016 年版，第 89—90 页。

(李杰、陈超美2016：108）。通过观察这些节点的频次，可以清晰地了解研究领域中占据主流地位的主题。

我们将CSSCI中检索到的2000多篇方言文献全部导入Citespace进行处理，并将结果用时间线（Time-line）的方式呈现出来，据此说明我国现当代汉语方言研究的历史进程。原图（见图1.1上方）中节点的分布从80年代左右出现明显的分界，恰好反映了我国汉语方言研究的两个历史分期：现代期（1920—1970）和当代期（1971—现在）。鉴于图谱中1970年以前的文献节点稀少、2000年之后的节点却过于稠密，我们用Fisheye（鱼眼）功能将2000年之后的时间分区拉开，突出展现该阶段的节点（见图1.1）。表1.1、表1.2分别列出了国内共被引文献群中的高被引和高中心性文献。

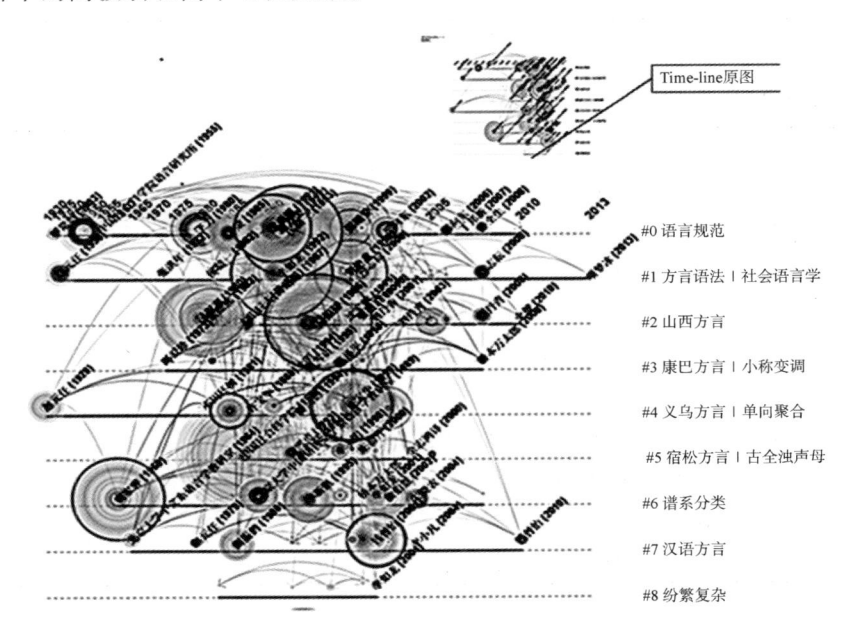

图1.1 共被引文献Time-line鱼眼视图①

---

① 限于篇幅的限制，图1.1中Time-line鱼眼视图的各个节点聚集在一起、不太容易辨识，但是在Citespace软件生成的原始图表中，可以拉大图片来看，各个节点的内容和位置非常清晰。右测小字分别为：语言规范、方言语法｜社会语言学、山西方言、康巴方言｜小称变调、义乌方言｜单向聚合、宿松方言｜古全浊声母、谱系分类、汉语方言、纷繁复杂。

表 1.1　　　　　　　　　Top 10 高被引文献

被引频次	共被引文献
116	中国社会科学院，1987，中国语言地图集［M］
91	黄伯荣，1996，汉语方言语法类编［M］
85	侯精一，1993，山西方言调查研究报告［M］
84	李如龙，1992，客赣方言调查报告［M］
80	袁家骅，1960，汉语方言概要［M］
77	吕叔湘，1980，现代汉语八百词［M］
71	王福堂，1999，汉语方言语音的演变和层次［M］
70	许宝华，1999，汉语方言大词典［M］
67	徐通锵，1991，历史语言学［M］
62	刘纶鑫，1999，客赣方言比较研究［M］

表 1.2　　　　　　　　　Top 10 高中心度文献

中心度	共被引文献
0.23	许宝华，1999，汉语方言大词典［M］
0.17	袁家骅，1960，汉语方言概要［M］
0.15	黄伯荣，1996，汉语方言语法类编［M］
0.13	徐通锵，1991，历史语言学［M］
0.13	刘纶鑫，1999，客赣方言比较研究［M］
0.13	侯精一，1993，山西方言调查研究报告［M］
0.11	侯精一，1999，现代晋语的研究［M］
0.11	李如龙，1992，客赣方言调查报告［M］
0.10	钱曾怡，2001，山东方言研究［M］
0.10	钱乃荣，1992，当代吴语研究［M］

先略看现代期的文献节点。1928 年赵元任发表的《现代吴语的研究》是中国方言史上第一部调查报告，比较研究了吴语 30 处的词汇和 22 处的语助词，书中采用的乐谱标调法和严式标音法为之后的方言工作者树立了调查、记录、分析方言的典范。1936 年中央研究院组织赵元任、丁声树等学者就湖北省方言进行考察，《湖北方言调查报告》便是此次方言调查的结果；这是我国第一部带有方言地图的著作，迄今为

止仍然是地区方言调查的典范。20 世纪五六十年代，我国的方言研究围绕普查方言语音、推广普通话展开，方言语法研究几乎处于沉寂状态，图谱上的节点稀疏。但 60 年代出版的《汉语方言概要》《汉语方言字汇》《汉语方言词汇》这三部综合比较各大方言的专著至今仍多被方言研究者引用，《汉语方言概要》的被引频次和中介中心性都在前十位。1972 年张洪年的硕士学位论文《香港粤语语法的研究》由香港中文大学出版社出版，汉语方言语法的研究出现了逐步发展起来的势头（詹伯慧 2004）。1979 年《方言》杂志创刊、1981 年全国方言学会成立，我国的方言研究自此活跃起来（郭利霞 2007），图谱上的节点也逐渐稠密。图 1.1 中排名前十的高被引和高中心性文献，大多出版于 1980—2000 年间，说明这一时期的研究成果对我国当代方言研究具有重要意义，学科基础基本形成于该阶段。

20 世纪八九十年代，我国掀起汉语方言地理学研究的高潮，方言分区的调查研究和方言词典的编纂取得了一系列影响深远的成果。图 1.1 中最大的节点和中心性最高的节点分别是中国社会科学院、澳洲人文科学院合作编纂的《中国语言地图集》和许宝华、宫田一郎主编的《汉语方言大词典》。《中国语言地图集》宏观地展示了汉语方言分区，并就分区时考虑的地理、方言特征进行详细说明，出版后迅速成为多数方言学者在调查和研究方言分区时的主要参考依据；这种用多幅彩色地图的形式，把汉语方言和各少数民族语言加以分类分区、标出它们的地理分布，在我国还是第一次，被认为是我国科学文化领域的一项基本建设（张振兴 1997）。《汉语方言大词典》采用定点调查、共时描写的方法，取材于 1200 多种古今语言文字类著作，集我国历史上有关汉语方言词语记录和研究的大成（谢自立 2000）。在综合理论研究上，90 年代最为突出的节点是黄伯荣的《汉语方言语法类编》，这是我国首部专注于汉语方言语法、反映汉语方言语法概貌的综合性著作；同时，黄伯荣选取最有代表性的例句，按词法、句法分类，重新组织编纂了《汉语方言语法调查手册》，弥补了我国长期以来缺乏一部较为完善的语法调查大纲的缺憾。方言的历史层次问题一直是我国方言研究的重要方向，徐通锵的《历史语言学》具有重要的指导意义，王福堂的《汉语方言语音的演变和层次》是关于方言语音历史研究的一篇重要专题论文。90

年代的方言研究从单点方言的描写过渡到地区方言的综合调查,其中最有代表性的有三部:侯精一的《山西方言调查研究报告》是一部以省为单位进行方言研究的重要著作,为其他地区方言调查报告的编写提供了有益借鉴(胡双宝 1995);李如龙的《客赣方言调查报告》调查了分布在赣桂湘鄂皖及香港的 34 个地点方言的赣语和客家话,证实了它们是两种不同的方言;钱乃荣的《当代吴语的研究》重新实地考察了赵元任曾经调查过的 33 个吴语方言点,调查结果涉及吴语的各地音系、连读变调、词汇语法等各个层面。

从 2000 年到现在,图谱中出现的中心性和被引频次最高的文献分别是《山东方言研究》和《语言地理类型学》。《山东方言研究》是山东方言综合研究的里程碑式成果,也是官话方言的一部力作。作者归纳了山东方言的研究趋势是以语音为主到语音、词汇、语法的全面展开,从单点调查到成片特点的比较,从共时的方言研究到汉语历史的演变,以及方言研究要与地理结合、要引入现代化手段等(赵日新 2002);这同时也反映了全国汉语方言研究的总趋势,对其他官话方言的调查与研究有重要的借鉴意义。《语言地理类型学》是已故日本语言学家桥本万太郎先生的代表作,作者立足于东亚大陆的语言事实,通过语言在地理区域上的类型推移来考察语言的历史演变层级;该书自 1985 年的汉译本在中国首次出版以来,对汉语方言的类型研究和比较研究影响颇深,但在图谱中,尚未形成自己的中心度。

图谱中 2000 年以后的节点分布映射出 21 世纪以来的汉语方言语法除了继续组织方言词典的编纂、深化方言点和方言区的调查外,在比较研究、历史语法研究方面的成果凸显,最有代表性的文献是李如龙的《汉语方言的比较研究》、邢向东的《陕北晋语语法比较研究》以及丁邦新的《历史层次与方言研究》;方言语法的综合研究上,刘丹青先生以 Comrie & Smith 的《语言描写问卷》(Lingua Descriptive Studies: Questionnaire)为纲编写的参考语法书《语法调查研究手册》,为方言语法调查提供了新的范式。

1.1.2 研究热点和选题依据

我们在综览了国内现当代方言研究历程后,再次利用 Citespace 对

2000 年以来汉语方言学界的研究主题和前沿热点进行分析。图 1.2 是分别由最小生成树（Minimum Spanning Tree）方式剪枝生成的关键词共现图谱。

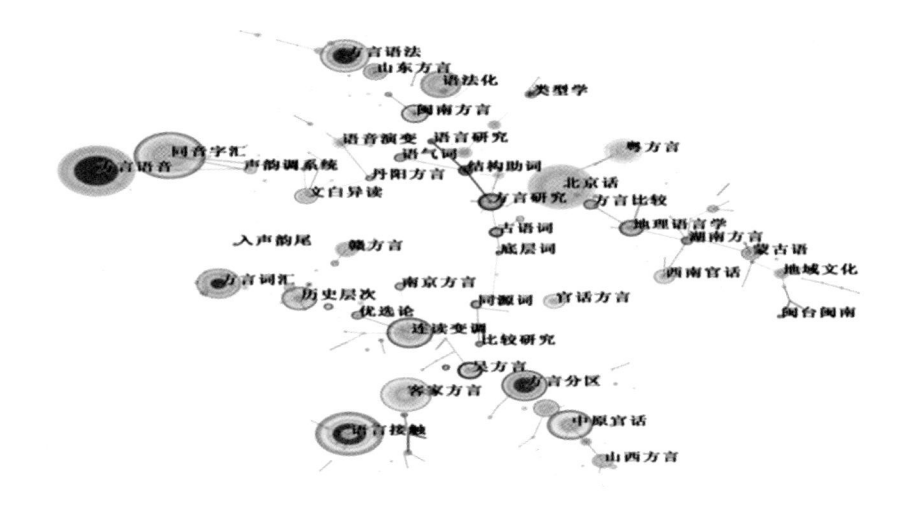

图 1.2 最小生成树（Minimum Spanning Tree）关键词共现①

图中的高频关键词"方言语音、方言语法、方言词汇"集中反映了国内方言研究的三大主题，表 1.3 列举出国内方言研究的突现关键词。汉语方言语音方面，连读变调、入声韵尾是研究热点，编写同音字汇、声韵调系统、文白异读、语音演变等问题都是语音研究的重点。方言词汇常考察同源词、古语词，对语气词、结构助词的研究最多。方言语法是汉语方言研究的热点领域，而语法化是语法研究的热点话题。方言理论的综合研究上，关注方言的历史层次和区域间的比较研究，比较研究成为方言研究常采用的分析方法，地理语言学对国内的方言研究影响深远、发展较为成熟，形成了较高的中心性（节点外有紫色外环），方言接触、比较研究、类型学在图谱中成为新的增长点。从图 1.2 中还可以看到，尽管我国在地域方言的研究上已然取得了不菲的成绩，但研究成果地域分布不均，考察地域集中在中原官话、江淮官话、西南官话

---

① 本图为 Citespace 自动生成，复印后字迹略模糊。

及吴语、粤语、闽语、湘语和赣语等方言区，覆盖范围有待拓展；在理论体系上，2000年以后的文献尚未能形成自己的中心度，汉语方言在类型研究、比较研究、历史研究等方面仍需继续深化。

表1.3　　　　　　　　　Top 10 突现关键词

Keywords	Strength	Begin	End	2001—2016
方言语音	8.8678	2006	2007	
方言接触	6.179	2009	2016	
方言分区	4.9574	2005	2007	
入声韵尾	3.8228	2011	2013	
历史层次	3.7451	2010	2016	
结构助词	3.6864	2001	2002	
连读变调	3.4702	2014	2016	
方言语法	3.3916	2006	2007	
方言比较	2.8802	2007	2009	
类型学	2.3347	2008	2016	

综合考虑上述汉语方言研究的历史及走向，我们将研究方向定为方言语法、语义的比较范畴。比较法在语言研究中的重要意义前人多有论述。吕叔湘（1992）曾指出："要认识汉语的特点，就要跟非汉语比较，要认识现代汉语的特点，就要跟古代汉语比较；要认识普通话的特点，就要跟方言比较。"① 吕叔湘先生的观点代表了过去语言学界的普遍看法，方言研究很大程度上是为了通过对比普方差异来更清楚地说明普通话的特点，对汉语方言共时的比较研究和历时的动态考察缺乏足够的重视。即便是专门就汉语方言展开的对比研究，关注的重点也多集中在语音层面、方言语法层面的研究较少。对比研究仍然处于探索阶段、相关成果尚不多见。

然而，随着方言研究在汉语史研究领域影响的不断扩大，汪国胜（2014）结合朱德熙（1993）的"三结合"、邢福义（2000）的"两个

---

① 吕叔湘：《通过对比研究语法》，《语言教学与研究》1992年第2期。

三角"理论,将方言语法研究的总思路精炼地概括为"多边比较,多角考察":"多边比较"即"方—普、A方言—B方言、汉方言—民族语、方—古"的比较;"多角考察"即"表—里—值"的"小三角"考察。前者可以显示方言的特点和个性,后者可以求得问题研究的深入。李如龙(2000)也曾指出:"20世纪积累了大量材料,今后应全面地进行纵横两面的比较,以为汉语史、汉语语言学,乃至汉藏语言学作出更大贡献。"①

而处置式又是汉语中最为特殊的重要句式之一,在方言中的表现形式更是与普通话存在极大差异。对现代汉语方言处置式的充分研究对于我们全面认识汉语的面貌、发现处置式的历时演化有着重大意义。然而,学界关于处置式的研究虽多,但绝大多数都是针对普通话或单点方言的,专门就汉语方言处置式进行综合分析比较的研究相对较少。到目前为止,这种类型的单篇论文不过数十篇,且大多是选择方言处置式的某一方面进行研究的。随着单点方言处置式相关研究成果的日益丰硕,也为现代汉语方言处置式的综合研究提供了现实条件。因此,本书最终将论文选题确定为现代汉语方言处置范畴的比较研究。

1.2 研究现状

1.2.1 共时汉语处置式研究

处置式作为汉语的一种重要句法结构,由王力先生(1943)最早为之定名(饶春、王煜景2012)。在普通话中,通常用"把"字作为处置标记来引出处置对象,因此处置式又常被称作"把"字句②。

在王力以前,汉语语法学史上已有学者注意到这种特殊句式。陈承泽(1982:47)在《国文法草创》中曾描述过"以、将"以及当时口语中的"把"有一种"致动式介字"的特殊用法,是用来"加重他动与所辖事务所支配的关系"的,其句式结构是"将动字之目的语移为其所系语,而介之于该动字(即所介语)者也……其所系语为目的式

---

① 李如龙:《论汉语方言的类型学研究》,《暨南学报》(社会科学版)1996年第2期。
② 以下对于共时汉语处置式研究的概括,部分参考了郑杰《现代汉语"把"字句研究综述》,《语言教学与研究》2002年第5期。

所系语"。黎锦熙先生（1924：35）立足于句式结构的分析，将"把"定性为"提宾于动前"的介词；后又发现这种"把"有介引"所措置处理之对象"（黎锦熙1957：63）的语法功能。黎先生的"提宾"说对语法学界关于"把"字句与相关句式间的转换方面的研究具有奠基性意义。在黎锦熙"提宾"说的基础上，王力（1985：943）从"把"字句的语法意义出发，正式为"处置式"定名。至此，处置式的研究成为现代汉语共同语语法研究领域的热点，而语法意义的研究则成为共同语领域对处置式与"把"字句研究中讨论最多、争论最大的核心问题。吕叔湘（1982：35—36）在《中国文法要略》中曾从"把"字句中谓语动词前后的句法成分出发，指出在"动词的后面紧接着一些成分"或"动词前面有特殊性质的限制词"时必须使用"把"字句；在动词"非富有行动意味"或动词所联系的宾语"是无定性的"的情况下不能使用"把"字句。在王力提出"处置"说后，吕先生（1984：176—208）集前人之大成，对近代汉语"把"字句的句式结构和语法意义进行了详细论述：从"动词的意义"和"宾语的性质"方面解释了"把"字句使用的消极限制，从"全句的格局"方面分析了"把"字句中宾语、补语等动词后加成分以及"都、也、一"等前加成分对"把"字句的积极限制。吕先生关于"把"字句用法的深入分析拓宽了"把"字句句法问题的研究思路，对语法学界关于"把"字句使用条件的综合性研究具有启示意义。黎锦熙的"提宾"说、王力的"处置"说以及吕叔湘的"三说"奠定了传统语法对处置式研究的基础（邵敬敏1987）；此后，共同语领域对处置式的内部研究主要围绕"语法意义、句法结构、构成条件"三方面进行。

　　处置式的语法意义历来是学界重点关注却又悬而未决的问题。王力（1985：83\943）立足于"把"字句式的"处置"义将其命名为"处置式"，并提出处置式"专为处置而设，如果行为不带处置性质，就不能用处置式"。随后王力（1984：116）又指出处置式有一种转化（derivation）名为"继事式（consecutive form）"，虽然其形式和处置式完全一致，但继事式并无处置义，表示的是"此事是受另一事影响而生的结果"。吕叔湘（1984：176—208）则认为动词的"处置"义仅是"把"字句的一种消极限制，用"处置式"来命名"把"字句式并不恰当，更无须另立继事式的名目。两位先生的不同看法引发了 20 世纪五六十年代对"处置式"和"处置"义的辩论，比较典型的有：胡附、文炼的《"把"字句问题》（1955），梁东汉的《论"把"字句》（1958），王还的《"把"字句和"被"字句》（1957）等。大多数学者选择支持"处置"一说，但就如何理解"处置"和"把"字句，学者的看法不一，分析的角度也不尽相同。在传统语法框架下，有的研究试图全面分析"把"字句的语义类型，如：宋玉柱（1981）《关于"把"字句的两个问题》，薛凤生（1987）《试论"把"字句的语义特性》，吕文华（1994）《"把"字句的语义类型》，王红旗（2003）《"把"字句的意义究竟是什么》，胡文泽（2005）《也谈"把"字句的语法意义》，刘培玉（2009）《关于"把"字句的语法意义》，郭浩瑜（2010）《处置式的语法意义》；有的仅就某一语义类型的处置式进行分析，如：叶向阳（2004）《"把"字句的致使性解释》，岳中奇（2004）《成事"把"字句的句法形式及语义》。20 世纪 80 年代开始，处置式内部的深层语义关联日渐受到关注，处置式的语义分析开始和句法结构相结合，取得了不少成果，比如：张伯江（2000）《论"把"字句的句式语义》、任玉华（2000）《"把"字句补语的语义指向》、牛保义（2008）《"把"字句语义建构的动因研究》、胡文泽（2010）《"把"字句语法意义在"把"字结构句中的不均衡表现》、施春宏（2010）《从句式群看"把"字句及相关句式的语法意义》、郭浩瑜和杨荣祥（2012）《从"控制度"看处置式的不同语法意义》。一些新的理论和研究范式也被引入处置式的语义研究，其中尤以构式语法、转换生成及格语法等理论的解释最为新颖，代表性的论文有：沈阳（1997）的《名词短语的多重移位形式及把字句的构造过程与语义解释》，杨国文（2014）的《把"字式和"被"字式成分语义角色的系统功能语法作格解释》，王璐璐、袁毓林（2016）的《述结式与"把"字句的构式意义互动研究》，马志刚、戴丽丽（2016）的《基于论元结构和题元指派对汉语处置义"把"字句的句法语义分析》等。还有一部分学者从认知语言学的视角理解处置式，如：崔希亮（1995）的《"把"字句的若干句法语义问题》、张旺熹（2001）的《"把"字句的位移图式》、高立群（2002）的《"把"字句位移图式心理现实性的实验研究》，沈家煊（2002）的《如何处置

"处置式"？——论把字句的主观性》，张黎（2007）的《汉语"把"字句的认知类型学解释》，高亚亨（2012）的《心理认同类"把"字句的语义特点》等。

  处置式的句法结构自20世纪80年代起到现在一直都是研究的重点所在。与此同时，处置式的句式结构分析及与其他相关句式的关系转换也随之成为研究的重点。专门讨论处置式句法结构的有：潘文娱（1978）的《对"把"字句的进一步探讨》，郭德润（1981）的《"把"字句的动词》，季永兴（1981）的《把被句管窥》，王还（1985）的《把字句中"把"的宾语》，薛凤生（1987）的《试论"把"字句的语法特性》，曹逢甫（1987）的《从主题一评论的观点看"把"字句》。研究处置式与相关句式关系的论文很多，如：傅雨贤（1981）的《"把"字句与"主谓宾"句的转换及其条件》，王缃（1983）的《兼语式转换成把字句式之条件初探》，邵敬敏（1985）的《把字句及其变换句式》，汤廷池（1977）的《处置式变形》，梅广（1978）的《把字句》，等等；其中又以处置式和被动式的问题讨论得最为广泛，如：邵敬敏（1983）的《"把"字句和"被"字句合用小议》，薛凤生（1994）的《"把"字句和"被"字句的结构意义——真的表示"处置"和"被动"？》。处置式的特殊形式或用法也是经常被讨论的问题，如：詹开弟（1983）的《"把"字句谓语中动作的方向》，王志（1984）的《浅谈谓语另带宾语的"把"字句》，吴葆棠（1987）的《一种丧失义倾向的"把"字句》，徐丹（1989）的《北京口语中非指人的"他（它）"》，龚千炎（1988）的《论"把"字兼语句》，张美兰（2000）的《论近代汉语"我把你个+名词性成分"句式》，蒋平（2003）的《是无动把字句还是一种行事句》，许光烈（2005）的《维纳斯句型——近代汉语中一种特殊的"把"字句》，张谊生（2005）的《近代汉语"把个"句研究》，王幼华（2008）的《半截子埋怨式"把"字句的结构语义分析》，郭浩瑜（2010）的《近代汉语中的一种特殊"把"字句——遭受义"把"字句》，王文晖（2011）的《近代汉语中的一种特殊把字句》，张俊阁（2013）的《近现代汉语中两种特殊结构的多视角考察——"我把你这（个）+NP"与"你这（个）+NP"比较》等。此外，还有部分研究是在考察其他句式时涉及处置式结构分析的，如李临定（1980）《动补格句式》，施关淦（1980）的《关于"在+NP+V+N"句式的分化问题》，朱德熙（1981）的《在"黑板上写字"及相关句式》，邵敬敏的《关于"在黑板上写字"句式变换和分化的若干问题》（1982）和徐杰（1999）的《两种保留宾语句式及相关句法理论问题》，宋文辉（2004）的《动结式在几个句式中的分布》，邵敬敏（2008）的《"连A也/都B"框式结构及其框式化特点》等。

　　构成条件是处置式研究的第三大议题。随着传统语法框架下的语义研究持续发展深化，逐渐发展出"处置式的构成条件"这一新课题，主要包含三方面的内容。一是构成处置式的条件。吕叔湘（1984：182）最早从句式结构的限制出发，指出"动词的处置义，宾语的有定性，这些都是消极条件，只有这第三个条件——动词的前后成分——才具有积极性质……"；还有学者就动词的限制进行分析，如赵元任（1981：281—282）划分的"处置动词"和"非处置动词"，汤廷池（1979）的"动态动词"和"静态动词"以及邵敬敏（1985）的"致果动词"和"非致果动词"；也有学者就宾语是否"有定"展开论述，如王还（1985）认为英语中的"有定冠词"和"不定冠词"才是"有定""无定"说法的来源，汉语中应该用"专指""确指""泛指"来指称。二是处置式使用的条件。比较典型的有：宋玉柱（1982）的《运用把字句的条件》，金立鑫（1998）的《选择使用"把"字句的流程》等。三是处置式的生成条件。"宾语提前说"是学界最主流的观点，认为"把"字的作用就是提前动词后的宾语，由此可推断把字句是由主动句（主—动—宾）变化而来。还有一种较为典型的观点是朱德熙（1982）的"受事主语"说，朱先生认为大量的把字句并不能还原成主动宾句，所以"把"字介引的名词仅是语义上动词的受事，在句法上则是从受事主语句变化而来。还有一些学者提出新的看法：金立鑫（1988）将句法和篇章的强制性视作把字句生成的主要条件；沈阳（1997）认为把字句生成的原因是由于其成分数量多且结构复杂，要求有一种特殊的语法形式来保证在结构合并过程中能保持成分和结构的一致性，而名词的多重位移正是把字句能够实现上述目标的重要手段；范晓（2001）从动词的配价出发，提出动核结构是生成把字句的基底语义结构，并据此划分出 10 种把字句式。

还有学者结合处置式的语法意义、语用特征以及句法结构等要素进行综合性考察，如宋玉柱（1978）的《"处置"新解——略论"把"字句的语法作用》，张旺熹（1991）的《"把"字结构的语义及其语用分析》，金立鑫（1997）的《"把"字句的句法、语义、语境特征》，沈阳（1997）的《名词短语的多重移位形式及把字句的构造过程与语义解释》，刘一之（2000）的《"把"字句的语用语法限制及语义解释》，陶红印等人（2000）的《无定式把字句在近、现代汉语中的地位及其理论意义》，邹洪民（2001）的《致使义"把"字句的语义语用分析》，刘培玉（2002）的《把字句的句法、语义和语用分析》，郭燕妮（2008）的《致使义把字句的句法语义语用分析》，张姜知（2013）的《无定成分作"把"字宾语的限制条件及语用功能》等。

近年来，对外汉语教学领域也对共同语中的处置式展开了多方面的研究，取得了一批颇具影响力的成果，例如：吕文华（1994）的"把"字句的语义类型》，杨素英（1998）的《从情状类型来看"把"字句（上/下）》，吕必松（2010）的《"把"字短语、"把"字句和"把"字句教学》，陆俭明（2016）的《从语言信息结构视角重新认识"把"字句》等。陆俭明（2016）从汉语教学"把"字句教学的困境出发，发现留学生经常误用"把"字句的一个主要原因就是：并非只有"把"字句才能表示"处置""致使""认同"或"不如意"等意义，主谓谓语句、受事主语句、"给"字句、"被"字句等句式有时也具有上述语法意义，以往的研究并未清楚说明"把"字句与这些句式在表达上的差异和具体体现；陆先生（2016）从语言信息结构的角度分别对"把"字句和主谓谓语句等相关句式进行分析，提出"处置"义"把"字句的三个显性特征：（1）要将"处置者"作为话题；（2）要将"处置结果"作为信息聚焦点；（3）要用介词"把"引入"处置对象"、表达处置行为的强影响性和说话者的主观性，从而凸显"处置结果"。

1.2.2 历时汉语处置式研究

处置式的出现对汉语语法史而言意义重大，如王力（1980：410—418）所言，处置式是"汉语语法走向完善的标志之一"。因此，处置式的来源分析和历时考察是研究汉语语法历史演变规律以及构建现代汉语句法结构体系的重要环节。汉语史领域对处置式的研究大致可概括为历时考察和断代描写两方面。

历时研究的对象包括处置句式和处置标记，而历时处置句式研究的重点则是力求解释处置式的来源、发展及句式结构演变等问题。最具代表性的研究有：祝敏彻（1957）的《论初期处置式》，金湘泽（1979）的《"把"字结构的历史情况》、陈初生（1983）的《早期处置式略论》，叶友文（1988）的《隋唐处置式内在渊源分析》，[法] A. 贝罗贝（1989）的《早期"把"字句的几个问题》，梅祖麟（1990）的《唐宋处置式的来源》，杜敏（1996）的《早期处置式的表现形式及其底蕴》，刘子瑜（1995）的《唐五代时期的处置式》，马贝加（2000）的《对象介词"将"的产生》，何亚南（2001）的《汉语处置式探源》，吴福祥（2003）的《再论处置式的来源》，曹广顺、龙国富（2005）的《再谈中古汉语处置式》，刘子瑜（2009）的《处置式带补语的历时发展》等论文，以及王力（1958）的《汉语史稿》、太田辰夫（1958）的《中国语历史文法》等专著中的相关论述。

祝敏彻（1957：17—33）是最早对处置式的来源进行专门研究的（饶春、王煜景2012）①；他认为，处置式大概出现在唐朝，源于"拿、握"义动词"将"和"把"在连动结构"将/把＋NP1＋V2"中的虚化（语法化）。持相同观点的还有王力（1980：410—418）、贝罗贝（1989）等学者。日本学者太田辰夫（1958）率先指出上古汉语的"以"字结构是最早的处置式，英国学者本涅特（Bennett，Paul A.）对此进行了详细论证。叶友文（1988）、梅祖麟（1990）等学者按照处置式的语义类别可将处置式划分为不同的次类，这些不同类型的处置式的来源并不相同。冯春田（1999）等学者虽然也认为处置式在语义上可划分出不同的类别，但它们来源于同一句式。曹广顺、龙国富（2005）认为中古汉语作为处置式产生的初期阶段存在有"以"字处置式和"取"字（含"持、将、捉、把"等）处置式，二者产生的过程不同，前者的演变路径是"连动式＞工具式＞广义处置式＞狭义处置式"，后

---

① 本小节对历时处置式研究的概括部分参考了饶春、王煜景（2012）的总结。

者则是在 $V_1O_1V_2O_2$ 连动式中分别发展出广义处置式（O_1O_2 不同指）和狭义处置式（O_1O_2 同指）的用法。刘子瑜（2012）在对六朝至清代的带补语的处置式进行纵向考察后发现，处置式的语法化过程始于六朝，并于清代彻底完成；而述补结构的进入正是处置式定型、完成语法化过程并走向繁荣的关键。此外，在讨论处置标记和处置式来源的过程中，学界逐渐形成了处置三分的共识，即处置式可细分为"广义处置式、狭义处置式、致使义处置式"，而广义处置式又包括"处置（给）、处置（作）、处置（到）"三类（吴福祥 2003）。在对处置标记的历时研究中，讨论最多的便是不同处置标记的语法化问题，其次是处置标记与其他介词标记的关系问题，比如：徐丹（1992）的《北京话中的语法标记词"给"》，于红岩（2001）的《浅析"拿"字处置式》，石毓智（2004）的《兼表被动和处置的"给"的语法化》，林素娥（2007）的《北京话"给"表处置的来源之我见》，马贝加、王倩（2013）的《试论汉语介词从"所为"到"处置"的演变》，金小栋、吴福祥（2016）的《汉语方言多功能虚词"连"的语义演变》，陈顺成（2017）的《试析"搁"的语法化》等。处置标记处于动态发展中，不同历史时期的文献典籍中使用的处置标记不尽相同。要想就这些处置标记的语法化路径进行专门考察，一部分可以在文献中就发现较完整的过程，还有一部分则需要放在不同的方言背景中来对比分析。较为普遍的是关于"以、持、将、取、把、捉、与、拿、给、叫"这类常见于文献中的处置标记的研究，其中又以涉及界定最早处置式出现时期的"以、将、把"最为重要。

对某段历史时期中的一部或多部专书中出现的处置式进行断代描写，也是汉语史领域考察处置式的一种重要方式；最早就专书中的处置式进行研究的是向熹（1958）的《〈水浒〉中的"把"字句、"将"字句和"被"字句》（饶春、王煜景 2012）。此后，不断有学者对不同时代的专书开展了这方面的考察。以知网上的查询结果为例，从 1984 年至 2017 年，直接以研究古代专书中处置式或"把"字句为题的单篇论文多达 80 篇左右。其中又以对宋朝的《五灯会元》，元代的《老乞大》《朴通事》《全相平话五种》《元曲选》，明朝的《拍案惊奇》《牡丹亭》《金瓶梅》，清代的《醒世姻缘传》《红楼梦》《西游记》《儒林外史》

《歧路灯》《镜花缘》等口语色彩较浓或是直接以某方言记叙的古代典籍的研究最多，例如：钱学烈（1986）的《试论〈红楼梦〉中的把字句》，潘攀（1989）的《〈金瓶梅〉中的"把"字句》，孙占林（1991）的《〈金瓶梅〉"把"字句研究》，王森（1995）的《〈老乞大〉〈朴通事〉的融合式"把"字句》，汪大昌（1997）的《从〈儿女英雄传〉看近、现代汉语"把"字词组的发展》，蒋绍愚（1999）的《〈元曲选〉中的把字句——把字句再论》，彭小玲（1999）的《〈拍案惊奇〉"把"字句研究》，张宝胜（1999）的《〈醒世姻缘传〉中的"把"字句》，张美兰（2000）的《论〈元曲选〉中的"把/将 OV 在 L"句型》，曹广顺等（2000）的《中古译经中的处置式》，文美振（2004）的《〈儒林外史〉中的"把"字句和"将"字句》，朱冠明（2004）的《中古译经处置式补例》，高育花（2006）的《〈元刊全相平话五种〉中的处置式》，洪水英（2008）的《〈蜃楼志〉中的广义处置式分析》，《〈蜃楼志〉中的致使处置式分析》（2010）、《试比较〈红楼梦〉、〈蜃楼志〉中的处置式》（2011），《南北方言中处置式主观性的差异表达——以〈红楼梦〉和〈蜃楼志〉"把\将"处置式为例》（2012）系列论文，惠红军（2009）的《〈五灯会元〉中的处置式》，张春燕（2009）的《〈红楼梦〉特色"把"字句分析》，刘小玲（2009）的《〈警世通言〉中的"把"字句研究》，高玉洁（2009）的《〈清平山堂话本〉中的处置式》，康芸英（2011）的《汤显祖〈牡丹亭〉处置式考察》，祝敏（2012）的《明清白话小说中被动式和处置式套用句式的语义特征研究》，李双剑（2013）的《〈红楼梦〉中的否定式把字句研究》，吕玲娣的《〈西游记〉中的"把"字句研究》（2013）和《〈镜花缘〉中把字句的句法结构研究》（2013），杨雅娟等（2014）的《从〈五灯会元〉到〈醒世姻缘传〉：把字句的历史演变》，张延俊（2015）的《南宋词集〈山中白云〉中的被动式和处置式》，黄晓雪等（2016）的《从〈歧路灯〉看官话中"叫"表处置的现象》，许小婷（2017）的《王实甫的〈西厢记〉的"把"字句探析》，等等。

上述研究有的是就专书中的某类处置式进行全面探讨，也有的是对出现在其中的各类处置式进行整体考察。一些语法专著中也涉及对专书中的处置式的断代考察，主要有：吴福祥（1996）的《敦煌变文语法研究》，冯春田（2003）的《〈聊斋俚曲〉语法研究》，张美兰（2003）的《〈祖堂集〉语法研究》，杨小平（2004）的《〈后汉书〉语言研究》，吴福祥（2004）的《〈朱子语类辑略〉语法研究》，高育花（2007）的《元刊〈全相平话五种〉语法研究》，杨永龙、江蓝生（2010）的《〈刘知远诸宫调〉语法研究》，遇笑容（2010）的《〈撰集百缘经〉语法研究》，李崇兴、祖生利（2011）的《〈元典章·刑部〉语法研究》，龙国富（2013）的《妙法莲华经语法研究》等。

1.2.3 汉语方言处置式研究

汉语方言领域对单点方言处置式的研究成果丰硕，按照李蓝、曹茜蕾先生（2013）的统计，有1000多个县市的处置式曾被详略不等的描写过。方言处置式的研究成果主要集中在两方面：单点方言的特征描写和跨方言的类型比较。

早期对于方言处置式的研究一般出现在单点方言的综合性调查报告中。这类研究多是在概述某地方言语法特征时，粗略地对当地方言中的处置式进行简要介绍，最典型的就是较早时期的方言志。随着学界对方言语法重视程度的不断加深，关于方言处置式的研究也越来越细致，关于单点方言处置式的研究内容主要包括四个方面。（1）对单点方言处置式的特征进行全面描写。这种类型的研究成果最多，其中影响力较大的有：汪化云、郭水泉（1988）的《鄂东方言的把字句》，陈法今（1989）的《闽南话的"将"字句》，何洪峰、程明安（1996）的《黄冈方言的"把"字句》，林立芳（1997）的《梅县方言的"同"字句》，汪国胜（2001）的《大冶方言的"把"字句》，左林霞（2001）的《孝感话的"把"字句》，孙立新（2003）的《户县方言的把字句》，颜峰、徐丽（2005）的《山东郯城方言的叫字句及相关句式》，伍巍、蒋尊国（2005）的《湘南蓝山土市话的处置式》，张雪平（2005）的《河南叶县话的"叫"字句》，吴宝安、邓葵（2006）的《涟源方言的"拿"字及其相关句式》，胡伟、甘于恩（2015）的《河南滑县方言的五类处置式》，项开喜（2016）的《安徽枞阳方言的"把"字句》，等等。（2）就方言中处置式的特殊用法进行研究。这类论文通常直接略去或仅概述方言处置式中与普通话相同的用法，只选取方言处置式中的特殊形式或用法进行描述和解释，比如：靳玉兰（1995）的《浅析青海方言"把"字句的几种特殊用法》，蔡勇（2002）的《安山方言带双受事格的"把"字句》，王景荣（2002）的《新疆汉语方言"把+人+VP"结构中"人"的指称研究》，胡德明（2006）的《安徽芜湖清水话中的"无宾把字句"》，王东、罗明月（2007）的《河南罗山方言"把+O+V+它"式处置式》，康素娟、孙立新（2008）的《陕西户县方言的否定式》，丁加勇（2009）的《隆回湘语的"N+担+VP"处置式》，叶祖贵（2009）的《河南固始方言表处置义的"V头"及"头"的合音来源》，辛永芬（2011）的《豫北浚县方言的代词复指型处置式》，洪水英（2012）的《漳州方言回指处置式及其语用分析》，黄燕旋（2015）的《揭阳方言的复指型处置句》，隋萌萌（2015）的《豫北浚县方言的代词复指型处置式》，钟叡逸（2016）的《以比较语法看汉语论元引介策略——从客家话非典型处置式"将"字句谈起》，汪化云（2017）的《黄孝方言的意向处置句》。（3）方言处置标记的语法化路径或多功能表达。这些研究多是围绕方言中的处置标记在方言或历时汉语中的演变路径或者多功能语法特征展开讨论的，例如：吴立友（2003）的《开县话中的"哒"》，李志忠（2005）的《北疆方言特色虚词"给"书证》，陈泽平（2006）的《福州方言处置介词"共"的语法化路径》，马贝加、陈伊娜（2006）的《瓯语介词"代"的功能及其来源》，王玉梅（2007）的《泗阳方言里的"海"》，刘春卉（2008）的《河南确山方言两个处置标记"掌"与"叫"的语法化机制考察》，刘春卉（2009）的《河南确山方言中"给"的语法化机制考察》，祝敏（2017）的《"把得"在崇阳方言中的语法化动因和演变机制》等。（4）比较研究。比较的对象包括方言与普通话、某单点方言与普通话、A方言与B方言，比较的内容主要是处置句式和处置标记在语义、语法、语用上的异同，如：王晖（1997）的《汉语共同语处置句与方言处置句句型比较——兼谈汉语方言语法的价值》，龙安隆（2003）的《现代汉语和永新方言"得"字的比较》，廖冬梅（2006）的《新疆汉语方言中的"把"字句及其在维吾尔语中的对应关系》，杨吉春（2007）的《云南方言、共同语非谓"掉"用法比较》，孔祥馥（2017）的《西宁方言与普通话

"把"字句对比研究及其结构模式分析》等。还有部分研究是在讨论某方言中一些特殊的语法现象时涉及处置用法的,如:李崇兴(1996)的《湖北宜都方言助词"在"的用法和来源》,朱冠明(2005)的《湖北公安方言的几个语法现象》,张成材(2006)的《西宁及周边方言介词初探》,褚俊海等(2010)的《桂南平话的动词谓语句及其类型学特征》,殷何辉(2010)的《孝感方言中带句尾成分"它"的主观意愿句》,安拴军(2016)的《河北无极方言的"X+开+(N/NP)+了"结构》等。

  跨方言的比较研究和类型考察是方言处置式研究的又一重要方向。方言处置式地域调查工作的深入发展为开展跨方言的比较研究奠定了基础,学者通过对比不同方言中处置式的殊异,深化了对共同语处置式的发展历史和单点方言处置式的语法特征的认识,比较典型的有:解正明(2006)的《把字句跨方言分析及其生成机制探讨》,曹茜蕾(2007)的《汉语方言的处置标记的类型》,解正明、徐从英(2008)的《汉语方言处置式类型学分析》,洪水英(2012)的《南北方言中处置式主观性的差异表达——以〈红楼梦〉和〈蜃楼志〉"把\将"处置式为例》,李蓝、曹茜蕾(2013)的《汉语方言中的处置式和"把"字句(上/下)》,张俊阁(2016)的《后期近代汉语方言处置式类型学考察》,徐英(2016)的《汉语方言"把"字被动标记词的地理分布特点研究》。还有的学者在跨方言的比较研究中发现,有些处置式的特殊用法虽然在普通话中没有,但在汉语方言中却较为常见,他们就这些现象进行描述并力求解释,如:黄晓雪(2006)的《方言中"把"表处置和表被动的历史层次》,石毓智(2008)的《汉语方言中被动式和处置式的复合标记》,石毓智、刘春卉(2008)的《汉语方言处置式的代词回指现象及其历史来源》,石毓智、王统尚(2009)的《方言中处置式和被动式拥有共同标记的原因》,朱玉宾(2016)的《汉语方言同形标志词的处置式和被动式》。这类研究成果迄今尚不多见,但一般都有很高的学术价值和理论意义。

  处置式作为汉语的一种特殊句法形式,较少出现在少数民族语和其他语言中,国内关于少数民族语或其他语言中处置式或宾格标记研究的文献尚不多见,知网上能查阅到的有:张正立(1993)的《"把"字句与日语格助词"を"》、周国炎（1999）的《布依语处置式的来源及其发展》、海峰、王景荣（2003）的《现代东干语把字句》、赵燕珍（2014）的《论白语处置句和被动句》、海峰（2015）的《东干语"把N不V"句式分析》等。

1.3 研究理论与方法

1.3.1 研究理论

邢福义（1996：255—257）的"两个三角"理论是指导本研究的基本理论。在"大三角"理论的框架中，以方证普、以古证今，对方言、普通话、古代汉语中的处置表达进行横向和纵向的比较研究；在"小三角"理论的指导下，对各方言处置表达式的语表形式、语里意义和语用价值进行综合考察。

单点方言语法研究的传统模式往往是以共同语为参照来进行普方对比，或仅就某一方言区的语法特点进行描写，以此获得对某方言点语法特征的认识。这种方法的确有一定的可取性，然而随着学界对方言事实的广泛了解和深入挖掘，传统的研究范式逐渐显现出它的缺陷。我们在考察现代汉语方言中某一语法现象时，离不开对语音、语用层面的考察，更不能忽略语言发展的外部因素。从历史方面来说，重大的历史事件也会促使某些方言特征的形成，例如两宋时期大批赣语区的人迁往湖南，从而导致湘方言区东部长廊的十几个县逐渐演变为赣方言区，主要地区的老湘语中混杂了大量赣方言的特征；从地理方面来看，方言语法系统的形成不仅会受到普通话的影响，不同方言之间的相互接触和渗透也是重要的因素（李如龙1996）。还是以李如龙（1996）列举的湘方言为例，由于湘方言区的西面和北面都是官话区，围绕这些地区中交通较发达的铁路沿线形成的新湘语区，已和附近的官话区相差不大；换言之，绝对纯粹或单一的方言分化其实是不存在的，几乎所有的方言内部都有一定的混合因素。因此，历史比较法这种只单纯考虑某方言的演化路径的做法是不太科学的。在考察汉语方言语法系统时，既要考虑共同语的作用，也要注意方言间的接触和渗透；既要从共时平面上考察方言与普通话之间的异同，也要注重寻求方言语法特征背后的历史动因。近二十年来的汉语方言研究的视野不断扩大，除了继续对方言语音和语义之间可能存在的各项复杂关系进行考察外，更有学者对不同方言区的方言语法进行综合性比较，关注方言的接触和变异，甚至注意到同一方言区的新老派差异、双语双方言现象，从方言的地理分布、移民历史、地域文化等多角度来诠释方言特征的形成（李如龙 1996）。

正如李如龙所述（1996）："因为汉语的方言历史长、品种多、差异大、情况十分复杂，只有进行全方位、多视角的研究，才能真正地理解汉语方言的真面貌，而多方面的成功研究一定可以为汉语语言学乃至整个语言学的研究提供宝贵的材料，成就崭新的理论。……对于语言学来说，任何体系的研究价值都是等同的。汉语方言的研究必须跳出寻求方言差异概括方言特点的圈子，真正把方言作为一个结构体系来研究。"

1.3.2　研究方法

（1）文献法。本研究的目的是试图对汉语方言中的处置式进行综合性研究，对于材料的获取很难通过逐个地区的实地调查获得，因此本书主要采用文献法来收集语料，对目前能收集到的方言语法专著、处置式研究论文、单点方言调查报告、方言词典等各类方言语法文献中出现的处置标记和处置式的相关材料进行统计分析。与方言研究最常使用的田野调查法相比，文献分析法最大的优势就是可以不受调查时间地点和调查对象的限制，可以同时对不同地点、不同地域下的方言开展较大范围的调查研究，而大范围的数据调查也意味着研究结论的适用性相对较强、可信度相对较高。并且针对不同时期的处置式、尤其是古代汉语处置式情况的调查研究也不太可能全部通过实地调查实现，而不同时期的汉语文献中对于处置式的运用和记载则反映了处置式在不同历史时期的存在状况和发展规律，对于这些文献的收集和整理，有助于我们对方言处置式作历时性考察，梳理清楚处置式的发展趋势和语法化过程。

前文曾提及，作为汉语语法研究史上一个长期关注的研究重点，1000 多个县市的处置式在各类文献中得到过详略不等的描述。但因为这些方言文献中有很大一部分并非专为研究处置式而撰写、对于处置式的描写过于简单，我们并不能从中获取太多与本研究相关的有效信息。因此，根据现代汉语方言的实际和文献记载的具体情况，我们对能查阅到的 1000 多篇单篇论文、400 余本方言专著进行整理和筛选，最终获取到 500 多个方言点的处置表达、处置标记、被动表达等相关信息，并参照语言地理类型学的理论和方法对收集到的语料分门别类，分析和总结各类处置表达式在方言中的地理分布及其规律。

（2）比较法。本书在广泛收集各类文献资料时，力求最大限度地获取不同时期、不同地点的处置式语料，进而对汇集到的各类方言处置式语料进行梳理与分类，建立了方言处置式的语料库。面对如何分析和解释这些语料，比较法是本研究使用的又一主要方法。纵向比较和横向比较是语言学界进行方言比较研究时最为常见的做法。本书在邢福义"两个三角"的理论指导下，按照"大三角"理论的框架，以方证普、以古证今，对方言、普通话、古代汉语中的处置表达进行横向和纵向的比较研究，将各方言、古代汉语以及普通话的处置表达句式集中比较，从而对处置式和处置标的历时演变过程获得科学的认识、对以往学界关于处置式源流关系的各类假设作出方言验证；在"小三角"理论的指导下，对方言处置表达式的语表形式、语里意义和语用价值进行综合考察。同时根据方言实际、运用类型学的观点和方法，对处置标记和处置式在方言间的分布类型和特点作出类型学分析。将分散的语料尽量系统化，从而来分析各种类型的处置表达、比较不同类型的处置式特点。

（3）图表法。为了能科学反映当今方言语法研究的特点和趋势，在绪论中我们采用定量分析的图谱软件 Citespace 进行了庞大的数据分析后，生成了一系列可视化图谱，以此说明本研究的选题来源和意义。在正文部分，为了能清晰地反映处置式和处置标的地域分布特点，我们用多幅表格分别罗列了本书对处置标记及处置式变换句式的方言分布的统计结果。

1.4 研究目的与意义

1.4.1 研究目的

（1）认清汉语方言处置式的基本面貌①

任何方言语法的研究都离不开对于方言事实的调查和描写，认清现代汉语方言处置式的基本面貌是本书的首要目标。要想尽可能全面地概括方言处置式的基本面貌，我们首先要尽量充分详实地掌握方言材料。在实际的语料收集过程中，由于个人的精力和时间有限，能够接触到的方言处置式的研究文献也不一定全面，因此我们很难确保语料的收集没有遗漏。并且旧的方言材料可能有所更正、新的材料又在不断被补充进来，各个方言区的处置式的调查程度和研究深度也相对存在地域性差异（根据本研究中对于收集到的 500 多个方言点的统计情况来看，东南方言处置式的研究相对较多、西北方言处置式的研究相对较少）。鉴于本人现有的研究条件和研究能力，要想穷尽地掌握现有的全部方言处置式的调查或研究材料，在实际操作中确实存在着很大困难。因此，较之于个别的语法例句，我们更关注对采集到的语料进行分门别类，在参看前人的研究、结合收集到的方言材料的基础上，总结分析不同时期内、不同地域下方言处置标和处置式的类型学特点。在方言点的收集上，我们对那些与共同语、周边方言及其他方言区相比，存在特殊处置标记和特殊处置式句法的方言点也更为重视。

（2）总结汉语方言处置式的普遍规律

本书力求在类型学视野下探索方言处置式在句式结构、语义特征、条件限制、发展源流等方面的普遍规律。从我们收集到的各类文献资料来看，学界在现代汉语共同语和方言领域内关于方言处置式的研究颇多、论述也较为繁复，不同的研究者通过不同的视角对处置式进行不同程度的解读。同一研究者可能就不同类型的处置式或者同类型处置式的不同方面进行解释，不同研究者也可能选择同一切入点来对处置式进行

---

① 王自万将其对汉语方言可能式的研究目标概括为：认清面貌、总结规律、解释成因。这可以说是方言语法研究中需要面对的共通性目标，也是本文在研究方言处置式时需要解决的问题。（王自万：《汉语方言可能式研究》博士学位论文，华中师范大学，2012 年，第 4 页）

分析说明，但是学者在论述的过程中并不可能存在统一的标准，即便是针对同一问题，也可能采用不同的术语或者一些名异实同的描述。比如在介绍"给予"类来源的处置标记在方言中的多功能用法时，对介词"给"的用法，学者可能有"引进服务的对象""引进受益的对象"等不同的解说，但这种情况下"给"的语法功能其实是没有差别的、只是学者的描述不同。这就使得我们在筛选本研究所需要的语料时，一定要注意甄别、牢牢把握住处置式在语义、语法方面的一些本质特征，在相对统一的认知下分析那些看似不同的方言事实，从而总结它们背后可能存在的普遍规律。

（3）发掘汉语方言处置式的形成机制

邢福义（1991）全面地总结了研究现代汉语语法时需要把握的三个"充分"的原则，即"观察充分、描写充分、解释充分"，这三个原则在我们研究现代汉语方言语法时也同样适用。也就是说，我们在对方言处置式进行研究时，除了需要对处置式和处置标记在方言中的表现进行充分的观察和说明外，更要注重进一步探究这些现象背后的形成原因。对于本研究而言，主要是要做到能够从共时和历时两方面来综合探查汉语方言处置式的不同类型和演变规律，解释方言处置式在句法特点、条件限制、地理分布等方面的形成机制。尤其针对一些现代汉语方言中异于共同语的现象，我们除了关注这些现象本身外，更要从历时汉语的角度去挖掘其成因。比如在方言处置式中存在的否定词置于处置标记后、谓语动词可以为光杆动词、处置式后用"它"来复指宾语的情况，都是在普通话中已经消失、但在古代汉语中曾经出现过的现象。如果我们单从方言本身考虑、忽略处置式在古代汉语不同阶段的表现，就很难对这些方言现象的成因作出合理解释。

1.4.2 研究意义

（1）有助于深入认识整个汉语语法结构系统的演化规律

以王力（1958）为代表的学者，认为"将/把"式才是处置式的早期阶段，唐代以前是没有处置式的。祝敏彻（1957）等学者也曾表示，处置式出现在中古以后：当"将""把"被用在"将/把 + NP1 + V2"连动结构中时，才具备了虚化的条件；随着"将""把"的动词性减弱，最终被重新分析为用"将""把"作提宾标记的处置式。但从诸如曹茜蕾（2007）等学者发现的上古时期的语料来看，确实有部分"以"字结构在语义上可被理解为具有处置含义，"以"的动作性也已相当不明显、相当于提前宾语的介词，这样的"以"字式在结构和语义上完全符合广义处置式的要求。学界关于"处置式到底是由'将/把'自身在连动结构中虚化而成，还是通过词汇的置换形式完成了对先秦时期的'以'字结构的替换？""句法结构的功能变化是否引致语法上的重新分析？"等问题的讨论单从现代汉语共同语领域的研究出发很难作出合理解释，我们需要结合汉语方言材料来进行综合考察。而对这些问题的解释不仅关系到我们对处置式在语法、语义特点上的正确认识，还影响着对于汉语语法结构系统历时演变的综合性研究。

（2）有助于细致了解人类语言的多样形式和普遍规律

世界上鲜少有其他人类语言如同汉语这样拥有如此丰富的地域变体，这就为汉语方言研究者在进行语言的类型学研究和比较研究时提供了天然的优势，对于不同汉语方言处置式的研究有利于深化我们对人类语言普遍规律的认识。处置式作为现代汉语共同语中一种最为常用且最具代表性的句式之一，广泛地存在于现代汉语方言以及部分少数民族语中。从不同方言间的处置式、方言与共同语的处置式、现代汉语与历时汉语中的处置式、方言与少数民族语乃至其他人类语言中的宾格标记等方面进行比较研究，关注不同地域下处置式的特征类型和形成机制，既能丰富对整个汉语语法体系的认识，又能深入对人类语言普遍规律的解读。比如处置式和被动式共用同一语法标记是汉语方言中较为常见的现象，但是据石毓智、王统尚（2009）介绍：Heine&Kuteva（2003）的研究表明，人类语言中的施事标记和受事标记一般分别来源于"夺格（ablative）"形式和"与格（dative）"形式。那么，针对这种在汉语方言中存在的处置标记同时兼作被动标记的现象又该作何解释？是否违背了以往对人类语言普遍规律的认识？对于这些问题的发现和有效回答，能为人类语言普遍规律的研究增添更多的语言事实。

（3）有助于全面把握现代汉语方言处置式的特征类型

汉语方言的分布地域广、使用人口多、历史发展不平衡等特点，造就了汉语方言在语音、词汇、语法等方面的纷繁多样。单就处置式而言，现代汉语方言在处置标记、句式结构、条件限制等方面与共同语比较来看，还是呈现较大的差异。然而过去很长一段时间对方言处置式的研究，都是基于近、现代汉语处置式的理论框架来展开的。比如在处置式分类问题上，处置式三分[①]是近代汉语史上一种接受度较高的观点，很多方言研究者在对方言处置式进行归类时经常直接参照这种分法。但从方言处置式的实际情况来看，处置式三分的方法并非百分之百适用。河南浚县的处置式便可分为四类，且每一类都有各自的处置标记[②]；河南滑县方言中甚至出现了五类表示处置意义的格式[③]。从目前了解到的情况来看，显然后面这两类分法覆盖面更广、更能概括方言处置式的类型。要想真正认识现代汉语方言处置式的特点，就必须贴合汉语方言的调查实际，尽可能全面地对不同地域的方言处置式进行考察对比，从汉语方言的处置式和处置标记的实际情况出发，在跨方言比较中发现它们之间的共性、在共性的背景下考察各方言处置式的具体特征，从而总结出属于方言处置式的研究理论和方法。

[①] 即：广义处置式（包含"处置给、处置作、处置到"三种小类）、狭义处置式、致使义处置式。

[②] 辛永芬（2006）将浚县方言处置式的类型概括为：一般的处置式用"在"，处置义强的处置式用"弄"，表示"对待"义的处置式用"把"，致使义的处置句用"叫"。

[③] 胡伟、甘于恩（2015）根据处置标记和复指代词在句中的使用情况、搭配关系等，将滑县方言中表示处置意义的句法格式分为"单标型处置式、单代型处置式、介代呼应型处置式、介代短语型处置式、简略型处置式"五类。

第 2 章 汉语方言的处置义

在汉语语法学史上,"处置式"是由王力(1985:943)最早为其定名的一种特殊句式,他提出"凡用助动词把目的语提到叙述词的前面以表示一种处置者,叫做处置式";之后又将其修正为"在现代汉语里,有一种特殊的语法结构,是处置式。就形式上说,是一个介词性的动词'把'字把宾语提到动词前面;就意义上说,它的主要作用在于表示一种有目的的行为,一种处置(王力1980:410)"。① 按照王力最初的说法,"处置式"也即"把"字句。然自王力为"处置式"命名以来,学界就如何为之定性的问题便一直争论不休,争论的焦点主要有三:(1)"把"的词性和作用,(2)"把"字句和处置式,(3)如何理解"处置式"。

2.1 处置式的界定

2.1.1 "把"的词性和作用

(一)"把"的词性

王力(1985:83\943)在《中国现代语法》中将"把"定性为"助动词",在《汉语史稿》(1980)中又称作"介词性的动词"。唐以前的"把""将"相当于是同义词,皆用作"持、握"义动词。关于虚化后"把"的词性,学界看法不一,归纳起来主要有以下几种观点②。

---

① 转引自张俊阁(2016:98)。
② 黄新强(2011)将关于"把"的词类学说归纳为"动词、介词、助动词、格位指派成分、特殊功能词"等。(黄新强:《论现代汉语把字句中"把"的词类归属》,《菏泽学院学报》2011年第4期)以下几种观点的概括部分参考了黄新强的介绍。

（1）介词说。陈承泽（1982：47）将"以、将、把"归作"致动式介字"、黎锦熙（1959）明确指出"把"是具有"提宾"作用的介词，此后的贝罗贝（1989）、马贝加（2000）、刘培玉（2001）等学者也持相同观点。而王力（1985：116\117）既将"把"定性为"助动词"，又将其称作"介词性的动词"（1984：176—208），但据王力先生的相关阐释可以发现，他更偏向于"把"是由动词虚化而来的介词。此外，还有王锦堂（1970\1972）、李英哲（1970）、李艳惠（2001）等转换生成学派的语法学家也将"把"看作介词（石定栩 1999：120—121）。

（2）动词说。桥本万太郎（1969）、李人鉴（1991）、Sybesma（1992）等学者将"把"视作纯粹的动词（黄新强 2011）。桥本万太郎（1969）认为"把"是个以小句为宾语的及物动词，李人鉴（1991）将"把"后出现的各类句子形式视作宾语。刘培玉（2009：30）则指出，"把"后的成分并非总是合格的小句。Sybesma（1992）认为"把"相当于使动动词（causative verb），但显然这种现象只是"把"字句的一种用法①。

（3）副动词说。也有学者强调介词"把"的动词性，将它视作动词的附类。吕叔湘（1953：6）在《语法学习》中未设立介词类，而是将"把、被、给、跟"等归为"副动词"②，以区别于一般动词。赵元任（1979：168\338）虽然将"把、给、将、管、叫"等归入介词，但却将"把"字句看作是一种复杂谓语句（verb in series）、"把"是连动结构中的第一位置动词（也即"前及物动词"），用来"把宾语引到意义具体的第二动词的前头"。熊仲儒（2004）及黄正德（2007）等人将"把"视作介于动词和介词之间的"轻动词"（黄新强 2011），因为他们认为"把"一方面已经丧失了动词的部分用法；另一方面又尚未完全语法化为介词。此外，还有丁树生（1963）提出的"次动词"，高

---

① 转引自石定栩《"把"字句和"被"字句研究》，载《共性与个性——汉语语言学中的争议》，北京语言文化大学出版社 1999 年版，第 111—138 页。

② 吕叔湘表示，"副动词跟一般动词不同的是它不能做谓语的主要成分。有些动词有时能做谓语的主要成分，但是不做主要成分的时候更多，当它们不做主要成分用的时候我们也叫它副动词。"（详见吕叔湘《语法学习》，中国青年出版社 1953 年版，第 6 页。）

名凯（1986）的"半动词"或"准动词"等说法皆属此类。在上述学者看来，"把"具备一般动词的性质，也可以接体词性成分作宾语，"把"介引的介词短语其实是连动结构的一部分。但与一般动词不同的是，"把""被"等动词大多不做谓语里的主要成分。这类动词构成的动宾结构多用于连动式中：当它们出现在主要动词结构前时，可视作是主要动词结构的修饰语；位置在后的时候，可视作补语（陈亚川 2015：379）。这些学者的观点就本质而言，并未对"把"进行共时和历时层面的区分。

（4）助词说。邹科（1995）、Good – all（1987）提出"把"既非动词、也不能完全视作介词，应当属于助词，他们将助词定性为"内涵和外延都不太清楚的概念，句法功能无法明确归类的虚词通常都会算在这一类里"；邹科（1995）认为，不同于介词那样的词法单位（lexical item），"把"是仅具有句法功能但无实际语义的功能性核心词（functional head），最终发展成为实在独立的词级单位，也就是传统语法中的助词①。

（二）"把"的作用

语法学界关于"把"的作用的看法与学者对"把"的词性划分紧密相关，概括而言主要有以下三种认识②。

（1）提前动词宾语。早期的语法学家大多都认为"把"的作用是将动词所联系的宾语位置提至动词前，但在一些句式中"把"后的宾语往往不能还原至动词后；而且从处置式的来源来看，即便是古代汉语中也存在有"以/把/将 A 为 B"这类表示"处置作"的处置式，也是不能够将介词的宾语还原至动词后的（刘培玉 2009：31）。如：

早上第一件工作自然是上当铺把睡衣和别针换了钱。（《夏衍》）

我把一些资料都刻在光盘上了，你回去好好的看看。（《飞龙入海》）

吾必以仲子为巨擘焉。（《孟子·滕文公上》）

---

① 参见石定栩（1999：120—121）。
② 参见刘培玉《关于介词"把"》，载《现代汉语把字句的多角度探究》，华中大学出版社 2009 年版，第 30—32 页。刘培玉将"把"的作用的讨论归纳为"将动词的宾语前置""宾格的标记""格分配员"。

只愿父王深体察，莫将忧恼作遮拦。(《敦煌变文集》)

他从来没有把她当作他的妻子。

（2）宾格标记。在以转换生成句法为理论基础的语法学家中，王锦堂（1970\1972）是将"把"字当作不折不扣的介词的；李英哲（1970\1974）也认同"把"后的宾语是动词宾语前置的结果，但他在Fillmore（1968）"格语法"的基础上，重新将"把"定义为"宾格标记"（object case），这种观点其实是建立在"把"介引的宾语是动词的宾语这一基础之上的①。但是"把"后的宾语并非总是动词的前置宾语。按照刘培玉（2009：31）的分析，"把"其实是"受动格标记"，因为"把"后的宾语往往是受动词影响或作用的对象。"把"后的宾语在句子中可能充当施事、也可能是受事，但都会在后面动作的影响下，出现补语表示的某种状态。如：

小明把他妈妈气哭了。

这部电影都快把我看腻了。

（3）格位指派成分。李艳惠（1985\1990）虽然也将"把"归为介词，但同时她又指出"把"所起的主要作用是充当"格分配员"（case-as-signer）②。她参照管辖及约束理论③，提出汉语应该是一种核心词在后（head-final）的语言，主宾谓（SOV）是汉语句子的基本顺序、在初始的 D-结构中宾语位于动词前。她主张汉语的动词向它左边的宾语指派题元角色、向右分派格，此时充当宾语的名词性成分在 D-结构中仅能被分配到受事（patient）这一题元角色。但动词左边的位置又无法使宾语获得受格（accusative case），为了获得所必需的受格，宾语可以移至动词后，由此形成主谓宾（SVO）顺序的 S-结果。若是宾语未移至动词后，就要在宾语的前面加上介词"把"来指派格（石定栩 1999：113）。但李艳惠并没有明确限定宾语向动词后边移动的条件，因此也还

---

① 转引自石定栩《"把"字句和"被"字句研究》，载《共性与个性——汉语语言学中的争议》，北京语言文化大学出版社 1999 年版，第 120—121 页。

② 转引自石定栩《"把"字句和"被"字句研究》，载《共性与个性——汉语语言学中的争议》，北京语言文化大学出版社 1999 年版，第 131 页。

③ 管辖及约束理论的重要假设之一是所有的名词短语都必须具有适当的格（case）和题元角色（thematic role），宾语的格和题元角色都来自动词（石定栩 1999：113）。

是无法就"把"字句的形成作出合理的解释,"把"字句和主谓宾句从本质上说还是互为变体。Goodall（1987）[①] 虽然也赞同管辖及约束理论、认为"把"字句和主谓宾句可以互相转换,但与李艳惠的观点不同的是,Goodall 主张"把"并非介词、是纯粹的格分配员,"把"后宾语的原始位置应该是在动词后面、汉语的格和题元角色方向性一致。在 Goodall 看来,"把"后面的名词短语是动词宾语前置的结果,而当动词宾语前移至介词宾语的位置上时,格和题元角色则会出现重复,这不符合管辖及约束理论。因此他认为动词后面的宾语出现在了"把"的后面是位移的结果,而且充当宾语的名词短语到底出现在动词左边还是右边并非取决于格和题元角色,名词短语本身所具备的特性才是决定性因素。邹科（1993/1995）[②] 判定汉语句子的基本顺序是主谓宾,"把"后的名词短语具有宾格以及受事角色。在他看来,动词短语是结果树的最底层,汉语句子结构中的"把"短语（BaP）属于高一级的层级;在衍生的过程中动词需要提到较高的层级,宾语则也有可能也提至更高的 BaP 结构里去,从而生成了"把"字句。但邹科注意到,动词后的宾语是否能提升到 BaP 里去有许多限制条件,因此他将"把"后出现的名词短语的限制概括为是对宾语提升的限制,这就对"把"字结构的分布问题提供了较为合理的句法层面的解释。

但要注意的是,李艳惠和 Goodall 等人的观点是建立在"汉语是一种核心词在后（head-final）的语言"这一假设上（刘培玉 2009:32）,但到目前为止,学界已有多位学者对这种观点提出质疑。包括本研究在下文讨论方言中的无标记处置式时,也发现了即便是在现代汉语方言中,虽然有许多方言能不用处置标记、直接将宾语置于动词前,但仍有很多限制表明并不能因此就将汉语看成是 SOV 型语言。而邹科等学者则只关注到了"把"后的宾语作受事的情况,忽略了"把"介引的还可能是施事或与事的事实。

[①] 转引自石定栩《"把"字句和"被"字句研究》,载《共性与个性——汉语语言学中的争议》,北京语言文化大学出版社 1999 年版,第 114 页。

[②] 转引自石定栩《"把"字句和"被"字句研究》,载《共性与个性——汉语语言学中的争议》,北京语言文化大学出版社 1999 年版,第 114 页。

2.1.2 "把"字句和处置式

"把"字句作为汉语里的一种特殊句式,很多学者都对其进行过不同程度的研究。而王力(1985:83\943)最早从意义出发,将"把"字句更名为"处置式",同时王力(1984:116)也注意到"把"字句中还存在一种"处置式的活用"(即"继事式")[①]。此后,语法学界关于"处置式"和"把"字句的讨论从未停止。有学者支持"处置式"的说法,只是对王力提出的"处置"的理解稍加补充;有学者提出"致使"才是"把"字句的主要语义特征,致使义包含了处置义;也有学者在"把"字句到底表示"处置"还是"致使",是否应当按照"处置"和"致使"将"把"字句分为两类等问题上争论不休;还有一部分学者反对从意义上来命名"把"字句,认为应该废除"处置式"、继续延用"把"字句的说法。支持"处置式"说法的学者大多认为,诚如王力所言(1980:410),并非所有的动词都表示动作,处置式也并非都表示处置;而"处置"确实又是"把"字结构在现代汉语里主要的、能产的作用,因此从"把"字结构的主要作用出发将其命名为"处置式"的做法是合乎情理的。针对反对派提出的有些"把"字句似乎并不表达"处置"含义的质疑,"处置"说的支持者也从各方面作出了回答,如宋玉柱(1986:104—121)曾表示:假若将王力对"处置"的定义作宽泛理解,那么"处置式"的概念是可以接受的。关于"处置说",我们将在2.1.3中详细论述,此处主要讨论其他几类关于如何理解"处置式"的说法。

(1)"'把'字句"说[②]。有学者认为"把"字句首先是作为一种句法形式而存在,"处置"也并非"把"字句唯一的语义特征、不足以概括"把"字句全貌,因此应当取消"处置式"的说法,继续用"把"字句称呼这类特殊句式。吕叔湘不认同"处置式"和"继事式"的说法。吕叔湘(1982:35)认为"把"字句是"在止词前安上一'把'字,借此把他提在动词之前的一种句法",王力从动词意义着手来命名

---

① 转引自胡文泽(2005)。
② 此处部分参考了胡文泽(2005)的介绍。

"把"字句的做法是不恰当的;他指出"动词的处置意义,宾语的有定性,这些都是消极条件,只有这第三个条件—动词前后的成分—具备积极的性质"。也就是说,在吕先生看来,"把"字句只是一种宾语前置的句法手段,在分析"把"字句时需要考虑"全句的格局"(吕叔湘 1984:176—199)。胡附、文炼(1988:116—124)也不赞同"处置式"和"继事式"的说法。他们指出,并非所有"把"字句都有"处置"义,单从语义层面去分析"把"字句是不妥的,句法形式与意义绝非简单的一一对应关系;更不能先对某一句法形式所表示的意义作出判定,在遇到例外(尤其是有时例外还较多)的时候,便将这些例外视作活用。胡附、文炼再三强调"把"字句是用来表达意义的句法结构形式,在研究"把"字句时要注意不能过分强调结构形式而忽略意义,但更应该从句法形式入手去考察它代表的意义;他们二人还分别从语法、语义、语用方面论述了必须用"把"字结构将宾语提前的情况(薛凤生 1994)。这两位学者的观点具有十分重要的理论意义,但他们没有明确区分到底是语法意义还是语用意义。梁东汉(1958:100—102)将"把"字句定义为"句子里有个介词'把',宾语移到动词前头,'把'以下整个结构用作谓语的句子",明确表示"管把用'把'的句子叫做'把'字句,那比叫'处置式'要稳妥得多";他认为在没有统计、也没有办法统计的情况下便不能断定"处置"是"把"字句的主要作用,单纯从意义方面研究"把"字句是不妥的,对"把"字句的研究应当主要专注于句式结构。

(2)"致使"说。还有学者认为"致使"才是"把"字句最主要的语义特征,王力判定"处置"是"把"字句主要语义特征的说法缺乏有力的支持。持"致使"说的学者,在如何看待"把"字句的谓语部分上也有分歧,刘培玉(2009)将其归纳为"双事件致使说"和"单事件致使说":前者以郭锐、叶向阳的观点为代表,后者以胡文泽的观点最为典型。郭锐(2003)提出"致使性"可以统一各种语义类型的"把"字句,处置义和非处置义的"把"字句都能用"致使性"来说明,"把"字句的语义构造可表示为"致使者(NPa)+把+被致使者(NPb)+致使事件谓词(V1)+被使事件谓词(V2)";V1、V2本身有无致使含义并无影响,致使关系是通过V1、V2的语义结构体现的,"把"的宾语充当被使事件的主体论元。当然郭锐也承认有一些"把"的宾语并非被使事件的主体论元(如:我把这个问题学懂了),他解释说可能是由于认知动词出现在 V2 的位置上造成的。叶向阳(2004)也认为"把"字句的谓语 VP 从语义上看是由两个有致使关系的事件构成的一个致使情景,致使事件和被使事件一般缺一不可;形式上看,致使者通常必须由具体的词汇形式表达、可有可无,被使者不可缺少、但可以隐含。其中谓语 VP 可能是述补结构 VC,也可能是其他的结构形式,当且仅当述补结构中的述语补语 C 是实义补语时,"把"字句的谓语部分从形式上便可直接分解成双事件,即 V 表示致使事件、C 表示被使事件。当谓语 VP 不由述补结构充任或述补结构中的述语补语 C 是虚义补语时,"把"字句的谓语部分在形式上只有一个事件①。要注意的是,这里所说的双事件和单事件是就"把"字句的形式而言的;从语义上看,无论 VP 形式上是单事件还是双事件,"把"字句的整体语义都一定是双事件。因此叶向阳(2004)将"把"字句用公式表示为:(致使者 A)+把+被使者 B+致使事件 V1+(被使事件 V2)。同时,叶向阳(2004)还提出"处置"实质上是一种"有意志力参与的致使",而那些无"处置"含义的"把"字句相当于"无意志力参与的致使"。叶向阳、郭锐都将"致使"作为"把"字句的语义特征,但我们要认识到并非所有"把"字句都表"致使"、所有"把"字句的宾语都会发生变化。而且,这两位学者在解释致使性的成因时夸大了隐含所起的作用,有时甚至忽略了"把"字句的句式结构特点。

与郭锐、叶向阳不同的是,在胡文泽(2005)看来,"把"字结构从语法意义上表述的是一件完整的致使事件,其语法意义可概括为"与致使源 A 相关,'把'字宾语 B 处于 C 描写的致使结果状态中","把"字限定了致使的方向。作为"致使源"的 A 在句法结构上不论出现与否,在语义结构中却总是存在的。此外,胡文泽认为"把"字句从结构上看只有一种,即"A 把 B+C"结构;该结构也只能对应一个语法意义。他还表示,之所以用"与致使源 A 相关"而不用"A 使 B……"

---

① 虚义补语一般不独立表一个事件。叶向阳(2004)根据"把"字句 VP 在形式上是单事件还是双事件,将其分为双述"把"字句和单述"把"字句。

来描述"把"字结构的语法意义,是为了避免产生"A 对 B 所处状态的客观责任以及可能相关客观行为的联想"。换言之,"A 把 B + C"结构里 A、B、C 之间的"致使"关系是句法结构和语法意义层面上的;而在"A 把 B + C"所描写的事件中,A 对 B 所处的状态并不一定就有直接责任,具体情况根据所描述的语境而定,与该结构的语法意义无关。根据胡文泽对"把"字句语法意义的理解,并不能很好地解释"我把这个问题学懂了""你把这句话再好好看看"等类"把"字句(刘培玉 2009)。

(3)"话题—说明"说①。薛凤生(1994:34—59)也认为"把"字句的语法意义是"致使",对于王力后来提出的"继事"一说,薛先生也持否定态度,他将"把"字句的语法意义定义为"由于 A 的关系,B 变成了 C 所描述的状态"。与王还等人的"致使说"不同的是,薛先生还考虑到了"把"字句的结构意义,将"把"字句看成是"一种有特殊结构意义的特殊句式","把"是"存在于各成分间的一种特殊关系的标记②"。胡文泽(2005)将薛先生这种观点概括为"话题—说明"说。薛凤生(1994)指出现代汉语中只存在一种"把"字句,即以"把"字为标记的"把"字式;他认为王力从动词的动作语义出发来命名"把"字句,并不能概括所有的"把"字结构。在薛凤生看来,王还等人提出的"致使"解释也不能说明"我把全国都走了一遍""我把书都看完了"这样的句子,因为无论从主观还是客观上说,"全国"或"书"都不能是"走"或"看"的结果。在薛凤生以前,语法学家习惯将"把"字句分析作"主语/施事 + 把 + 宾语/受事 + 主语动词",薛凤生对这种句法成分分析和结构意义逐一提出反例。与其他持"致使"说的学者最大的不同之处在于,薛凤生(1994)进一步将"把"的语义关系分析为"次要主题 A + 把 + 主要主题 B + 描述性谓语 C",谓语部分 C 可能在句式中以不同的形式出现,但只要它是对主要主题 B 的状态在进行描述说明,该句式就是合格的。这样做的好处是避免了以往

---

① 转引自胡文泽《也谈"把"字句的语法意义》,《语言研究》2005 年版第 2 期。
② 按照薛先生的这一限定,那些以仍旧保持"把"字实词意义的"把"构成的句子自然不在讨论范围之内,如:把弹子打瞎人的眼睛;宝玉正把眼瞅着那"海棠春睡图"(胡文泽 2005)。

将"把"字句直观地理解成"施把受"关系。薛凤生的分析虽然将"处置"说不能涵盖的那一类句子很好地概括其中,但是"话题—说明"说在理论解释上也存在自身的缺陷;按照赵元任先生的说法,"话题—说明"是专属于汉语中"主谓"关系的语法意义,那么如若将"把"字句的语法意义概括为"话题—说明",我们就不能区分"把"字句和诸如"主谓谓语句"等其他主谓关系的句式(胡文泽 2005)。

2.1.3 如何理解"处置式"

即便是那些支持"处置式"一说的学者,理解"处置"的角度也不尽相同,由此对处置式作出的解释也略有差异。概括而言,主要有以下几类[①]。

(1) 从动作的处置性来理解。王力(1985:83)认为"处置式是把人怎样安排,怎样支使,怎样对付;或把物怎样处理,或把事情怎样进行","'把'字介绍者乃是一种"做"的行为,是一种施行(execution),是一种处置(王力 1984:112)。他指出:"它既然专为处置而设,如果行为不带处置性质,就不能用处置式。"按照王力的理解,"你出去自站一站儿,把皮不冻破了你的""偏又把凤丫头病了"两例均不属于处置式。梅广(1979)也曾提出,"把"字句的处置意义主要来自句中的主要动词、而非介词"把";赵元任(1979:312)也据此将动词划分为非处置动词和处置动词;但问题是,如果动词是"把"字句处置含义的主要来源,那就不能解释为何像"喝"这种所谓的处置动词,在"我把酒喝干了"这类句子中处置义十分明显,但在"我把脸喝红了"却似乎没有了处置意味(邵敬敏 2000:230)。

(2) 从"把"后宾语与动词结构的关系来理解。宋玉柱(1981)认为"'把'字句又叫处置式,就是说这种句式有'处置'作用"。但就"把"字句的处置作用,他解释说"不应该作狭隘理解,以为是人对事物的有意处理",而是应该从动词结构与"把"字介引的成分之间

[①] 参见刘培玉《关于"把"字句的语法意义》,《汉语学习》2009 年第 3 期,第 30—35 页。刘培玉将学界关于"处置"的理解概括为:从"动词的处置义""动词结构与'把'的宾语之间的作用关系""语法角度""介词'把'的语法意义""句子的主观性""多角度"等方面理解处置。

的关系来理解。他指出,"句中动词所代表的动作对'把'字介绍的受动成分施加某种积极的影响,这影响往往使得该受动成分发生某种变化,产生某种结果,或处于某种状态。因此,'处置'是动作对受动成分而言,并不一定是主语代表的人或事物的一种有目的的行为。即使主语是施动者,仍可以是并非有意地对受动成分加以处置"(宋玉柱1981)。但事实上,除了宋先生所列举的这些情况,动词对"把"介引的宾语所产生的作用也可能造成主语发生某种变化,如"我把这个问题弄懂了"。邵敬敏(1985:193—210)将"把"字句用公式表达为"S 把 O(R) V(R)",其中 V 前的 R 是状语,V 后的 R 则可能是"补语""第二宾语",或是表示状态的"着、了、过"等成分。宋玉柱(1986:104)解释说"把"字句是指"用介词'把'或'将'把动词的受动成分(即一般所谓'宾语')置于动词之前的一种句式",又因为在这种句式中"把"比"将"用得更为普遍,所以一律称之为"把"字句。以上论述都是在谈论"把"字句的句法结构形式。

(3)从说话人的主观性来理解。沈家煊(2002)认为"处置式"的说法是有道理的、符合直觉的。他创建性地将"处置"义划分为"客观处置"和"主观处置",指出"把"字句表达的语法意义是"主观处置",与说话人的认识、情感、视角有关,是说话人自己判定的甲方对乙方实施的某种处置,这种处置可能并非是有意识进行或真实发生的。邵敬敏、赵春利(2005)在《"致使把字句"与"省隐被字句"的语用解释》一文中将介词"把"视作一个语用标记,显示出说话者对某事件的关注焦点,据此将"把字句"分为"有意识"和"无意识"两类。胡文泽(2005)则认为沈先生的分析并非句法层面,而是从语用表达方面进行的解释。

(4)从"把"字句构成成分间的语义关系和功能来理解。王还(1981)是"处置"说的积极捍卫者:他援引宋玉柱提出的"'处置'是指动词与受动成分之间的关系,并不是主语所代表的人或事物的一种有目的的行为"的说法,据此说明"处置"并非是对现实的描写、而是对"把"字句语法意义的概括,指的是"把"字句整个句子的功能、而非介词"把"的功能(胡文泽 2005)。因此,在分析"把"字句的处置义时不应一味地追求"处置"的词汇意义,却忽略"处置"了的语法意义。王还还指出,"把"字句的谓语部分必须含"处置"义,这些动词本身(或加上前置或后置成分后)能说明"宾语所表示的事物因动作而产生什么结果"或者"动作是以哪种方式来跟事物发生关系"。刘培玉(2009)指出王还的这种论述十分准确、但不够全面。因此,刘培玉(2009)按照"把"字式的句法结构特点和动作结果的语义指向将"把"字句的意义分为"语法处置"和"逻辑处置":"语法处置"是指处置者(可以是人、物或事件)通过某种动作对"把"的宾语施加某种作用和影响,从而使得"把"字式的主语或宾语产生某种变化、或导致动作达到某种结果;而"逻辑处置"则是指主语是有意识地希望通过动作来影响和作用于"把"的宾语,也就是说,"语法处置"不考虑主体是否有意识、动作是否是处置行为,而是着眼于各句子成分间的语义关系,只要满足"语法处置"的限定条件,"把"字句就表示处置。

（5）从介词"把"的语义来理解。张济卿(2000)认同"把"字句的处置义来源于介词"把"的处置义。何亚南(2001:51)根据处置式的性质,认为表处置的介词有两种必备的语义特征:一是"动感语义特征",处置式中的动词与一般句式中的没有什么差别,由于介词"将、把"具有把受事介绍给行为动作进行处置的功用,才使得句子成为处置式。这"介绍给"含有明显的移位感,处置介词的这种语义特征源自于"将"的"率领"义;二是处置介词对介绍对象的"能控制性语义特征"。要实现把受事对象介绍给行为动作进行处置,从逻辑上说,介词首先必须能够把握住对象,然后才能实现"介绍给"这种施为。但如果仅从处置标记"把"来理解处置式的语法意义,就很难说明处置式对其他句法成分的限制要求,把句子的语法意义归为某个词的语法意义的做法是不太妥当的(刘培玉 2009)。

（6）从认知焦点的角度来理解。崔希亮(1995)的《"把"字句的若干句法语义问题》、张旺熹(2001)的《"把"字句的位移图式》、高立群(2002)的《"把"字句位移图式心理现实性的实验研究》等论文从认知语言学的视角将把字句解释为空间位移图式,是对物体受外力作用发生的空间位移过程的凸显。

（7）从综合角度来理解。王红旗(2003)综合前人的观点,提出

"处置"可解释为"控制性的致使",介词"把"具有"控制"意义,"把"介引的宾语与谓语动词是致使关系。但刘培玉(2009)据此提出三点疑虑:介词"把"没有"控制"义;述语动词与"把"的宾语的关系不一定都是致使关系,如"我把他看了一眼","看"与"他"就没有致使关系;将"继事式"的处置义归为说话人的主观性,如他认为"在说话人看来 A 控制着 B,并且使 B 发生了变化。"

综合前人的研究,我们认为,对处置式的界定只从语义或结构中选择一方面进行限定,得出的结论不一定全面。语言的目的是为了交际,我们也不可能完全脱离语用范畴去理解处置式。此外,现代汉语方言中能够用来表达处置义的句式丰富多样,尤其是在那些处置式尚不发达的地区,经常用非"把"字结构来表达处置义。如果不从综合角度宏观把握,我们很难对方言中的处置式作出概括和区分。曹茜蕾(2007)曾指出,"当直接宾语出现在主要动词之前这个非常规的位置时,宾语之前会有一个特殊标记,例如普通话里的'把'……在汉语语言学里,这种句法结构被称为处置式";刘培玉(2009)从"语法处置"的角度定义了处置式,认为"语法处置"是"某人、某物或某事件通过动词所表示的动作对'把'的宾语施加作用和影响,使'把'的宾语、主语发生某种变化,或使动作达到某种结果"。我们结合上述两位学者对于处置式的定义,从结构和意义上对处置式进行限定:从结构上讲,处置式最大的特点是一定要有外在的形式标记,是"一种直接宾语置于主要动词之前且带有明显标记"的"宾语带标记"结构(李蓝、曹茜蕾2013);从意义上讲,处置式表达的句式义为"某人、某物或某事件通过主要动词所施行的动作对处置标记后面的宾语施加某种作用或影响,使得处置标记所指向的宾语或主语发生某种变化、产生某种结果、处于某种状态"。

2.2 处置式的语义类型

处置式作为一种多元性的复杂句式结构,它的各种类型的"历史来源和语义功能都不尽相同"(蒋绍愚1999)。梅祖麟(1990)曾提出:"处置式是一种多元性的句式,本身包括几个小类,而且从历时的角度看，产生的方式也是层层积累。"不同的语法学家按照他们各自对处置式的理解，从不同的角度对处置式进行分类。如沈家煊（2002）从"主观性"出发将处置分为"主观处置"和"客观处置"，刘培玉（2009）又在沈先生的基础上提出的"语法处置"和"逻辑处置"，以及郭浩瑜、杨荣祥（2012）从"控制度"出发推断"处置式的多重语法意义与 N1 对句子所描述事件掌控的力度及 N2 受控的力度有关"等观点，由此促使学界在对处置式的语义进行分类时开始考虑到主观意识层面。

而根据处置式的语义特征来对处置式进行归类也是学界常见的一种做法，许多学者对此都作过相关讨论，其中要属吴福祥提出的"三分法"影响最大。吴福祥（1996：422—429）提出处置式按照语义特征可以划分为"广义处置式、狭义处置式、致使义处置式"三种类型，而广义处置式又可再细分为"处置作/成、处置给/告、处置在/到"三种。吴福祥指出，"狭义处置式"与"广义处置式"的区别在于前者的处置性更强，因为该类处置式的谓语动词是及物动词、且通常只涉及一个域内题元，后者的处置义相对较弱，谓语部分通常是一个涉及两个域内题元的双及物式。即便有学者认为"三分"法也或多或少地存在缺陷，但他们的论述实则大多是对"三分"法细节的补充或调整，并未出现实质性的改动。比如有学者（张俊阁 2016：99）指出，吴福祥所述的"广义处置式"和"狭义处置式"中，处置介词后面的名词性成分都是谓语动词的受事、二者的区别仅限于处置义的强弱，因此它们在本质上就是同一种处置式、可以并为一类；致使义处置式中，处置介词后面的通常则是动作的施事或当事，接近于普通话的"使"，整个句子含有十分强烈的致使意味。郭浩瑜（2010）则注意到近代汉语中还有一类"把"字句都带有"遭受"义，如"不幸把浑家故了"（《金瓶梅》第一回）、"真把宝玉死了"（《红楼梦》第八二回），他将这类句子重新命名为"遭受义处置式"。

但上述所列举的研究多是以古代汉语和现代汉语共同语的处置式为研究对象的，对现代汉语方言处置式的语义分类的关注则相对较少。标准语领域对处置式的分类研究并没有迫切要求、方言学界对汉语方言处置式的语义类型及句式结构类型的研究又相对滞后，因此现在的方言语法研究者的习惯做法就是直接援用汉语史领域的研究成果（特别是吴福祥的"三分"法）来为汉语方言处置式分类（李蓝、曹茜蕾 2013）。可是，汉语方言处置式的情况比现代汉语普通话要更为复杂，在构成条件和使用限制上也存在较大差异，生硬地照搬汉语史领域的模式来给现代汉语方言里复杂的处置式归类，很有可能会出现一些问题。李蓝、曹茜蕾（2013）在受到辛永芬（2006）关于河南浚县方言处置式的分类方法的启示后，将浚县方言处置式的句式结构和语义特征与其他方言相结合，就汉语方言处置式的实际情况作了一个初步的分类尝试①：（1）强处置式，处置义最强、动作行为明显，句法格式为"处置标记＋可见对象宾语＋（动作性）VP"，如"把窗户关上"；（2）一般处置式，处置义弱于强处置式，句法格式为"处置标记＋对象宾语"，如"把作业写完"；（3）对待义处置式，表示以何种方式对待处置对象，句法格式为"（方向性）处置标记＋（指代词）处置对象＋（方式性）谓语"如"你能把我怎么样？"；（4）致使义处置式，带有明显的致使含义，句法格式为"处置标记＋兼语式处置对象＋动结式 VP"，如"这场电影把大家都看入迷了"；（5）命名义处置式，用于命名处置对象，句法格式为"处置标记＋处置对象＋命名义动词＋处置结果"构成，如"大家都把他叫老王"。

然而对比分析其他方言中的处置式，浚县方言中关于强弱处置式的差异在其他方言中很少能直接通过处置标记体现，且强处置式和一般处置式的处置义强弱的判断有一定的主观性。因此，我们综合学界现有的对于处置式语义类型的讨论，结合收集到的方言材料，将李蓝、曹茜蕾（2013）的分法作了些微调整，随后作出以下分类②。

2.2.1 处置义处置式

处置义处置式是方言处置式中最为典型的一种，它的处置意义明

---

① 据李蓝、曹茜蕾（2013）介绍，河南浚县方言中处置式的语义分类与处置标记紧密相关，不同语义类型的处置式所使用的处置标记也不同，从强处置式到致使义处置式分别用"弄、在、把、叫"。

② 吕必松在《汉语语法新解》中将共同语中的"把"字句分为"处置式、对待式、致使式"，并分别讨论了它们的语义结构特点，本小节参考了吕必松的部分观点。（吕必松：《汉语语法新解》，北京语言大学出版社 2015 年版，第 197—205 页。）

显、谓语动词的动作性强。李蓝、曹茜蕾（2013）在浚县方言的基础上将现代汉语方言处置式划分有"强处置句"和"一般处置句"，比如"把窗户关上"属于"强处置句"，"把作业写完"则属于"一般处置句"。但是并非所有的方言都如浚县方言一样，可以通过不同的处置标记来判断处置式的强弱。按照这两位学者的分法，处置义强度的划分主要依据后面的谓语、且具有较为强烈的主观性。其实无论是"强处置句"还是"弱处置句"，它们的处置行为都比"致使""遭受"等其他类型的处置式明显，因此我们这里把这两类处置式合称为"处置义处置式"。这种类型的处置式表示的是"施动者有意识地对处置对象实施（或准备实施）某种行为，使处置对象受到某种影响、产生某种结果或发生位置、状态、性质上的变化"①。处置介词所控制支配的对象是动作的受事者。在本文所考察到的所有现代汉语方言中，处置义处置式分布最广、使用频率最高，广泛存在于各大方言区。

四川九寨沟（申向阳 2014：181）：把他砸得一灿把他打了一顿。\ 把人骂得一顿把人骂了一顿。\ 把喂揪得一掌把他/她揪了一把。（西南官话）

江西武宁（阮绪和 2006）：拿书放在书包里。\ 恁把该条牛牵过河（刘斌、陈昌仪 2005：803）。（赣语）

江苏高淳（薛兴祥 1988：789）：我拿衣裳洗好了。\ 他把茶杯打破了。（吴语）

福建莆仙（蔡国妹 2014）：汝尼掠/含/将伊骂遘吼你为什么把它骂哭了？（闽语）

广西贺州（李如龙、张双庆 1992：441）：把饭食开！（客家话）

湖南耒阳（王箕裘、钟隆林：377）：搁 [kʰa⁵⁵] 个碗饭吃过把这碗饭吃了。\ 搁门关上。（客家话）

广东广州（高年华 1980：167）：我哋将剩余唧钱存喺银行我们把剩余的钱存在银行。（粤语）

湖南涟源（吴宝安、邓葵 2006）：其拿（得）只桶子提起来哩。（湘语）

---

① 此处参考了吕必松（2015：202）的论述，他将处置式"把"字句的语义结构特点概括为：施动者有意对受动者做什么（未然）或做了什么（已然），使受动者怎么样（未然）或怎么样了（已然）。

山西太原（李琳 2017）：我给俺哥哥把衣裳洗咾咱们再走。（晋语）
安徽黟县（伍巍 2000：87）：畀衣裳纽儿解下来。（徽语）
广西钟山（周乃刚等 2008：24）：拧/把水桶装满。（平话）
湖南宜章（沈若云 1999：187）：拿他□［əɯ⁵ɜ］起来把他叫起来。（土话）

根据我们目前掌握的语料来看，受汉语强势方言的影响，在有处置式的少数民族语中处置义处置式也是最为常见的一种。

广西南宁（宁洁 2015）：细李拧把菜刀来切肉 <small>小李拿菜刀来切肉</small>。（白话）
广西金平（和少英 2015）：拿水去倒 <small>把水倒了</small>！（傣语）
浙江苍南（赵则玲 2004：83）：你□［nuŋ⁴⁴］这袋米□［kʻia²¹］坻楼 <small>你把这袋米拿到楼上去</small>。（畲话）
广西武鸣（张慧英 2002：233）：支架锅了，水放了给热来，把鸡杀了 <small>架了锅，放了水，给热起来，把鸡杀了</small>。（状语）

处置义处置式作为一种最为典型、处置义最强的处置式，普通话中对于该类处置式的语义类型讨论较多。吕必松（2015：197）指出，处置式"把"字句的作用是"表示怎样处置某人或某物，以及处置的结果如何"，所以要求"把"字后面的成分必须包含结果义。也就是说，普通话中的处置义处置式在语义结构特点上至少要满足以下特征：（1）处置行为的目的性，即施动者是有意识地、有目的地对处置对象施加某种处置行为，以使其受到影响或产生变化（吕必松 2015：202）。（2）处置行为的结果性，即处置行为发生后，一定会产生某种处置结果，谓语部分必须有表示动态助词或补语。在大多数现代汉语方言中，处置义处置式具备第一点特征；而关于第二点特征，汉语方言的情况与普通话略有差异：在多数现代汉语方言中，处置义处置式中的谓语部分不能是光杆动词、尤其不能是单音节形式的光杆动词①，动词后往往需要续接其他成分，表示处置的结果或影响；但在部分方言中，表示"受到的影响、产生的结果"等成分可以不出现，直

---

① 按照陈光（1999）的研究，有些双音节的光杆动词（如"加热、歼灭"等）可以进入处置式。[陈光：《与"把"字结构自主性相关的两个语义·语法问题》，载于《语言学研究论丛》（八）。]

接用光杆动词作处置式谓语动词，比如在福建厦门话中就有"伊共我骂"（周长楫 1997：382）这样的表达。根据前人的研究表明，这是古代汉语处置式的用法在现代汉语方言中的体现，在唐五代时期就已经出现。

却思城外花台礼，不把庭前竹马骑。(《敦煌变文集》)

太师把政上座耳拽。(《祖堂集》)（以上两例源自蒋冀骋、吴福祥(1997：579)的《近代汉语纲要》）

2.2.2 致使义处置式

致使义处置式是处置义处置式功能扩展的产物（郭燕妮 2010），其处置义要弱于处置义处置式、谓语部分通常是动作性不强的不及物动词或形容词，句式结构和语法意义与使役动词构成的兼语式极其相似，在共同语和方言中都十分常见、使用范围也非常广泛。该类处置式表示的是"施动者（也可以是某事件）在主观或客观上导致处置对象受到（或将要受到）某种影响、产生某种变化"①。它与处置义处置式最大的不同在于这类处置式中处置介词控制支配的对象不再是动作的受事者，而是动作行为的施事或当事。句子的"致使"义也并非来自处置介词、而是由句式结构本身整体体现出来的，去掉处置标记后，所剩下的部分是可以独立的一般施事或当事主语句（郭燕妮 2010）。

山西万荣（吴静 2002）：几天没有歇一下，都把我赶死了。

山西太原（李琳 2017）：他给衣裳上闹弄上日脏咧。

陕西富平（徐慧芳 2013）：看把你高兴得！

浙江慈溪（章望靖 2013）：（儿子考上大学的消息）得姆妈高兴煞了。

浙江宁海（卢笑予 2013）：个件事干老实让我急死爻。

上海（许宝华、汤珍珠 1988：456）：拿伊拉姆妈急得来闲话也讲勿出啥。\ 暑假里火烧，偏生拿资料室烧脱勒。

湖南宁远（张晓勤 2009：100）：作业那么多，拿倒奶崽们苦死呱

---

① 吕必松（2015：199）将其概括为：致使式"把"字短语的作用是导致某人或某物产生结果或受到某种影响。

了作业那么多，把孩子们累死了。\ 你回来这么晏，拿倒你妈妈急死呱了你回来这么晚，把你妈急死了。

湖南邵东平（孙叶林2009：288）：担喉咙喊撕哩！\ 小王担鞋子咸行烂哩小王把鞋都走烂了。\ 担其累起满头是汗把他累得满头是汗。

湖南隆回（丁家勇2009）：咯个苹果把我胀个死这个苹果把我胀得要死。\ 小滴子讲，莫把其吓咕哩小孩说，别把他吓坏了。

湖北襄阳（魏兆惠2004）：哪个给/叫这个毛巾弄脏的？

湖北大冶（汪国胜1999）：媳妇生了个老孙，把渠一家人喜倒不得了儿媳妇生了一个孙子，把一家人高兴坏了。\ 渠抹牌几夜冇睏醒，把眼睛哈熬红了他打牌几夜没睡觉，把眼睛都熬红了。\ 我到人家去了，屋漏冇得人管，把a猪饿个促死我走亲戚了，家里没人管，把猪饿死。

湖北武汉（朱建颂1995：56）：把他喜得极了。

山东济宁金乡（马凤如2000：190）：把个孩子吓得给啥样把孩子吓得不得了。

江西宿松（黄晓雪2007：149）：渠把脸都气白着。

江西于都（李小华2013）：渠拿我个钢笔舞坏哩他把我的钢笔搞坏了。（客家话）

四川九寨沟（申向阳2014：181）：把人冻得硬冷得够呛。\ 把腿冻得非红得硬冻得很红。\ 把水生娃的达达麻烦得硬麻烦够了。\ 把喂媳妇儿的脸红得硬红得很。

安徽宿州（张德岁2010）：前面趴着一条蛇，给我吓了一大跳！

安徽桐城（江亚丽2010）：前个他把脚杆子蹲断了前天他把腿摔断了。

安徽岳西（储泽祥2009：221）：把佢快活着像么事东西样底哟把他快活得什么样似的。

云南开远（朱雨2013）：仓库盘点呢事情挨他忙呢啊！

云南永胜（何守伦1989：160）：这下把佢气得！

河南滑县（胡伟、甘于恩2015）：电影搁大伙儿都瞧迷了电影把大家都看人迷了。

青海（任碧生2006：145）：尕王把个娃娃惯着顶首头上者。

致使义处置式在语义结构上至少具有以下特征：（1）处置介词后面的宾语通常是处置行为的施事或当事；（2）处置标记前的主语往往

不出现，如果出现了，一定是处置结果的致使者（郭浩瑜 2010）；（3）致使义处置式的处置性要弱于处置义处置式、但又高于遭受义处置式，虽然保留有处置行为，但大多数情况下表示一种无意的致使，当然也并非所有的致使义处置式都是无意识的，在方言中有时可以加上表示"不要""别"等含义的否定副词，说明此时的处置行为或处置结果是可控的①；（4）谓语部分可以是动结关系状态动词，也可以是静补关系的状态静词和"得"字短语（吕必松 2015：200）。

2.2.3 遭受义处置式

遭受义处置式是在致使义处置式的基础上发展而来的，处置意味比致使义处置式更弱、句子带有一种"遭受"的意味。这种类型的处置式在现代汉语普通话中已很少能见到，然而在现代汉语方言中却仍较为常见。遭受义处置式被认为是致使义处置式的功能扩展以及"（NP 主语）＋V＋了＋NP 施事/当事"结构内推的结果（郭浩瑜 2010）。句子中的主语不再是行为动作或事情产生的施事者或致使因素，不能简单地将这种处置式的语义理解为"处置"或"致使"，如：

湖北江夏（蔡勇 2002）：昨日里屋里没得人，把鸡儿死了几只。

甘肃兰州（马琦明 2002：449）：他把娃娃死了。

青海（任碧生 2006：145）：年时，小张把个媳妇儿死掉了。

山东沂水（石林 2011）：多吃点儿，叫你饿着多吃点儿，把你饿着！

就语义结构而言，郭浩瑜（2010）总结出近代汉语中遭受义处置式通常具有以下特征，而这些特征在现代汉语方言中也都有所体现②：

（1）主语如若出现在句中，不再是动作的施事或当事，而是与处置标记后面的宾语存在一种领有关系，且后者的受损或消亡会使句子的主语感到伤心难过或不如意。

（2）谓语动词的动作性极弱，通常描述的是一些无法控制的或不如意的事件，后面一般只接一个时体助词"了"。

（3）处置标记后面的宾语是谓语动词的当事，常常在处置标记和

---

① 郭浩瑜（2010）曾提到："在敦煌变文中，致使义处置式的介词'将'前面多有'能''何必''莫''休'这样的修饰成分，就表明了其行为的可控性"。

② 以下特征（1）—（4）的概括参见郭浩瑜（2010）。

宾语之间出现"个"或"一个",宾语后面、动词前面还常常加上助词"给",以加强处置对象所遭受事件的不如意之感。

(4) 句子描述的事件多是已知信息,是后续事件产生的原因。

(5) 处置宾语的不可控性,这也是处置式从"致使"发展出"遭受"义的重要前提,也称作"无意致使":指的是从处置行为的发生到处置结果的产生都不受施事者主观意志所控制(邵敬敏 2005)。也就是说,无论句子中的处置介词后面的宾语是处置行为的施事或当事,处置行为的施动者都是无意识、无目的的,处置行为的发生既不是施动者有意的、也不能说明施动者对处置对象的态度,仅仅是对处置事实的客观叙述。

2.2.4 对待义处置式

对待义处置式说明的是施动者是否具有某种方式或是用什么方式(或态度)来对待受动者,受动者(或施动者自己)又因此可能会受到某种影响。在表示是否有办法对处置对象进行处置时,方言中的用法大致相当于共同语中表对待的"拿",一般不出现具体的处置动词、句子表现为否定或疑问句形式;通常情况下都是表示缺乏处置所引进对象的方法,谓语部分仅限于表示"没有办法"的结构(石毓智 2007:11)。如:

湖南浏阳(贝先明、向柠 2009:53):他拿哒我有得办法。

湖南攸县(董正谊 2009:39):码到其冒一点法子。\ 你码到其有咋咯法子?

湖北孝感(王求是 2014:12):他能把你么样?\ 我把他有得整。

福建福州(冯爱珍 1993:212):我掏汝无办法。

江苏泰兴(黄伯荣 1996:659):他死不听话,你能把他怎么样。

河南滑县(胡伟、甘于恩 2015):恁能搁俺咋着?

表示以何种方式或态度来对待处置对象时,常出现在相当于普通话"把+NP1+当作+NP2"的结构中。"当作"类动词所带的宾语后常续接另一个动词或动词短语、构成"处置标+NP1+当作+NP2+VP"结构,用以表示具体的处置行为(石毓智 2007:6)。

湖南吉首(李启群 2002:317):你帮我当什么人哪?

内蒙古呼和浩特（黄伯荣 1996：660）：把你当是咋啦？
福建泉州（李如龙 2000：129）：我搦汝做搭肉衫。
山西万荣（吴云霞 2009：133）：拿我呐好心当驴肝肺哩。
甘肃山丹（何茂活 2007：287）：搁上罐筒瓶子当茶杯子。
山东沂南（邵艳梅等 2010：349）：有些埝几搦麦秸当柴火烧。
广西桂南（褚俊海 2012）：佢搦我当人客一样招呼。
湖南衡阳（彭玉兰 2009：243）：别个拰被筒菇当木耳卖得你。

在有些方言中，否定形式"否定副词+处置标+NP1+当作+NP2"中的否定词出现在处置标记的后面，变成"处置标+NP1+否定副词+当作+NP2"。

湖南六合（邓永红 2016：188）：唔把我当人看。\ 把我唔当人看。
陕西户县（孙永新 2003）：他就把你不当人看。

石毓智（2007：7）在划分"拿"字处置式的类别时曾经提到一种"VO 熟语类"处置式，但在我们看来，谓语动词为 VO 的熟语也属于对待义处置式中的一个重要类型。据石毓智介绍，熟语性的 VO 结构表达的是一种较为强烈的处置，该用法中的处置标记相当于普通话的"拿"、区别于工具格标记"用"，虽然谓语部分仅限于 VO 结构的熟语，但是能用在该结构的 VO 式熟语数目并不固定、范围也比较开放；处置标记后面的受事成分不能还原到熟语的谓语动词之后。该类型的处置式在方言中也较为常见，其中"VO 类熟语"说明的就是对待受动者的方式：

福建古田（李滨 2014）：莫掏我解闷了。
湖南蓝山土话（罗昕如 2016：176）：不要拿起我来宽心。
湖南攸县（董正谊 2009：39）：不要码工作开玩笑。
江西安义（徐国莉 2006）：输得捉老婆出气。
湖南绥宁（曾常红、李建军 2009：61）：冇担我开心哆。

对待义处置式在现代汉语方言中常常用来表示一种消极处置，有无可奈何之义。比如隆回方言中的"捉倒+受事+频率副词+V"句式，整个句子说明的是施动者遇到一些不愉快的事情、无可奈何又想宣泄内心的愤懑，于是通过发出某动作来表达不满（丁家勇 2009：225—226）。施动者与受动者之间一般并没有直接的利害关系，仅仅是出于某种心理而对受动者发出了某种行为。

湖南辰溪（谢伯端2009：138）：没得钱就捏伢儿出气。

四川宜宾（左福光2015）：人家今天腔都没有开，他按倒我叨一顿。

湖南东安土话（蒋军凤2016：162）：□寻倒吾来骂咖一餐他骂了我一顿。

湖南隆回（丁家勇2009：225—226）：你何嘎捉倒我一方骂起啦，我一没惹你你为什么不停地骂我，我又没惹你。\ 其没得打垱，捉倒只狗一方打起他没什么地方好打，便将狗打了一顿。\ 其气得没路哩，捉倒壁壁一方锤起他气得没法子了，只好不停地敲打着墙壁。\ 你为捉倒地一方扫起啦你为什么不停地扫地?

综上所述，对待义处置式在现代汉语方言中表现的动作性或者说处置性并不强，在语义上强调的是施事如何"对待"受事宾语、不强调处置的结果，在方言中主要表现有四种情况。一是可以表示对待处置宾语是否有某种方法、其处置性极低，在方言中经常出现在否定句和疑问句中来表述对处置宾语没有办法；二是相当于普通话的"把……当作/比作……"此时可以与之搭配的动词往往是"对待"义的动词，此时动词后面还有另一受事名词、且该受事名词往往和处置介词后面的受事名词所指的是同一项事物；三是与一些"VO"类熟语搭配使用、谓语动词通常是"开玩笑""出气"等动宾结构的熟语，表示施事出于某种原因对受事宾语做出一些处置行为，此时处置性相对较强（石毓智2007：7）；四是方言中的特殊用法、在湖南方言中尤为常见，施动者介于某种原因对受事宾语抓住不放，在湖南方言中常用"捉倒""按倒"等由"抓取"义动词演化而来的介词作处置标记（丁家勇2009：225—226）。

2.2.5 命名义处置式

李蓝、曹茜蕾（2013）曾概述过方言中的"命名型处置句"，将现代汉语方言中表示"命名"义的处置式概括为：动词形式、连动式、工具式、与标准语中的"把……叫……"相同。命名义处置式表示的是施动者为处置对象命名的行为，处置对象的性质在处置行为发生前后没有任何变化。处置行为发生后,除了将处置宾语换作其他称谓外,并未对处置宾语产生实质的影响。命名义处置式的句式结构和用法相对比较简单,在现代汉语方言中的表现也并不复杂,因此学界对于该类处置式的探讨极少,我们这里结合收集到的方言语料对其作一些简要介绍。命名义处置式最常见的情况就是与方言中表示"称呼"义的动词搭配使用,用公式可记作"NP施+处置标+NP受+'称呼'义动词+NP名称",这是现代汉语方言中最普遍的一种命名义处置式的格式,相当于普通话的"把……叫作/称作……"结构。在方言间的差异主要体现在不同的处置标记和"称呼"义动词上(李蓝、曹茜蕾 2013),句中的谓语都是表示"称呼"类的动词结构,且该类处置式中的处置标记大多来自于"称呼"义动词或与该方言中相当于"把"的处置标记同形。

湖南祁阳(李维琦 1998:188):有的地方管白薯叫山药。

广西阳朔(梁福根 2005:281):有些地方伴/把白薯讲/喊做/讲做山药。

河南郑州(卢甲文 1992:162):人们都给/把这儿地张儿叫塔湾儿。

贵州桐梓(贵州省桐梓县地方志编纂委员会 1987:81):有些地势儿把太阳含作日头。

福建福清(冯爱珍 1993:212):也有地方将白蘇白薯叫着山药。

安徽建德(孟庆惠 2005:419):卬人徽州把玉米讴做包芦。

山西汾西(乔全生 1990:58):汾西这个地方把太阳吆喝成日头。

湖南蓝山土话(罗昕如 2016:170):我们拿(起)扁担叫担每。

命名义处置式中的处置标记的意义不断虚化,在有些方言中甚至可以省略,如:

山东郯城(邵燕梅 2005:261):搁老年人讲,咱郯城往年叫"郯国"。

福建福清(冯爱珍 1993:132):也有地方太阳叫啰日头。

有些方言中置于处置标记位置的动词尚未完全虚化、仍可用作实义动词,因此方言中经常用连动结构表示命名义处置,用公式记作"NP施+'称呼'义动词+NP受+('称呼'义动词/系动词)+NP名称"。

广西阳朔(梁福根 2005:281):有些地方讲白薯是山药。

浙江余姚（肖萍 2011：281）：阿拉徽州玉米讴苞谷葛。
湖南常宁（吴启生 2009：19）：常宁人喊马铃薯做洋芋子。
海南屯昌（钱奠香 2002：171）：伊叫妷狗叫做"妷禄"。
浙江义乌（方松熹 2000：225）：有些地方讴太阳讴热头。
湖南长沙（鲍厚星等 1999：347）：有些地方喊太阳做日头。

这种情况下，连动式中的后一个动词有时在方言中常可以省略、用双宾结构表示命名义处置。

湖南湘潭（曾毓美 2001：85）：喊他老祖宗。
湖北丹江口（苏俊波 2007：222）：我们都叫他师傅。

2.3 处置式的语用意义

语言学界目前关于共同语领域处置式的语用意义的探讨不多，对于现代汉语方言中各类处置式的语用意义研究更少，对于处置式语用意义的研究尚未成系统、我们很难就现有的研究作出概括总结。我们这里仅列举一些学界现有的、比较典型的关于处置式语用意义的观点学说。

有些学者关注的是处置式出现在某些特定句型中的语用价值，比如张旺熹（1991）发现在对外汉语教学中，"把"字句之所以历来是教学的难点，可能是由于长期只重视语法结构的教学而忽略"把"字句的语义和语用功能。因此，张旺熹从祈使句和主观判断句中的"把"字结构着手，来探讨"把字结构"的各种语句形式关系：祈使句中的"把字结构"是对将要实现的目的意义的强化表达形式，主要表达命令、请求、愿望这三种意义内客，主观判断句中的"把字结构"是对动作行为执行的主观性的特殊表达形式，在相对独立的语句形式中，"把字结构"主要表达了动作行为的目的性、结果性、主观性，这就使得它受到相关动词词语意义的制约。在张旺熹看来，"把字结构"在语用上的基本规律是"它强调由于某种原因而需要执行某种特定手段，以达到一定的目的这一意义内容"，"把字结构"在实际语用中，处于一个因果关系的意义范畴之中，即由于某种原因而需要执行某种特定的手段以达到一定的目的。

有些学者关注的是使用处置式与使用主动宾式在语用上的差异。比如刘培玉（2002）就归纳总结出"把"字句和主动宾式存在"焦点不同、视点不同、对 NP2 的指称性要求不同、出现的语境不同"等差异：主动宾句的焦点是宾语，"把"字句中动词后的成分或者动词及其后面的连带成分是焦点；主动宾句关注 NP1 实施了什么行为以及实施行为后的变化，"把"字句关注"把"的宾语受动作作用的影响；主动宾句里 NP2 的信息是无定的、"把"字句的宾语一般是有定的；主动宾句多用于描写，"把"字句多用于叙述。并且与张旺熹（1991）认为的"把字结构"处于一个因果关系的意义范畴的观点不同的是，刘培玉认为汉语把字句不一定仅仅用在有因果关系的语流中，它可以处在多种关系的复句中，除了表示"规约性"的因果关系外、还可以表示"偶发性、临时性"的因果关系。蒋冀骋、吴福祥（1997：575）也曾指出处置式的语法意义和语用价值区别于一般的"主动宾"式：处置式的语义中心和强调重点在于处置行为及其结果，一般的"主动宾"式则是普通的叙述、关注的是宾语。

还有些学者关注的是某种类型的处置式的语用价值，例如张豫峰（2014）和郭燕妮（2008）都关注到"致使义"处置式的语用特点和价值。张豫峰（2014）在谈到"致使"义的处置式时，指出"使"字句和"致使"义的处置式都带有致使意义，但它们具有不同的语用意义："使"字句受"使"字"派遣、差使"的本义影响，强调了某种外力事物是致使结果和状态出现的原因，句式语气平淡；"致使义"处置式的主要词语则是"把"，全句强调某种外力有强烈的影响作用，从而可以导致某种事物出现某种结果，句式语气强烈。郭燕妮（2008）则援引了任鹰（2005：258）对于致使义处置式的解释，认为致使义处置式的出现就是为了适应表达的需要，句子的视点取自说话人，整个句式表达一种对于说话者来说不如意的意味，而说者看法的表示，并不一定与施事者的意愿完全一致。

第3章 汉语方言的处置标

3.1 处置标的分布

3.1.1 处置标的地域分布

在现已查询到的500多个现代汉语方言点中，共有152个左右处置标记正在使用当中，相关情况见表3.1。有部分标记原文作者并未发现合适的本字、直接用音标注（可能与表3.1中其他地区的已有字形同音或同源）；有部分仅是作者选用的同音字、并非本字（有些音义相同或相似的标记可能就是同一个字）。比如不同词性的"把"在晋语区的大同、介休等地有两种读音：作动词或量词时读作舒声，作介词时读作入声；仅介词性的"把"在晋语中就有［pai］［pə］［pəʔ］［po］四种读音（胡双宝1986）。不同的研究者在记音时选择的处理方式也不尽相同（有的记作"八""拔"等同音字，有的用音标注音，还有的直接记作"把"），我们在表3.1中直接援引原文作者的记载（空格部分说明作者未提供例句），例句通常提供的是列举方言点中的第一个，如果没有、依次列举下一个方言点。本小节表格中的处置标记皆来源于我们对收集到的方言文献的整理，其中难免有一些疏漏，由于调查者不同、方言的发展变化等不可控因素的影响，调查的结果可能与目前的方言实际有所出入，诚需各位学者的指正、补充。

表 3.1　　　　　　　　处置标记地域分布表①

序号	地区	标记	语料	来源
1	湖南：巡头	[do^{13}]	□[do^{13}]狗杀了	郑焱霞、彭建国（2016：186）
2	甘肃兰州：仡佬族	[ta^{55}]／[haʊ^{23}]／[mei^{24}]	[ta^{55}]／[haʊ^{23}]／[mei^{24}]袋子放桌上吧	占升平（2014：196）
3	云南：白语	[ka^{44}]	他□[ka^{44}]板凳坐烂了	赵燕珍（2014：536）
4	山东：定陶	[kɛ^{213}]		王淑霞（2005：197）
5	湖南：永州新田	□[man^{35}]紧②	□[man^{35}]紧门关起把门关上	谢奇勇（2009：115）
6	湖南：麻田（[ŋæ^{53}]）江苏：吴江（[næ^{55}]／[nE^{55}]）③	[næ]	我做哺日□[ŋæ^{53}]鸡杀咖我昨天把鸡杀了	邓永红（2016：197）
7	福建：福鼎、连城、霞浦 浙江：苍南（[nuŋ^{44}]）、丽水（[nuŋ^{42}]）、龙游（[nuŋ^{44}]）	[nuŋ]（畬语）	□[nuŋ]门锁好	钟雷兴（2009：475）
8	湖南：桃川	[nuo^{33}]	□[nuo^{33}]他关起来	鲍厚星（2016：287）
9	江西：大余	[o^{3}]	□[o^{3}]门关上	李如龙、张双庆（1992：438）
10	湖南：绥宁关峡	[tai^{213}]	□[tai^{213}]门关上	胡萍（2016：136）

---

① 此表格的设计部分参考了李蓝、曹茜蕾（2013）的表格，但统计到的处置标记数量由李蓝、曹茜蕾（2013）的113个增加到152个，统计到的处置标记形式和使用地点也不尽相同。

② 也有说是"拿紧"。

③ 吴江方言用于"管……叫""拿……当"时读"[nE^{55}]"。（汪平:《吴江市方言志》，上海社会科学院出版社2010年版，第270\246页。）

续表

序号	地区	标记	语料	来源
11	湖南：临武	阿 [a⁵⁵]①	红队阿蓝队打败的 红队把/被蓝队打败的	黄伯荣（1996：669）
12	甘肃：临夏	啊	丰收的种子啊撒下	黄伯荣（1996：656）
13	湖南：临武、宁远 云南：保山、澄江等12处	挨	我挨碗打烂喋	李永明（1988：390）
14	湖南：广发、新田	安	安饭食者把饭吃了	邓永红（2016：197）
15	海南：屯昌	揞/揪	伊宿老婆揞伊斥一顿 他老婆把他骂了一顿	钱奠香（2000：179）
16	四川：宜宾	按倒	他按倒我来叼一顿	左福光（2005）
17	浙江：桐庐 山西：介休	八 [pʌʔ]	八搭个东西拿八我	浙江桐庐县志编委会（1992：141）
18	重庆 湖南：衡山	巴 [pa⁵⁵]	巴对联巴到门枋上	杨月蓉（2012：310）
19	山西：大同、离石	拔		马文忠、梁述中（1986：94）

---

① 也有记作"挨"。

第 3 章　汉语方言的处置标

续表

序号	地区	标记	语料	来源
20	安徽：巢县、枞阳等 16 处 福建：宁化 甘肃：敦煌、河西等 7 处 广东：潮州、马兰、梅县、翁源 广西：桂林、贺州等 13 处 贵州：贵阳、桐梓 河北：保定、昌黎等 6 处 河南：固始、光山等 7 处 湖北：公安、黄冈等 19 处 湖南：常德、常宁等 31 处 江苏：丹阳、高淳等 7 处 江西：安福、波阳等 53 处 内蒙古：呼和浩特 青海：青海、西宁 山东：博山、单县等 28 处 山西：定襄、汾西等 17 处 陕西：富平、扶风等 7 处 上海、台湾、香港 四川：重庆、成都等 8 处 新疆：吉木萨尔、乌鲁木齐 云南：白族、大关等 5 处 浙江：海宁、宁波等 5 处	把	把脏水倒断它	黄伯荣（1996：656）
21	湖南：涟源	把倒	我把倒嘀汤下吃 咖哩我把汤全喝了	李星辉（2008）
22	山西：临汾 湖南：涟源	把得①	有的地方把（得）太阳说成日头	候精一、温端政（1993：305）
23	湖南：洞口（[ma²⁴ tʂʅ²²]）	把乞	把乞衣衫清起	胡云晚（2001：186）

---

① 涟源的年轻人受普通话影响多说"把得"，老人多说"拿得"。

续表

序号	地区	标记	语料	来源
24	湖南：涟源	把者	把扇门关合	陈晖（1995：215）
25	江西：德兴、抚州等7处 天津：霸县 山西：文水	摆/[pʰai]	尔摆□[le]只牛牵过河去	刘斌总纂，陈昌仪主编（2005：804）
26	山东：聊城（[pɛ³¹³]）、枣庄	败	败书弄脏了	钱曾怡（1998：201）
27	安徽：淮北 山东：苍山（[pɛ³¹]）、临清（[pɛ³¹]）、汶上（[pɛ³¹]）	拜	快拜脸摸楼摸楼	郭辉（2011）
28	山东：利津（[pā⁴⁴]）	班		杨秋泽（1990：133）
29	山东：德州	办	他办衣裳弄脏俩	曹延杰（1991：200）
30	广西：阳朔 山东：苍山（[pā²¹]）	伴/半	伴他喊出来大门来。你半鸡圈到鸡栏里去	梁福根（2005：335），田家成（2012：503）
31	安徽：歙县、徽州、屯溪、休宁 福建：福安、连城等10处 湖南：辰溪、凤凰等7处 江苏：赣榆 四川：北川 江西：广丰、横峰等5处 云南：保山、大理等22处 浙江：高敬、金华等8处	帮	帮那个物事担□[xe²²]卬把那个东西拿给我	孟庆惠（1997：36）
32	安徽：歙县	包		陈丽（2013：143）
33	浙江：泰顺	笔	你笔门关起	李蓝（2013）

续表

序号	地区	标记	语料	来源
34	安徽：黟县、旌德 福建：建宁 广东：马兰 广西：南宁 江西：建宁、南城、上高	畀	畀衣裳纽儿解下来	伍巍（2000：87）
35	浙江：绍兴、杭州等7处 江苏：苏州 江西：广丰 山西：祁县、孝义等9处	拨	诺拨葛两件衣裳补补好 你把这几件衣服补补好	吴子慧（2007：222）
36	山西：临汾	播	播窗子开开，播门关上	田希诚（1981）
37	浙江：苍南金乡、杭州、黄岩、绍兴 山西：万荣	不 [poʔ⁵⁴]	不他叫来	李荣（2002：608）
38	云南：易门	搀		李蓝（2013）
39	湖南：涟源	赐	我躁起来哩赐你打一餐 我要是烦了会把你打一顿的	陈晖（2009：207）
40	湖南：六合、流丰、桂阳 江苏：苏州 江西：秀篆、婺源 浙江：天台	搭	搭门关上	李如龙、张双庆（1992：438）
41	山东：新泰	打 [ta⁵⁵]	打手伸了水瓮里拔拔疼吧	高慎贵（1996：222）
42	天津	歹		李行健（1995：678）
43	山东：沂南 湖南：宁远 浙江：温州	逮	逮梯子给我扛过来	邵燕梅等（2010：348）
44	湖南：宁远	逮倒①	我逮倒之捶一顿	张晓勤（1999：203）

---

① 也有记作"逮到"。

续表

序号	地区	标记	语料	来源
45	河南：获嘉	逮住	动不动就逮住我打一顿	贺巍（1989：125）
46	浙江：温州 安徽：巢县	代	我代猫儿赶出艾罢	马贝加、陈伊娜（2006）
47	江苏：南京 湖南：桂阳	带	带门关起来	南京市地方志编委会（1993：220）
48	安徽：歙县 湖南：隆回、凤凰等7处 江西：浮梁 浙江：玉山	担	担手洗洗干净	孟庆惠（1997：78）
49	湖南：洞口、隆回、邵东	担倒	其担喉咙喊嘶咕里 _{他把嗓子叫哑了}	胡云晚（2010：190）
50	湖南：邵东	担起	烟子担起我只眼珠熏起出眼泪哩 _{烟雾把我的眼睛熏得流泪}	林素娥（2010）
51	安徽：黟县 山西：临晋、临猗	到	到门推开	孟庆惠（2005：217）
52	广东：大埔 福建：泰宁 湖北：英山 山西：临汾 湖南：常宁、衡阳等6处 浙江：慈禧、长兴、诸暨	得	佢得涯碗要烂了 _{他把我的碗打破了}	李小华（2013）
53	湖南：洞口	等	我是等衣衫清起着才行个 _{我是把衣服清理好之后再走的}	胡云晚（2010：193）
54	湖南：洞口	低（倒）	你低（倒）衣衫清起着 _{你把衣服清理好吧}	胡云晚（2010：194）

续表

序号	地区	标记	语料	来源
55	安徽：屯溪、休宁	掵①	尔掵我嚇死着	孟庆惠（2005：216）
56	广西：全州文桥	扚	你扚那个数合计合计下睇□［wo²¹］有好多	周乃刚等（2008）
57	江西：武平	兜	兜来门关上	李如龙、张双庆（1992：438）
58	福建：南安	度	拍度伊死 把它打死	李如龙（2001：63）
59	广东：潮州、汕头	对	伊对只狗拍到半死 他把一只狗打得半死	中国语文杂志社编（1995：256）
60	湖南：花桥、石期、东安土话	掇	□［ɣa²⁴］要掇茶杯打呱哩 不要把茶杯摔破了	邓永红（2016：197）
61	福建：莆田	厄	汝掌甲厄铰 请你把指甲剪一下	蔡国妹（2016）
62	浙江：常山	㧅		李蓝、曹茜蕾（2013）
63	安徽：祁门 湖北：咸安 湖南：江永、常宁 江西：太源 云南：元江、石屏 浙江：金华、泰顺	分②	尔分佢吰来	孟庆惠（2005：257）
64	湖南：理家坪	奉	牛奉草食吧咧	曾春蓉（2016：180）

---

① 也有记作"倄"。
② 也有记作"吩"。

续表

序号	地区	标记	语料	来源
65	广东：陆丰（军语）	嘎	牛嘎它牵出去	邱学强（2005）
66	江苏：南京	告	你去告门关起来	南京市地方志编委会（1993：220）
67	山东：沂水 江西：瑞金（[kan⁴²]）	赶	他赶我叫大叔	张振兴等（1994：182）
68	甘肃：山丹 河南：滑县 江苏：南京	搁	搁门关起来	何茂活（2007：287）
69	甘肃：山丹①	搁上	搁上罐筒瓶子当茶杯子	同上
70	福建：福鼎、宁德	佮	佮门开来/门佮伊开来把门关上	林寒生（2002：118）
71	广东：潮州、汕头	个	个什乇风个你吹来是什么风把你吹来的	陈海忠（2003）
72	安徽：濉溪、宿州、五河 福建：福州 广西：武鸣、临高、靖西 河北：抚宁、迁西等33处；北京 河南：郑州、洛阳等5处 湖北：荆门、钟祥等5处 湖南：宁远、湘乡 江苏：徐州、泗洪、宿豫、宿迁 山东：莱州 山西：万荣、芮城等5处 四川：攀枝花、西阳 云南：呈贡、沾益等14处	给②	他给鞋走烂了	郭辉、郭迪迪（2012）

① 河西片，仅用于对待义处置。
② 李蓝、曹茜蕾（2013）将河北大名、魏县的处置标记记作"隔"，本文统一记作"给"。

续表

序号	地区	标记	语料	来源
73	山西：定襄	给把	他给把娃娃从家儿口［tɕʰia²¹⁴］将的俩抱去了	范慧琴（2007：115）
74	河北：昌黎 湖北：随县 湖南：洞口、沅陵 江苏：宿豫、淮阴 江西：广丰、瑞金、瑞昌、上饶	跟	跟白薯叫山药	河北昌黎志编委会（1960：272）
75	湖南：洞口	跟（倒）	跟（倒）衣衫清起	胡云晚（2010：196）
76	福建：长乐、德化等13处	共	门共关起	林寒生（2002：118）
77	湖南：长沙、祁阳 福建：福清 山西：朔县 山东：博山、沂水 广西：阳朔 河北：昌黎　北京	管	有些地方管太阳叫日头	鲍厚星等（1999：297）
78	河北：昌黎	够	够白薯叫山药	河北昌黎志编委会（1960：272）
79	河北：昌黎	逛	逛白薯叫山药	同上
80	甘肃：临夏 广西：资源、延东 青海：西宁 广西：资源、延东（平话）	哈	丰收的种子哈撒下 哈自家亲生喔老二觑做宝贝 把自己亲生的老二看做宝贝	黄伯荣（1996：656），周乃刚、吕泉、朱晶晶（2008）
81	福建：莆仙	含	汝尼含伊骂遘吼 你为什么把他骂哭了	蔡国妹（2014）
82	湖南：长宁、长沙、涟源、衡阳 河南：固始 广东：阳江	喊	常宁人喊马铃薯做洋芋子	吴启生（2009：19）

续表

序号	地区	标记	语料	来源
83	广西：阳朔（葡萄镇）	蘿	有些地方蘿麦秸当柴烧	梁福根（2005：281）
84	广东：丰顺（客家话）	和	你和嗰头树砍得佢 你把那棵树砍了	李小华（2013）
85	福建：莆田 广东：陆丰（福佬话） 台湾	合	身份证合带身边 你把身份证带在身边	蔡国妹（2014）
86	福建：诏安	互	饭食食互伊了 把饭吃光	周跃红、陈宝钧（1999：1087）
87	广东：潮州 江西：铜山（赣语）	甲	甲小弟□带来咯	郑克强（2014：52）
88	河南：洛阳	箍	你箍那给我一下儿 把那个东西拿给我	贺巍（1984）
89	湖南：岳阳	驾	驾你冇药整 拿你没办法	方平权（2009：144）
90	湖南：蓝山	捡（起）①	捡碗安好现才跑	伍巍、蒋尊国（2005）
91	福建：长汀、德化等17处 广东：阳江、潮州等14处 广西：兴业、北流、容县、富水 湖北：襄樊 江西：赣县、景宁畲话 云南：安宁 台湾、香港	将	将窗子打开	福建省地方志编委会（1998：310）
92	福建：上杭、永定 广东：梅县、汕头	将把②	将把自家的东西拿界人 把自己的东西给人家	李小华（2013）

① 蓝山土市话中还可以在"拿""捡""榕"后附上一个"起"，其处置义不变。
② 此处我们查阅到的是"将把"，李蓝、曹茜蕾记作"把将"。

续表

序号	地区	标记	语料	来源
93	安徽：亳州、蒙城 甘肃：山丹 河北：昌黎、磁县、邢台 河南：固始、罗山等5处 湖北：安陆、丹江口等6处 山东：宁阳、郯城等5处 山西：大同、太原	叫	这个孩羔子再不听话，就叫他关屋来	胡丽华（2011）
94	四川：泰兴	撩	剩饭撩佢食诶 剩饭把它吃了	兰玉英（2007：304）
95	福建：将乐 湖南：蓝山、耒阳	搭	你搭桌去拭个下 你把桌子擦擦	李如龙（2001：351）
96	湖南：蓝山	搭起	搭起祖撑到溪里去 把他推到河里去	伍巍、蒋尊国（2005）
97	湖南：新田南乡土话、永州	搭紧	搭紧他绹起来 把他捆起来	谢奇勇（2009：126）
98	山东：菏泽、定陶（[lɛ²]）、东平	来	来桌子擦擦	钱曾怡（2001：303）
99	广东：增城、禄丰、惠东 山东：沂南	捞	哪虾捞人厓打烂只茶杯 谁把我的茶杯打破了	王李英（1998：273）
100	山东：临朐、沂水、张家店	捞着	我"捞着"他捧了一顿	林绍志（2013：28）
101	湖南：衡阳（也有记作"老"）	挒	挒我咯衣服放其身上穿起 把我的衣服穿在他身上了	彭玉兰（2009：254）
102	河南：安阳 河北：永年、魏县 山东：德州、东平等6处	连	他连书包丢啦	王芳、冯广艺（2015）
103	广东：马兰	拎	拎窗棂关紧	陈云龙（2012：215）

续表

序号	地区	标记	语料	来源
104	广东：汕头 福建：莆仙	掠	你傲呢掠个面盆做椅团坐	施其生（2000：158）
105	山东：德州、沂南、泰安（[mã²¹]）/苍山（[mã²¹]）、新泰（[mã²¹]） 江苏：赣榆	漫/曼	他漫衣裳弄脏俩	曹延杰（1991：200）
106	安徽：宿松（[ma³]） 甘肃：礼县（[ma²¹]） 河北：磁县（[ma]）、盐山 湖北：黄梅（[ma]） 湖南：茶陵（[ma³]）、攸县 江西：都昌（[ma¹]）、湖口、弋阳（[maʔ⁷]） 江苏：东台（[ma]） 山东：沂南（[ma³¹/mɔ³¹]）	[ma]/码	□[ma]门关上。\码女咯当牛马咯日子过去哩把女的当牛马的日子过去了	李如龙、张双庆（1992：438），董正谊（2009：39）
107	湖南：攸县	码到	码到别个咯东西当做自家咯用 拿别人的东西当做自己的用	董正谊（2009：40）
108	山东：苍山（[mɛ³¹]） 天津：吴桥	卖	你卖[mɛ³¹]俺的衣裳都给泼湿了	田家成（2012：503）
109	福建：长汀、崇安等12处 广西：贺州、金秀等6处 贵州：纳雍、贵阳、毕节、大方 河北：昌黎、永年、魏县 河南：沁阳 湖北：京山、埔圻 湖南：蓝山、常德等26处 江苏：高淳、江阴等7处　上海 江西：安义、安远等25处 山西：万荣、闻喜 陕西：西安　四川：宜宾 山东：博山、宁津、汝城、沂南 新疆：乌鲁木齐 浙江：海宁、海盐、嘉善、湖州	拿	拿门关上	李如龙、张双庆（1992：438）

第 3 章 汉语方言的处置标

续表

序号	地区	标记	语料	来源
110	湖南：浏阳、宁乡	拿哒	叔唧拿哒我個苹果喫咖哒叔叔把我的苹果吃了	贝先明、向柠（2009：53）
111	湖南：涟源、宁远、新化	拿倒	拿倒渠从逗歪调皮变得听声唔听话过呢	李星辉（2008）
112	湖南：涟源、宁乡	拿得	拿得扇门锁得	石毓智（2008）
113	浙江：海宁 福建：武平	拿来	葛只碗我拿来敲碎哩我把这只碗打破了	柴伟梁（2009：285）
114	湖南：蓝山（土话）、江永桃川	拿（起）	我们拿（起）扁担叫担每	罗昕如（2016：170）
115	湖南：涟源、娄底 河北：昌黎	拿者/着	渠拿者书本撕烂哩	陈晖（1999：286）
116	福建：建瓯 广西：灌阳	纳	你纳老王吼来做孰事你把老王叫来干什么	朱玉宾（2016）
117	浙江：淳安	乃	乃门关住	孟庆惠（2005：413）
118	广东：化州	拈	快拈呢旧报纸买哆佢	李健（1996：298）
119	广西：回龙（钟山）、南宁 广东：电白、阳江	拧	拧水桶装满	周乃刚等（2008）
120	河南：浚县 湖南：永明 江苏：泰兴 山东：沂南（[nəʊ³¹]） 浙江：景宁（[loʊ⁵⁵]）、丽水（[loʊ⁵⁵]）	弄	汝弄菜底佮食裡你把剩菜吃进去	辛永芬（2006：289）

续表

序号	地区	标记	语料	来源
121	福建：泉州 广西：灌阳、临桂 江西：安义、南昌、宜丰、余干	搦	我搦汝做搭肉衫 _{我把你当知己}	李如龙 （2000：129）
122	福建：福清、福州	乞	门乞关上把门关上	冯爱珍 （1993：211）
123	海南：屯昌	牵	伊牵我叫做舅爹	钱奠香 （2000：180）
124	河南：许昌 浙江：临海	让	他让东西摆了一屋，连个站哩地方都没有	韩栋 （2009）
125	湖南：益阳	拨哒	你再不听话，拨哒你骂一餐死的 _{你再不听话，就要把你狠狠地骂一顿}	卢小群 （2007：303）
126	福建：古田、福州	掏	莫掏我解闷了	李滨 （2014：212）
127	广西：富川、富水 湖南：岚角山（［tia³³］）	提	提这台抹一抹。\快□［tia³³］门关起来	郑作广、林亦 （2005：252）
128	湖南：洞口 云南：晋宁 浙江：临安（畲话）	替	替衣衫清起	胡云晚 （2010：203）
129	浙江：金华汤溪	听	听些衣裳收归来	曹志耘 （2000：69）
130	广东：河源、梅县 浙江：金华、苍南	同	同我个书还包渠	练春招等 （2010：279）
131	江西：定南	掫	我掫渠个名字忘记了	刘纶鑫 （2001：332）
132	浙江：罗阳（吴语）	挖	快勒挖口碗饭吃 _{吃底快吃了这碗饭}	施明达 （1998：716）

第 3 章　汉语方言的处置标

续表

序号	地区	标记	语料	来源
133	山东：德州	万 [va²¹]	他万衣裳弄脏俩	曹延杰（1991：199）
134	广东：云浮、广州	械	佢械各种本领教畀我 他把各种本领教给我	宋长栋（1995：182）
135	广西　福建：福清	许	佢许我嘅手机整坏了	褚俊海（2012）
136	江西：龙南	撇	无撇转来	郑克强（2014：52）
137	安徽：遂安	引	引门关去	孟庆惠（2005：413）
138	湖南：宁远	与	与书打开	张晓勤（1999：206）
139	江苏：湖溪	约	约渠两只手绑牢哉	伍云姬（1999：153）
140	河南：浚县	在	在钱放好	辛永芬（2006：290）
141	浙江：萧山、余姚 江苏：绍兴、泽国	则	俼儿子则我敲嘞 记你儿子把我打了一下	大西博子（1999：132）
142	山东：临沂	掌	掌门关上	崔云忠等（2012）
143	山西：新绛	招	招门关上	黄伯荣（1996：661）
144	江西：寻乌	着	尔着底只牛牵过河背去	刘斌总纂，陈昌仪主编（2005：804）
145	福建：古田	助 [tsœ²⁴]	伊助我账算绽去 了你把我的账算错了	李滨（2014：212）

续表

序号	地区	标记	语料	来源
146	湖南：祥霖铺	抓（紧）	抓（紧）门关起	谢奇勇（2016：191）
147	广东：河源、丰顺等5处 贵州：三都、安义 山东：临沂 湖南：洞口、邵东、益阳 江苏：南通 江西：广丰、吴城	捉	捉渠老婆来骂把他老婆骂了一顿	练春招等（2010：278）
148	湖南：宁乡、益阳	捉哒	娘老子昨天捉哒他打咖一顿	陶伏平（2007）
149	湖南：洞口、隆回、邵东	捉倒	捉衣衫清起清理好	胡云晚（2010：208）
150	福建：平和	自	早起顿自＜这些＞来食啊	庄初升（2000：144）
151	浙江：绍兴	作	作门开开	盛益民（2010）
152	广西：全州文桥（平话）	扚	小李扚哥哥骂呱一顿 小李把他哥哥骂了一顿	周乃刚、吕泉、朱晶晶（2008）

3.1.2 处置标的类型分布

曹茜蕾（2007\2013）先后将现代汉语方言中处置标记的来源归纳为"拿、握"义动词、"给予、帮助"义动词以及伴随格，并对这三类处置标记的来源和在方言中的体现展开了详细论述。李蓝、曹茜蕾（2013）在总结了113个处置标记后，总结出"拿持义、给予义、得到义、趋向义、使令义、连接义、助益义、言说义动词都可以虚化成处置标记"，但是未对8类方言处置标记的来源展开讨论。张俊阁（2016：6）则是对后期近代汉语方言的处置标记展开研究，其情况和现代汉语方言略有不同，将处置标记的来源分为"持取/抓握"义动词、"给予"义动词、"使役"动词以及其他介词。而张俊阁划分出的"其他介词"主要涉及"工具介词"和"与格介词",在现有的现代汉语方言语料中尚未发现从工具格"以"转化而来的处置标记(但是我们支持工具式是处置式来源之一的说法),后一种"与格介词"大多也是由"给帮"义动词虚化而来。我们参照上述学者的分法将统计到的150多个处置标记按语义类型作出如下分类。

(1)"拿抓"义①

"拿抓"义动词是现代汉语方言处置标记的最主要来源(曹茜蕾2007),汉语方言中的处置标记很大一部分都是由"拿握、抓取"义动词虚化而来,这类标记的字形往往与"手"有关。如:

北京话、中原官话以及晋语中的"把"的本字和变读(如:[ma])。要注意的是,曹茜蕾(2007)调查得出"把"的动词用法在北方方言中已经消失。

湘语中表"拿取"义的"担、拿、挼"类,表"抓握"义的"搭、抓、捉、逮"类,"拾取"义的"掇、捡"类。

广西白话、桂北平话中的"拿、搦"和"拧、扚、提、伴"等。

吴语中的"拿、将"。

赣方言中的"拿、搦"以及从北方话中借用的"把"。

客家方言中的"将(把)、拿",以及分布于江西、广东、福建的"搵(挃)""捉""搭"等。

粤、闽、客等南方方言中常出现在正式语体中的"将"。

(2)"给帮"义

曹茜蕾(2007)指出,"给予"义动词是现代汉语方言处置标记的第二大来源。曹先生援引了 Newman(1996)关于动词"给"的跨语言研究以及 Heine 和 Kuteva(2002)在编写语法化路径的类型学词典的例子,指明在其他人类语言中鲜少有这种发展模式。虽然在其他语言中鲜少有由"给予"义动词语法化为宾语标记的情况,但由"给予"义动词虚化而来的处置标记在众多方言中得以体现,是汉语方言的一大特色。

---

① 本调查中关于"拿抓"义、"给帮"义、"伴随格"的调查结果部分参照了曹茜蕾先生(2007\2013)的研究,但在曹先生的调查基础上对方言点和处置标记的统计结果有较多增补。具体情况详见 Chappell, H.(曹茜蕾)《汉语方言的处置标记的类型》,《语言学论丛》第36辑。

北方官话和四川（成都、攀枝花）、湖北西南官话（郧县、钟祥）中的"给"。

江西赣方言（婺源、横峰、广丰、铅山、上饶）和云南省西南官话（保山、大理、昆明、临沧、蒙自、曲靖、思茅、文山、永胜、昭通）以及湖南湘语（辰溪、凤凰、洞口、新化）的"帮"。

湖南湘语中（常宁、衡阳、衡山前山话、攸县、梁家潭）的"得"。

福建省闽南话（诏安）的"互"。

福建客家话的"帮""得"。

湖南桂阳湘语中的"带"。

江西赣语（上高、南城、建宁）、安徽省徽语（旌德、黟县）、广西白话（南宁）中的"畀"。

吴语台州片、婺州片、处衢片处州小片的"拨"或"约"、瓯江片的"代"，婺州片和处衢片龙衢小片的"帮"（见许宝华、陶寰1999：137）。

福建客家话（秀篆）、浙江吴语（宁波）、湖南土话（六合、流丰）、江西吴语（广丰）的"搭"。

（3）"使令"义

河南省（叶县、项城、确山、鲁山、商丘、许昌、襄城、周口、驻马店、信阳、固始,）和山东省（郯城、枣庄）以及安徽省（亳州、蒙城）、湖北省（襄阳、郧县、丹江口、安陆）的"叫"①。

河南省（许昌）和浙江省（临海）中的"让"。

湖南洞口湘语中的"等"。

（4）"称呼"义

冀鲁官话（河北昌黎、山东沂南）和湖南（长沙、祁阳）的"管"。

山西晋语（大同、太原）、闽语（福建福清、海南屯昌）、山东郯城中原官话的"叫"。

湖南湘语（常宁、湘潭、长沙）和湖南汝城客家话的"喊"。

浙江吴语（义乌、余姚）中的"讴"。

---

① 黄晓雪、贺雪贵（2016）统计到河南的叶县、鲁山、商丘、许昌、襄城、周口、项城、驻马店、信阳、固始，山东的郯城、枣庄，安徽的蒙城，湖北的襄阳、丹江，都是用"叫"作处置标记。（黄晓雪、贺学贵：《从〈歧路灯〉看官话中"叫"表处置的现象》，《中国语文》2016年第6期。）

山东胶辽官话（沂水）和江西赣语（瑞金）的"赶"。

广西阳朔的"伴"和海南屯昌的"牵"①。

（5）伴随格

河南省（安阳）、山东省（德州、济宁、济宁、汶上、枣庄）等官话中的"连"。

福建（福清、长乐、永泰、诏安、平和、永春、泉州、古田、福州、厦门、南安、晋江）等闽语及广东梅州客家话中的"共"，以及福建莆田、莆仙、厦门等地的同源词或同义词"合""甲"②"和"等。

湖南省湘语（洞口、沅陵）、江苏省江淮官话（宿豫、沭阳、淮阴）、江西省赣语（瑞金、上饶、瑞昌）、江西吴语（广丰）、河北省冀鲁官话（昌黎）以及湖北省西南官话（随县）中的"跟"。

客家话（梅县、河源）里的"同"、福建闽语（宁德、福鼎话）的"佮"等。

云南西南官话（澄江、开远、玉溪、永胜、大理、昆明、昭通等多处）、湖南湘语（临武）的"挨"。

浙江吴语（萧山、绍兴）的"则"。

湖南平话（宁远）的"与"。

南京话的"告"和"带"。

瓦乡（湖南）话中的"[kɛ^{55}]"[杨蔚1999，转引自曹茜蕾（2007）]。

3.1.3 处置标的方言分布

在胶辽官话、中原官话、西南官话、北京官话、东北官话等几大官话区，大多数都用"把"作处置标记。在冀鲁官话区中，"给"和"把"都是使用频率很高的处置标记，"给"的使用频率似乎略高于"把"：在《中国语言地图集》中标注出的河北的30个方言点中，有15个是冀鲁官话点，用的都是"把"；而在我们统计的近40个河北省的方言点中，绝大多数都是用"给"作处置标记的冀鲁官话点。兰银官话中，"把"也是最为常见的处置标记，我们一共统计到8个兰银官话

---

① 对于"伴"和"牵"的来源我们暂不确定，只是因为在这两处方言中，这两个处置标记经常与"称呼"义动词搭配使用，出现在表命名的处置式中，所以我们暂将其归作此类。

② 蔡国妹（2014）指出，厦门话的"甲"是"合"的俗字。

点（6个在甘肃，2个在新疆），除了甘肃临夏用受事前置式表达处置义外，其余7个全用都用"把"作处置标记。根据我们收集到的语料显示，不同来源的处置标记在各个方言中的分布并不十分平衡，在地理分布上主要呈现以下特点。

湘方言中的处置标记主要来源于"给予"义动词，有"把（倒/得/者）、码（[ma]）、给、搭、分、奉、带、赐、等、与"等形式，其中"把"的使用最为普遍。第二大来源是表"拿抓"义的"拿（哒/得/倒/者）"、"担（倒/起）"、"捉（倒/哒）、抓/搿/□[man³]紧"①以及"掇、挓、寻倒、挼哒"等动词，"拿"类动词的使用频率又高于"担"和"捉"类。动词"帮"和介引受益者的"替"是第三大来源。此外，还有"管/喊、跟、挨、驾、安"等处置标记。

赣方言区的处置表达大多包括带标记和不带标记两种，带标记的又以"把""拿""摆"最为常见。在我们统计到的100多个赣方言点中，有60个左右都用"把"作处置标记，还有5个（茶陵、都昌、弋阳、湖口、宿松）用的是"把"的变读形式"[ma]"。而以"拿"作处置标记的有24个，除邵武（福建）、常宁（湖南）外，其他全分布在江西。"摆"则主要分布于江西德兴、南丰等8个方言点。此外，"搦""帮""跟""畀"也各占据了3—5个方言点。还有一些像"分[pun]"这种来源于"给予"义标记也零星地分布在该方言区。

客家话惯用动宾句或受事主语句来表达处置义，如"你食了该碗饭去"或"该碗饭你食了（渠）去"。在我们统计到的方言点中，除了江西宁都、广东梅县、广西贺州（陆川、西河）等地区外，其他客方言区基本不用"把"作处置标，"将、拿、掂、分"是最普遍的处置标记（刘纶鑫2001：332）。"拿抓"义动词作为客家话处置标记的最主要来源，除了常见的"拿、将、捉"外，还有"摆、挓、提"等形式。

位于江苏的吴语区处置标记的来源主要有四："给予"义的"拨"和"约"，"帮助"义的"帮"和"代"，"拿握"义的"拿""把"和"抓取"义的"捉"，"伴随"义的"则"和"搭"。据许宝华、陶寰（1999：137）介绍，"拨""约""帮""代"是吴语中最为常见的处置

---

① 也有人记作"拿紧"。

标记。其次是分布在钱塘江以北地区和苕溪小片的"拿""捉""把",而太湖片经常使用的是"则"和"搭"。江西西北部的吴语常用的"把"类介词主要有"拨""帮""跟""槛""拎""端""搭"等。其中"拨""帮""跟"在江西吴语区大多数方言点中都通行。"槛"分布于广丰话、上饶话;"拎""端""搭"分布于玉山县和广丰县部分区域。另外,玉山县大部分区域用"背";广丰县部分区域用"将";上饶县部分区域用"把"。

徽语中最常见的是处置标记"帮"和"把",其次是"给予"义的"给、畀、分",有些地方也用"担"。此外,还有一些仅见于一个徽语方言点的处置标记,可能只是谐音字,如安徽歙县的"包"、屯溪的"俤"、淳安的"乃"、遂安的"引"、祁门的"吩"等,这些处置标记我们暂不能考证其来源。而分布在赣东北地区的徽方言点,最常用的是"帮",几乎遍及所有的赣东北徽语方言点,婺源、江湾和浮梁共用一个处置标记"端",德兴话则是用"把"和"搭"(胡松柏 2009)。

晋方言区(主要说的是分布于山西、河北、河南地区的晋语)最常见的处置标记也是"把"。在我们统计的 14 个山西的晋方言点中,有 13 个都是用的"把。"河北磁县和河南沁阳用的是"拿",河南安阳用"连"。河北磁县有三个处置标记"拿"、"□〔ma〕"和"叫"。

中原官话区除了用"把"作处置标记外,"叫"也是非常常见的处置标记,如河南的叶县、项城、确山多地都是用"叫",而西南官话区的湖北襄阳、郧县等地也是用"叫"作为处置标记。

3.2 复合处置标

3.2.1 复合处置标的地域分布

在共同语当中,处置标记从古至今都是由一个单音节语素充当的。可是在现代汉语方言中,却存在大量由两个语素复合而成的双音节处置标记,对这些复合标记的研究对于丰富和全面我们对汉语方言处置标记的认识有着重要意义。石毓智(2008)曾在考察了 15 个使用复合处置标记的方言点后发现,复合处置标和复合被动标在这些方言中的分布是极不对称的,而这种分布上的不平衡又是复合标记之所以会产生的重要因素。因此，我们参考石毓智的做法，在考察复合处置标的地域分布时，也一并对方言中的复合被动标记进行了总结。在我们收集到的语料中，共有 61 个方言点中存在复合处置标或被动标，主要情况如表 3.2 所示。

表 3.2　　　　　汉语方言的复合处置标记分布①

处置式为复合标记，被动式为单纯标记	湖南蓝山土话	处置 "拿起、搭起、捡起"	不要拿起我来宽心。（罗昕如 2016：176）
		被动 "安 [oŋ¹³]"	那本书安一头同学借走哒。（罗昕如 2016：177）
	湖南隆回	处置 "担倒、捉倒、把 [ma¹³]"	其担倒钱唔兴用。（丁家勇 2009：225）
		被动 "把"	
	湖南祥霖铺	处置 "抓（紧）[tɕia³⁵ tɕi³³]"	抓紧门关起。（谢奇勇 2016：191）
		被动 "分 [pe⁵⁵]"	
	湖南新田	处置 "搭紧、□紧 [man³ tɕin³³]"	
		被动 "安、尽、逗"	他安狗咬嘚一口。（谢奇勇 2009：122）
	湖南宁远平话	处置 "逮到"	你逮到单车搞坏呱了。（石毓智 2008）
		被动 "与、兜倒"	与狗咬了一口（张晓勤 1999：206）
	湖南攸县	处置 "码（到）"	不要码工作开玩笑。（董正谊 2009：39）
		被动 "得"	玻璃杯子得小明打过哩。（董正谊 2009：35）
	福建武平	处置 "拿来、兜来"	拿来门关上。（李如龙、张双庆 1992：438）
		被动 "分"	分他吃了。（李如龙、张双庆 1992：438）

---

①　表 3.2 的设计参考了石毓智（2008）在《汉语方言中被动式和处置式的复合标记》中的表格形式和部分调查结果。

续表

处置式为复合标记，被动式为单纯标记	广州梅州	处置"将（把）"	将身份证带呀身上来。（温昌衍 2006：176）
		被动"把"	
	广州汕头	处置"（把）将"	未提供例句（陈海忠 2003）
		被动"分、乞"	
	山东潍坊临朐（骈邑）	处置"捞着"	我捞着他捧了一顿。（林绍志 2013：28）
		被动"找、叫"	把东西放好，别找人看见！（同上）
	山西太原、定襄	处置"给（把）"	他给衣裳上闹弄上日脏咧。（李琳 2017）
		被动"给、教/叫"	
	浙江海宁	处置"拿（来）"	葛只碗我拿来敲碎哩。（柴伟梁 2009：285）
		被动"拨"	伊拉屋里拨贼骨头偷脱一条皮大衣。（柴伟梁 2009：286）
	福建永定	处置"将（把）"	成家人将这钱拿分你管。（李小华 2013）
		被动"分"	
	河南获嘉	处置"逮住"	俺爹的脾气不好，跟俺娘别嘴，动不动就逮住我打一顿。（贺巍 1989：125）
		被动"叫"	没有三天叫蚂蚱全吃光了。（贺巍 1989：125）
	湖南东安石期市土话	处置"寻倒"	□寻倒吾来骂咖一餐。（蒋军凤 2016：209）
		被动"撩倒"	撩倒狗咬了一口（蒋军凤 2016：162）
	湖南浏阳	处置"拿哒"	他拿哒我有得办法。（贝先明、向柠 2009：53）
		被动"逗哒[tiau³³ ta]、惹[ȵia²⁴]哒、□[ȵia²⁴]哒"	他旧年惹哒车子撞死哒。（贝先明、向柠 2009：47）

续表

处置式为复合标记，被动式也为复合标记	湖南涟源①	处置"把倒、拿倒、拿得、拿者"	回去乖你俚堂客把倒依只路好三打下讲看。（李星辉2008）
		被动"拿哈"	小王昨日拿哈贼牯子把只手机偷呱哩。（李星辉2008）
	湖南涟源桥头河	处置"把者、拿者"	佢把者我本书撕烂哩。（陈晖2009：205）
		被动"拿赐"	本书拿赐佢撕烂哩。（陈晖2009：209）
	湖南娄底	处置"拿者"	我拿者他打来一餐。（彭逢澍2009：171）
		被动"拿赐"	只碗拿赐他打烂来。（彭逢澍2009：176）
	湖南洞口	处置"把乞"	把乞衣衫清起。（胡云晚2010：186）
		被动"把乞"	树把乞雷炸断呱在尔里，没哪个去管其（胡云晚2010：186）
	湖南宁乡	处置"拿得、拿哒、捉哒"	拿得衣服一撂冒管它哒（陶伏平2012）
		被动"拿得、惹得"	例句无（同上）
	湖南邵东（火厂坪）	处置"捉（倒）、担（倒）"和"把"	其没的当出气，捉（倒）我一餐打起（孙叶林2009：284）
		被动"逗（倒）、抢到"和"把"	其昨天逗狗咬咖一口。（孙叶林2009：284）
	湖南新化	处置"拿（倒）、帮（倒）"	哥哥一锄头脑壳拿只狗打死哩。（罗昕如、邹蕾2009：188）
		被动"逗（倒）"和"帮"	莫逗别个讲空话。（罗昕如、邹蕾2009：193）
	四川宜宾	处置"按倒"和"拿"	人家今天腔都没有开，他按倒我来叨一顿（左福光2005）
		被动"拿给、得手"	

---

① 石毓智（2008）调查到的是处置用"拿得"、被动用"拿"。

续表

处置式为复合标记，被动式也为复合标记	湖南益阳	处置"捉（哒）"、"拨哒"和"把"	我捉哒墨水瓶子打翻哒（石毓智 2008）
		被动"拨、把得"	他拨他侬妈妈把脚打断哒（夏俐萍 2002）
	湖南邵东	处置"担起、担倒"和"把"	烟子担起/倒我只眼珠熏起出眼泪哩。（林素娥，邓思颖 2010）
		被动"把（去）、把（到）"	你要好点子做，莫把别个讲怪话（黄磊 2004）
	江西峡江	处置"把"	你把该只牛牵过河去（刘斌、陈昌仪 2005：804）
		被动"把得"	
	湖南桂阳	处置"带 ta^{45}"	带支书批评一顿。（邓永红 2009：78）
		被动"弯志"	张三只脚弯石头古划开咪。（邓永红 2009：79）
	湖南祁阳	处置"把"	未提供例句（李维奇 1998：120）
		被动"让把"	
	湖南岚角山	处置"把"	把门关倒（李星辉 2016：147）
		被动"逗倒"	
	湖南流丰、六合	流丰处置"拿"、六合处置"把"	拿地扫下（邓永红 2016：197）
		被动"搭"	搭只狗咬□［ti^{45}］口（邓永红 2016：197）

续表

处置式为单纯标记，被动式为复合标记	湖南长沙①	处置"把"	我把喉咙都喊嘶哒。（石毓智 2008）
		被动"把得"	
	福建连城	处置"将"	佢想将这钱存着银行底去他想把这钱存到银行里去。（项梦冰 1997：420）
		被动"拿（分）/分拿/锡拿"等10个	
	四川重庆	处置"巴"	巴对联巴到门枋上（杨月蓉 2012：310）
		被动"拿（跟）、拿（给）"	莫拿跟别个笑话（杨月蓉 2012：263）
	四川成都	处置"把"	把药给病人吃拐了（张一舟 2001：321）
		被动"（拿）给"	不要拿给人家笑，检点点儿（张一舟 2001：319）
	四川泰兴	处置"把"	把衫收进来（兰玉英 2007：303）
		被动"拿分"	
	四川西充	处置"把"	把碗头哩饭刨干净，莫抛折粮食（王春玲 2011：169）
		被动"拿给"	
	云南水富	处置"把"	
		被动"拿跟"	我拿跟他叨了（卢开鼓、张䏺 1988：169）
	贵州纳雍	处置"拿"	他拿电脑卖了（黄朵 2012）
		被动"着（给）"	
	湖北鄂南	处置"把"	把事情办好了它（黄伯荣 1996：662）
		被动"把（得）、把（到）"	

---

① 石毓智（2008）统计到的情况是，处置用"把、拿"，被动用"拿狭"。

续表

处置式为单纯标记，被动式为复合标记	湖北武汉、咸宁、长阳、孝感	处置"把"	把门关起来（朱玉宾 2016）
		被动"把（得）"	钱把/把得他用完了。（王求是 2004）
	湖北黄冈、浠水	处置"把"	昨日忘记了把牛栏关到（石毓智 2008）
		被动"把到"①	
	湖北英山、罗田	处置"把"	把手艺学到家（石毓智 2008）
		被动"把（到）"	
	安徽宿松	处置"□[ma³]"	□[ma³]手洗干净下。（李如龙、张双庆 1992：441）
		被动"把在"	渠把在车撞伤着。（黄晓雪 2007：151）
	上海	处置"拿"	到仔夜里要拿门关起来（许宝华、汤珍珠 1988：456）
		被动"拨（辣）"	有几棵大树拨辣台风吹倒脱勒（许宝华、汤珍珠 1988：456）

3.2.2 复合处置标的结构类型

石毓智（2008）指出汉语方言被动式的复合标记按照第二个语素全部可归入 Heine 和 Kuteva 总结的 4 大词汇来源：地点介词、动词概念 get、伴随格、概念"手"，并且尤以地点介词的最多，又可细分为：普通的地点介词"在"、到达某一地方的"到"、来自"给予"义的特殊地点介词。我们参照石毓智（2008）的分类依据、按照复合处置标第二个语素的语义类型将现代汉语方言中的复合处置标记分为以下几类。

---

① 笔者查到的黄冈的被动标记是"把得"。

（一）动词+时态/动态助词

（1）捞着　见于山东的临朐、沂水、张家店等地，如"我捞着他好揍！"（林绍志2013：184）"着"在这几个方言中用法十分广泛，以临朐话为例，许多普通话不能用"着"的地方，临朐话中也会使用。如"你注意着点""你靠近着你""这个东西刚着好很好"（林绍志2013：28）。"捞着"在这些方言中除了用作处置标记外，通常还有三种动词用法：a. 表示"得到"，如"这样的好事，你能捞着？"；b. 表示"得到或抽出时间"，如"这么长时间也没捞着去看你，真不好意思！"；c. 表示"一旦得到或夺取"，如"平常捞不着吃点好的，捞着就是一顿"。（林绍志2013：28）

（2）拿/捡/搭（起）　据伍巍、蒋尊国（2005）介绍，蓝山土话中"拿、捡、搭"都是由动词虚化而来的处置标记，且这三个处置标记都可以在后面加上表示动作或性质处于某种持续状态的"起"。"起"在蓝山话中经常用于动词后，读轻声，如"安起放着""摆起摆着"。"捡起"作动词时，有"（从低处）拾取"义，如"捡到钱"；也有"收拾、清理"义，如"捡桌收拾桌子"；还有"抬高"义，如"捡脚"。"捡"在表示以上动词义时均可重读，但作处置介词时，"捡"不能重读（伍巍、蒋尊国2005）。

（3）拿倒　陈晖（1995：215）介绍，涟源话中"拿倒"本是由动词"拿"和动态助词"倒"构成的动词短语，相当于"拿着"：成为凝固结构后，一方面保留了"拿"的"使用"义，成为工具格标记；一方面进一步虚化，成为处置标记。"倒"去掉后，"拿"在涟源话中只能作动词用。

此外，还有湖南涟源的"拿者""把者"等（陈晖1995：215）。

（二）介词+介词

（1）将把　仅见于客家话，读音分别与单字音相同，只能用于介词宾语是受事的处置式中。能用"将把"作处置标记的方言一定就可以用"将"替换所有的"将把"，反之却未必成立（李小华2014：57）。

广东梅州（温昌衍2006：176）：佢将把屋头屋脚都搜欵一转_{他把房间每个角落都搜查了一遍}。\ 你将把脚车借分人厓骑几日添_{你把自行车再借我骑几天}。

福建上杭（李小华2013）：将把自家的东西拿界人。

（2）给把　见于山西（太原、定襄）。在太原定襄方言中，"给把"与"给……把……"这两种结构都有，"给"置于处置标记"把"前，逐渐发展成为固定的双音节处置标记。从使用上来说，太原话的"给把"的宾语类型常常是指物名词，不可以说"他给把我骂了（李琳2017）。

山西太原（李琳2017）：我给把书柜收拾咾收拾。

山西定襄（范慧琴2007：113）：他给把娃娃从家儿□［tɕʰia²¹⁴］将的俩_{他给把孩子从家里抱去了}。

（三）动词+结果补语

（1）V+紧　�ூ紧/拿紧　见于湖南的新田南乡（土话）、永州。在湖南的新田南乡土话中这两个处置标记都可以用作动词，前者相当于"抓住"的意思，后者表示的是"拿住"（谢奇勇2009：115）：用"搭"作处置标记的处置式在新田南乡土话中使用范围非常小，因为它是从表示"抓捕"义的动词虚化而来，所以通常只用于宾语为动物或人的句子中。"搭"在湖南南山土市话中作动词与量词时均可重读，但是作处置介词时不能重读；因为一旦重读，则其表示"抓"的动词义非常明显（伍巍、蒋尊国2005）。

（2）V+倒　按倒/寻倒　根据左福光（2005）、蒋军凤（2016：209）等学者的描述，"按倒"见于四川宜宾和成都，"寻倒"则是东安石期市土话的用法，这两个处置标记不仅构词方式一致，意义和用法也极为相似。首先，它们都是在动词后加上结果补语"倒"（也有学者认为这里的"倒"也可以理解成体貌助词），而且作处置标记用时，都习惯于在谓语动词之前加上一个无实际意义的"来"字，构成"按倒/寻倒…来…"结构。如"他按倒我来叮（骂）一顿"（石毓智2008），"□他寻倒吾来骂咖一餐"（蒋军凤2016：209）。其次，"按倒"和"寻倒"都有针对某一对象不放过的意味。最后，二者作处置标记用时，它们的使用范围都比较窄。以"按倒"为例，通常只有表示手、口、足发出的动作性动词才能够进入"按倒"句,谓语动词的选择因此就十分有限,类似的还有湖南宁远的"逮倒"、河南获嘉的"逮住"等(左福光2005)。

(四)动词+地点介词

湖南宁乡的"捉哒"、浏阳的"拿哒"、益阳的"挼哒"以及湖南道县祥霖铺的"抓紧"[①]都是在"拿抓"义动词后面加上一个相当于普通话"在"的地点介词"哒"或"紧"复合而成,这是湘语中的一个特殊用法。"挼哒"用于处置式只限于"打""骂"之类的动词前面(卢小群2007:303)。

湖南宁乡(陶伏平2007):娘老子昨天捉哒他打咖一顿 妈妈昨天打了他一顿。

湖南益阳(卢小群2007:303):他到外面去偷家伙,着他妈妈晓得哒,挼哒他打咖一餐死的 他在外面偷东西,被他妈妈知道了,把他狠狠地打了一顿。

湖南浏阳(贝先明2009:53):他拿哒我冇得办法。\ 叔唧拿哒我個苹果喫咖哒 叔叔把我的苹果吃了。\ 你就莫拿哒我当细人唧看 你就别把我当小孩子看。

这里的"哒"在意义和用法上类似于赵元任(1979:178)和朱德熙(1982:114\182)两位先生曾提到过的存在于北京话口语中的一个放在动词后面的地点介词"de"。赵元任认为"de"是介词"到"和"在"的混合物,朱德熙则认为是"到"和"在"的弱化形式,至于湘语中的"哒"是否也是这种情况尚待考证[②]。

根据石毓智(2008)的观察发现,上面的"哒、紧"作介词用时,介引的都是静态的地点,方言中还有一些复合标记的第二个语素引介的也是地点名词,但这里的地点名词是动作最终到达的地点,是动态的。使用这种类型作处置标记的地点不多,只有湖北随县的"把到"和"码到",而且"把到"同时在随县话中还作被动标记。但是却有很多地方用这类复合标记作被动标记,如:黄冈、浠水、随县的"把到",

---

① 谢奇勇(2016:191)指出祥霖铺的"紧"相当于"在"。
② 陶伏平(2007)认为此处的"哒"是完成和持续的动态助词。

邵东的"把去"以及宁远平话的"兜到（倒）"以及益阳的"挨着"（石毓智 2008）。

此外，石毓智（2008）认为汉语方言中还有一部分复合标记的第二个语素是来源于"给予"义动词，这类"给予"义介词还可以视作是一种特殊的终点介词，只不过到达的终点变成了接受者。但是在我们收集到的资料中，这种构成方式主要构成的是被动标记，处置标记中只有洞口的"把乞"属于此类，而且也与被动式共用此标记。而在石毓智（2008）列举的湖南湘乡话中，"拿狭"已经凝固为被动标记，但是表示处置"给"时，仍然用"拿…狭…"。这也从侧面反映了与处置式相比，被动式的标记度更高。

湖南洞口（胡云晚 2010：186）：把乞衣衫清起。\ 树把乞雷炸断呱在尔里，没哪个去管其_{树被雷炸断，没有谁来管这件事}。

湖南湘乡（石毓智 2008）：我拿狭爷打解一餐_{我被爷爷打了一顿}。

　　　　　　　　　　　我拿本书狭他_{我把一本书给他}。

根据石毓智（2008）的观点，"给予"义的介词之所以能够作为复合处置标记中的第二个语素，也是由它的语义特点决定的。"给予"义介词引介的往往都是动作的受益方或接收方，"给+NP"结构相当于给予物到达的空间位置。

（五）动词+"得"

拿得/把得 见于湖南宁乡、涟源以及山西临汾，这种复合标记的第二个构成要素都用"得"。石毓智（2008）指出，从人类语言来看，"得倒"概念的词汇在其他语言中也常作为被动标记的来源，因此在汉语方言中也有不少地点是用这种构成方式的复合标记作被动标记：如长沙、罗田、益阳、孝感等方言的"把得"，罗田话中还可以用"让得"作被动标记。

但石毓智（2008）介绍，四川宜宾话中有一个非常特殊的复合被动标——"得手"，在收集到的语料中，仅此一例；"手"（hand）的概念确实也是人类语言中介引施事的标记词的重要来源，同样也具有类型学意义。

3.2.3 复合处置标的产生机制

在汉语共同语和方言中,单音节的处置标记和被动标记仍然是最为常见的形式。因此,我们可以将单音节的处置或被动标记视作基本标记,将两个或两个以上音节构成的复合标记视作高度标记,并参照石毓智(2008)的观点对复合处置标记的产生原因作出如下解释。

(一)处置式和被动式在汉语中的使用频率不平衡

在我们收集到的61个使用复合标记的方言点中,复合处置标记和复合被动标记在地理分布上是不对称的,"处置标记为单纯标记、被动标记为复合标记"的方言点最多,其次是"处置标记和被动标都是复合标记",而"处置标记为复合标记、被动标记为单纯标记"的地点最少。换言之,处置式的标记度比被动式高的情况最少。按照石毓智(2008)的解释,这种差别说明了在现代汉语方言中,这两种句式的语法地位并不平等,但这又恰好反映了人类语言的普遍规律:从标记理论的规律来看,一对相关的语法范畴在实际使用当中,使用频率高的一方的标记度通常要低于使用频率低的那一方。石毓智(2008)也曾列举过《现代汉语频率词典》中关于普通话的处置式和被动式使用频率的统计结果,处置式在现代汉语普通话中的使用频率是被动式的将近4倍,普通话中处置式显然比被动式要更为基本、常见。

(二)方言中处置式和被动式共用同一个标记

石毓智(2008)指出,一对语法范畴在使用频率上的高低导致了它们在语法地位上的不平等,使得它们在标记度的高低上也不甚均衡;但这只能解释复合处置标记和复合被动标记在汉语方言中为何会呈现这样一种分布规律,但并不能说明复合标记产生的成因。在石毓智(2008)看来,这种普通话和方言、各方言之间存在的标记度的差异,主要是由各自的语法系统的特点决定的,在现代汉语中,"把"和"被"是两种完全不同的词汇形式,通过它们可以明确辨识处置式和被动式;然而在现代汉语方言中,很多方言处置式和被动式的标记都来源于该方言当中"给予"动词的语法化,由此汉语方言中便出现了许多处置式和被动式这两种不同的句式结构却共用一个标记形式的现象,在表达当中就会出现很大的障碍,产生歧义。然而语言设计的原则就是要为人类交际提供清晰可靠的表达方式，那么在处置式和被动式共用一个标记形式的方言中，势必会选择一种标记度差异的语法手段来消除这对语法范畴因为共标所引起的歧义（石毓智 2008）。例如湖南祁阳话中的"把"字句，在"我把己打了一餐"这句话中，"把"作为介词、理解成处置和被动都可以，在脱离语境的情况下很难明确表达的是哪一种含义（李维琦 1998：120）。因此，在祁阳方言中又发展出一个标记度更高的复活被动标记"让把"。为了避免歧义，主动句可说成"我打了己一餐"，被动句可说成"我让把己打了一餐"湖南祁阳（李维琦 1998：120）。

（三）处置标记在方言中还兼有多种语法功能。

还有一部分汉语方言中的处置式和被动式并未共用一个标记，也没有相同的词汇来源，但是在这些方言中仍然产生了复合标记。比如在新田南乡话中，被动标记来源于"给予"动词、处置标记来源于"抓取"义动词，但是在新田话中仍然发展出了复合处置标记"搭紧"（谢奇勇 2009：275）。

在有些现代汉语方言中，处置标记虽然不与被动标记同形，但它可能兼有多种语法功能，在该方言中除了用于处置式外，还有若干其他用法。处置标记的处置性由此被弱化、也有可能会造成表达上的歧义，为了达到语言表达准确明晰的规律要求，这些方言也会产生一些区别于其他语法功能的复合标记。

3.3 多标记现象

3.3.1 多处置标记的方言

根据 3.1 中总结出来的处置标记在地域间的分布，我们还不能清晰地看到方言中处置标记数量的分布问题。普通话中的处置标记固定，然而现代汉语方言中的处置标记的情况却与普通话相差甚远，很多汉语方言中有着极为丰富的来自不同词汇来源的处置标记。在我们的调查当中，目前发现的处置标记最为丰富的地区是湖南洞口县，一共有"把、把乞/帮/替/捉/跟/担/捞/等/低"等数十个处置标记。同样的情况也发生在被动标记身上，福建连城客家话的被动标记多达 15 个，有一个用于正式文体的"将"作处置标记,有 9 个双音节复合标记作被动标记(拿分/拿乞/拿畀/分乞/分拿/分畀/锡拿/锡乞/锡畀),甚至出现了 6 个三个音节的被动标记(分拿乞/分拿分/分拿畀/分乞畀/拿畀乞/拿乞畀)(石毓智 2008)。为了能更全面地了解汉语方言中处置标记的实际情况和处置标记词汇来源的概貌,我们对方言中是否有多个处置标记的情况进行罗列。在李蓝、曹茜蕾(2013)总结出来的各方言中处置标记数目的分布情况的基础上,我们根据调查情况进行了调整和增补,具体情况如表 3.3—表 3.5 所示。

表 3.3　　　　　　　使用单个处置标记的方言①

序号	标记	分布地点
1	阿	湖南:临武(官话)
2	挨	云南:开远、澄江、蒙自、永胜、玉溪、临沧、富民、禄丰 湖南:临武(土话)
3	把	见于我国大部分城市
4	帮	湖南:新化 江西:广丰、婺源、横峰、铅山、上饶 云南:曲靖、鹤庆、临沧、思茅、文山、弥渡、宁洱 四川:北川 浙江:高敬、江山、开化、龙游、遂昌、云和、庆元、浦城、南浦
5	摆	江西:德兴、南丰、上高、万载、宜春、抚州、宜黄、资溪
6	绑	湖南:泸溪
7	畀	福建:建宁 安徽:旌德
8	不	浙江:杭州、黄岩
9	搀	湖北:易门

---

① 表 3.3—表 3.5 的统计结果和布局均参照了李蓝、曹茜蕾(2013)的设计,但对李蓝、曹茜蕾(2013)的统计结果有改动、有增补。李蓝先生统计的方言中有 49 组使用单个处置标记、30 组使用两个处置标记、18 组使用多个处置标记;我们统计到的有 41 组使用单个处置标记、62 组使用两个处置标记、82 组使用多个处置标记。由于篇幅的限制,我们这里没有将统计结果的不同之处一一列举。(具体情况详见李蓝、曹茜蕾《汉语方言中的处置式和"把"字句(上)》,《方言》2013 年第 1 期。)

续表

序号	标记	分布地点
10	搭	湖南：流丰 福建：秀篆 浙江：天台 江西：广丰、德光
11	逮	浙江：温州
12	担	湖南：东安 浙江：玉山
13	得	湖南：衡山 山东：泰宁 浙江：诸暨 山西：临汾
14	瘅	浙江：常山
15	分	台湾：桃园（客家话） 云南：元江、石屏 浙江：桐庐
16	给	河南：南阳 山西：交城 云南：呈贡、沾益等4处 四川：酉阳 江苏：宿迁
17	跟	江苏：淮阴、沭阳 湖北：随县
18	共	福建：南安、晋江
19	管	山西：朔县
20	将	云南：安宁 广东：揭西等29处 香港（粤语） 福建：漳平、清溪、清远、佛冈
21	教	湖北：光化
22	搭	浙江：将乐

续表

序号	标记	分布地点
23	连	山东：东平
24	妈	湖北：黄梅
25	拿	山西：闻喜 江苏：嘉定、宜兴、溧阳等16处 上海 湖南：汝南、酃县、汝城、宜章土话、永兴、乾城 福建：邵武、沙县、建阳、崇安
26	弄	湖南：永明
27	搦	江西：宜丰、余干
28	替	福建：晋宁
29	同	浙江：苍南
30	[ka²]	台湾（闽南话）
31	[ma]	江西：都昌、宿松
32	[mao⁵³]	山西：新绛
33	[n̠ia⁵⁵]	广西：连县
34	[o³]	江西：大余
35	[om²]	湖南：嘉禾
36	[pəʔ]	山西：祁县、孝义等9处
37	[pu²⁴]	山西：万荣
38	[ₑkʼa]	湖南：耒阳（土话）
39	[ₑtʼiu]	湖南：桂东（土话）
40	[no]	湖南：汝城（土话）
41	[ₑtɕyœ]	湖南：宜章（土话）

表 3.4　　　　使用两个处置标记的方言

序号	词源1	词源2	分布地点
1	把	将	江西：赣县 山东：单县 四川：西充 广东：韶关、曲江 香港

续表

序号	词源1	词源2	分布地点
2	把	拿	江西：武宁、于都、星子、修水 广西：三江 山西：万荣 湖北：京山 湖南：溆浦、西安 上海
3	把	给	江苏：徐州 山西：运城 河南：郑州 广西：柳州 湖北：钟祥 新疆：乌鲁木齐
4	把	叫	河北：邢台 山东：郯城 山西：太原
5	把	喊	河南：固始 湖南：衡山
6	把	搁	河南：滑县
7	把	帮	安徽：徽州 湖南：吉首 福建：宁化
8	把	跟	湖南：沅陵（乡话）
9	把	□[ma]	江西：弋阳（口[maʔ^7]） 安徽：宿松（口[ma^3]）
10	把	搦	江西：余干
11	把	界	江西：南城
12	把	□[tia^{33}]	湖南：岚角山
13	把	搭	湖南：六合、平江 浙江：宁波
14	把	拿哒	湖南：浏阳
15	把	□[do^{13}]	湖南：巡头

续表

序号	词源1	词源2	分布地点
16	把	驾	湖南：岳阳
17	把	扚	广西：全州文桥
18	把	拧	广西：钟山回龙
19	把	连	山东：济宁 河南：安阳 宁夏：银川
20	把	□［pā］	山东：利津（班［pā^{44}］）
21	把	□［mā］	山东：泰安（漫［mā^{21}］）、新泰（曼［mā^{21}］）
22	把	搣	四川：泰兴
23	把	挨	云南：大关
24	把	代	浙江：温州永嘉 安徽：巢县
25	把	拨	浙江：舟山
26	把	逮住	河南：获嘉
27	把	招	山西：新绛
28	拿	捉	江西：吴城 贵州：三都
29	拿	管	湖南：汝城
30	拿	给	湖南：湘乡
31	拿［no^4］	□［ŋæ^{53}］	湖南：宜章麻田
32	拿	纳	福建：建瓯
33	拿	按倒	四川：宜宾
34	拿	分	湖南：江永（土话）
35	拿来	兜来	福建：武平
36	拿	搭	江苏：苏州
37	拿	拨	
38	将	帮	福建：福安、寿宁、周宁
39	将	共	福建：长乐、德化、厦门、永泰
40	将	阿	福建：仙游
41	将	合	广东：陆丰
42	将	捞	广东：增城

续表

序号	词源1	词源2	分布地点
43	将	给	山西：芮城
44	将	拿	福建：三明
45	将	械	广东：广州
46	帮	挨	云南：大理、保山、蒙自、昆明、昭通
47	帮	听	浙江：金华
48	帮	掭	安徽：屯溪、休宁
49	给	到	山西：临猗
50	叫	掌	河南：确山
51	得	拿 [tuo^{44}]	湖南：梁家潭
52	畀	摆	江西：上高
53	畀	到	安徽：黟县
54	担	□ [tai^{213}]	湖南：绥宁关峡
55	共	度	福建：南安
56	共	互	福建：诏安
57	个 [tui^{5}]	对 [kai^{7}]	广东：潮汕
58	捉	拈	广东：化州
59	不 [$po\mathrm{ʔ}^{54}$]	□ [$nuŋ^{44}$]	浙江：苍南金乡
60	拨	让	浙江：临海
61	拨	做	浙江：绍兴柯桥
62	把	拨	浙江：舟山

注：

1. 据杨秋泽（1990：134）山东利津方言记载，山东利津方言有"班、把"2个处置标记，李蓝、曹茜蕾（2013）记作"帮、办"。

2. 云南"昆明、大理、蒙自、昭通"4处及"玉溪、澄江、临江"4处，李蓝、曹茜蕾（2013）统计到以上地区有"把、挨"2个处置标记；但据《云南省志·汉语方言志》（1989：449）记载，前面4处的处置标记为"帮、挨"，后3处的处置标记仅有"挨"1个。此表主要依据《云南省志·汉语方言志》的记载。

3. 据李如龙、张双庆（1992：438）记载，福建武平的处置标记为双音节标记"拿来、兜来"，李蓝、曹茜蕾（2013）则记作"拿、兜"。

4. 苏州方言的处置标记，有记作"拿、拨"（石汝杰2000：60），也有记作"拿、搭"（叶祥苓1998：441）。[转述自李蓝、曹茜蕾（2013）]

5. 福建仙游的处置标记"阿"置于处置宾语后，"阿"后不需要用复指处置宾语的代词；

仙游有一种专门用来加强处置的"给",构成"NP受+给+VP"(李如龙2001:178)。

6. 也有将浙江的"听"记作"替"、安徽休宁的"偙"记作"提"(李蓝、曹茜蕾2013)。
7. 湖南岚山的"捞"可能来源于"拿"。
8. 在李蓝、曹茜蕾(2013)的记载中,广东潮汕闽语仅有"个"作处置标记。

表3.5　　　　　　　　使用三个以上处置标记的方言

序号	方言点	词源1	词源2	词源3	词源4	词源5
1	安徽:五河	把	将	给		
2	安徽:歙县	把	帮	担	包	
3	北京市区	把	给	跟	管	
4	湖南:常德	把	给	拿	跟	喊
5	湖南:常宁	把	拿	得		
6	湖南:辰溪	把	帮	捏		
7	湖南:东安石期市(土话)	拿	掇	寻倒		
8	湖南:凤凰	担	帮	跟		
9	湖南:蓝山(土话)	拿	搭	捡		
		拿起	搭起	捡起		
10	湖南:涟源	把	把倒	拿倒	拿得	拿者
		喊				
11	湖南:桥头河	把	拿	把者	拿者	
12	湖南:隆回	担	担倒	捉倒		
13	湖南:洞口	把	把乞	帮	替	捉
		跟	担	捞	等	低
14	湖南:邵东	担	捉	捉倒	担倒	
15	湖南:祁阳	把	拿	管		
16	湖南:新化	拿	帮	拿倒	帮倒	
17	湖南:新田(土话)	搭紧	□[man³⁵]紧	安[oŋ³⁵]		
18	湖南:益阳	把	捉	拿	捉哒	拨哒
19	湖南:攸县	把	码	码到		
20	湖南:长沙	把	拿	管	喊	
21	湖南:宁远	给	与	拿倒	逮倒	

续表

序号	方言点	词源1	词源2	词源3	词源4	词源5
22	福建：闽东	帮	共	佮		
23	江苏：赣榆	把	帮	漫		
24	江苏：泰兴	把	拿	弄		
25	江苏：南京	把	拿	搁	告	带
26	江西：定南	拿	挜	掞		
27	江西：九江	把	将	拿		
28	江西：南昌	把	拿	㑩		
29	福建：福清	将 / 许	共	拿	乞	叫
30	福建：福州	将	共	掏	给	
31	福建：古田	将	共	助	掏	
32	福建：连城	将	□[nuŋ]	帮		
33	福建：龙海	将	甲	共		
34	福建：宁德	帮	将	佮		
35	福建：平和	将	共	自[tsuº]		
36	福建：莆田	将	合	厄		
37	福建：莆仙	将	掠	含		
38	福建：泉州	将	共	搦		
39	福建：永定	拿	将	得	将把	
40	福建：长汀	将	拿	帮		
41	广东：潮州	把	个	将	甲	
42	广东：丰顺	捉	将	和		
43	广东：河源	把	将	捉	同	□[nɛi⁴⁴]
44	广东：丰顺	将	捉	和		
45	广东：马兰	把	畀	拎		
46	广东：梅县	把	将	同		
47	广东：梅州	共	将	将把		
48	广东：汕头	将	把将	掠	将	对
49	广东：云浮	将	埋	械		
50	广东：阳江	将	捉	喊	拧	
51	山东：苍山	拜	半	卖	漫	

续表

序号	方言点	词源1	词源2	词源3	词源4	词源5
52	山东：德州	把	办	漫	连	万
53	山东：菏泽	把	来	□[kɛ²¹³]		
54	山东：临沂	把	拿	捉	掌	
55	山东：博山	把	拿	管		
56	山东：沂南	把	拿	捞	弄	逮
		漫	管			
57	山东：沂水	把	叫	赶	捞着	
58	山东：枣庄	把	叫	拿	连	败
59	山东：新泰	把	曼	打[ta⁵⁵]		
60	广西：富山	将	给	提	□[tei²²]	
61	广西：桂南	拿	搦	许		
62	广西：武鸣	把	拿	给		
63	广西：阳朔	把	伴	擒	使	薅
		钳	管			
64	山西：大同	把	叫	拨		
65	山西：定襄	把	给	给把		
66	山西：临汾	把	得	播		
67	山西：太原	把	给	给把		
68	云南：永胜	把	帮	挨		
69	浙江：绍兴	拨	做	则		
70	浙江：温州	把	逮	代	□[nuŋ]	
71	浙江：泽国	把	拨	则		
72	河北：昌黎	把	拿	跟	管	够
		迋				
73	河北：磁县	□[ma]	给	拿	叫	
74	河南：浚县	把	弄	在	叫	
75	河南：洛阳	把	给	箍		
76	海南：屯昌	把	揞	揪	掀	牵
77	海南：八所	把	将	将把		
78	湖北：咸安	把	捉	分		

续表

序号	方言点	词源1	词源2	词源3	词源4	词源5
79	湖北：襄樊	将	给	教		
80	湖北：郧县	把	叫	给		
81	宁夏：西宁	把	啊	哈		
82	台湾	把	将	合		

注：

1. 我们这里列出此表中与李蓝、曹茜蕾（2013）的统计结果有出入的方言点和处置标记。据李蓝、曹茜蕾统计，安徽歙县的处置标记有"把、帮、担"3个；福建福清的处置标记有"拿、将、乞"3个，福州有"将、共、掏"3个，泉州有"将、共"2个，长汀有"帮、拿"2个；湖南常德的处置标记有"把、拿、喊、给"4个，常宁的有"拿、得"2个，涟源有"把者、拿者、拿、喊"4个，益阳有"拿、过"2个，宁远有"与、拿倒"2个；广东汕头的处置标记有"将、对、个伊"3个，潮州有"将、甲、对"3个，山东沂水的处置标记有"把、赶、捞着"3个，菏泽有"来"1个，枣庄有"叫"1个，新泰有"把、打"2个；山西大同的处置标记有"把、叫"2个；浙江萧山的处置标记有"则"1个，温州有"逮"1个；绍兴有"不"1个；河北昌黎的处置标记有"把、跟、管、逛、够"5个；海南屯昌的处置标记有"把、掀、牵"3个；湖北襄樊的处置标记有"教"1个；宁夏西宁的有"把、哈"2个。

2. 湖南洞口的10个处置标记中，有些可能是与邻近地区方言接触的结果，在洞口方言中的使用条件并不完全相同、发展也不均衡，有些处置标记正在处于消逝的过程中（胡云晚2010：215—258）。

3. 山东德州、沂南、枣庄方言的多个处置标记间有些存在文白竞争关系；据辛永芬（2006）介绍，河南浚县方言的4个处置标记用于4种不同类型的处置式；河北昌黎的"跟、管、够、逛"都仅用于"命名"义处置式，且这里的统计结果未分城乡（李蓝、曹茜蕾2013）。

4. 也有学者将浙江绍兴、泽国等地的"拨"记作"不"（李荣2002）。

5. 也有将襄樊方言的"教"记作"叫"（魏兆惠2004）。

6. 宁夏西宁的处置标记"啊、哈"置于处置宾语后面，"啊、哈"后面不续接复指处置宾语的代词（张成材2006）。

7. 台湾闽南方言的"合"经常与复指代词"伊"连用、构成"合伊"，置于处置宾语后面相当于普通话的"把它"。

8. 以上使用多标记的方言点大多来源于对当地方言语法有较深入研究的方言语法著述中（李蓝、曹茜蕾2013）。

9. 一些南方方言中，虽然有处置标记，但并不常用，常用其他句式表达。虽然有些也用"把"作处置标记，但大多是受到通语的影响，这些情况有些未列入表中（李蓝、曹茜蕾2013）。

3.3.2 多标记的语用差异

现代汉语方言中的处置标记比普通话要丰富得多,然而不同的处置标记在方言中的地位和分布并十分均衡。尤其是有多个处置标记的方言,在对标记的选择使用上或多或少存有一定的取向,同一方言中的各个处置标记由此也就产生了语用上的差异。总的来说,体现在以下几个方面。

(一)适用范围

同属于一个方言点的处置标记,有的能够用于该方言中的各类处置式,而有的标记却只能进入特定的某一种或某几种句型,处置标记在语用上的差异,很大程度上体现在这些处置标记在方言中的适用范围上。比如在蓝山土话中,处置标记"拿"和"捡"的使用范围就不太一样。"捡"字处置式在土市话中的使用范围稍小于"拿",通常只能用于以小体积的静物(包括静止的小动物)作受事宾语的处置式中(伍巍、蒋尊国 2005)。

又如客家话中的复合标记"将把",据李小华(2013)介绍,因为是由两个处置介词复合而来、对句子的处置性要求也就更高,因此只能用于介词宾语是受事成分的处置式中、不能用于由施事或经事作处置宾语的"致使"或"遭受"义处置式,"将把"在同一方言中的组合能力和使用范围必然都不如"将":一方面,由两个处置标构成的"将把"在客观上比"将"的语义要强,有加强处置的作用,而"将"的使用场合比"将把"相对就要宽泛自由许多;另一方面,"将把"的强处置性又要求与之搭配的受事宾语的定指性要更高、动词的处置义要更强,因此非定指的受事成分(如疑问代词)和表示心理、性状的谓词性成分都不能用于"将把"。此外,"将把"句在句式结构上通常比"将"字句要简单,很少出现在复杂的句式中(李小华 2014:57)。

广东梅州(温昌衍 2006:176):佢将把屋头屋脚都搜欸一转他把房间每个角落都搜查了一遍。\ 你将把脚车借分人厓骑几日添你把自行车再借我骑几天。

福建上杭(李小华 2013):将把自家的东西拿畀人。

在广东梅县客家话中,"同"和"将"虽然都可以做处置标记,二者常常可以换用且不影响句子意义。但李小华（2013）在研究客家方言时发现，当使用处置标记"同"时，其后的名词所指事物必须是有定的、已知的，且名词前面一定要是表领属关系的定语、一般还有定语标记"个"，如"你去同阿叔个衫袋搜交来你去把叔叔的口袋搜一遍"；然而也正是因为处置标记"同"后面的受事名词必须带领属性定语、"将"字句没有这样的限制，所以在梅县话中，"同"字句的使用范围不如"将"字句广泛。

河南确山方言中也有"叫"和"掌"两个处置标记，据刘春卉（2008）介绍，它们在多数情况下可以换用、并且在使用频率上也没有太明显的差异，但是当施事主语为指人名词时通常用"叫"、极少用"掌"，如"那个调皮学生叫老师气哩半天都没吭气说话""那个人像是小偷，赶紧叫他撵走"。

还有的方言是各个处置标记各有分工。处置标记的词汇来源或在方言中功能扩展的程度不同，也会影响处置标记的使用情况。以湖南隆回话为例，隆回话中有"把/捉倒/担/担倒"四个处置标记，这四个标记各自用于不同的处置式类型："把"的功能最多，除了作处置标记外，还可兼作给予和使役动词，还可用作被动标记；"捉倒"来源于动词"抓住"，而且在隆回话中也还继续保有它的动词用法，受到动词含义的影响，"捉倒"有一种"抓住某人/某物不放过"的意味，专门用于对待义的处置式中，而且表示的是消极的对待；"担倒"只能用于否定处置式中，如"其担倒钱唔兴用他拿着钱不愿意花"；最常用的是"担"，适用于处置义和致使义这两种最为常见的处置式（丁家勇2009：225\226）。

（二）语气色彩

同一方言中不同处置标记的语用差异还经常体现在语气色彩甚至语体色彩上。

比如海南屯昌话中的处置标记"撤"和"牵"，二者在语气色彩上就有差异：前者多用于贬义，处置的结果通常都是说话人所不赞赏的，而后者常带褒义；所以屯昌话中为了使处置的表达不附带过多的主观色彩、显得更加客观公正，经常用连动句代替处置式来表达处置含义（钱奠香2002：122）。

海南屯昌（钱奠香 2002：122）：伊揪许稽鸡卵拍烂去_{他把那些鸡蛋打烂了}。\ 伊宿老婆揪伊斥蜀顿_{他老婆把他臭骂一顿}。\ 我揪伊叫做奸狗_{我喊他喊做"狗"}。\ 我牵伊叫做奸狗_{我喊他"狗儿"}。

福建莆仙话中（蔡国妹 2014），处置标记"掠"和"含"分别来源于"抓拿"和"连带"义的动词，通常用于对于说话者来说已经发生了的某种消极状况，二者可以任意替换；而来源于正式语体的"将"就没有这种限制，适用于任何情境。又如在福建古田话中（李滨 2014：212），处置标记"共"往往用来引进受损的与事，如"伊共我账算绽去了_{他把我的账目算错了}。\ 伊共汝电影票拍无去了_{他把你的电影票给弄丢了}。"

在湖南宁远方言中，处置标记"拿倒"有致使的意味，常与情态动词连用，然后再续接结果补语和句末语气词；"拿倒"句只能用于表达让人不愉快的事件的致使义处置式中，如果句子表述的是令人愉悦的事件，就必须用中性色彩的"把"来替换"拿倒"（张晓勤 2009：100）。例如：

作业那么多，拿倒奶崽们苦死呱了_{作业那么多，把孩子们累死了}。

*瞧拿倒你高兴的。

*贵客临门，拿倒老太太乐坏了。（张晓勤 2009：100）

在永定客家方言中（李小华 2013），有"将""将把""得"等多个处置标记，但"将把"因为是两个处置标记连用、有突出处置义的作用，常用于处置性更强的句子中，而一般的表状态、心理类的动词则很少与"将把"连用；而"得"虽然也可作处置标记，但使用范围很窄，多用于表"命令、要求"义的祈使句中，如：得佢打死佢_{把它打死}！

在浙江萧山方言中，虽然处置式并不发达、往往换用受事主语句表述，但是仍然有"则"和"把"两个处置标记。根据大西博子（1999：132）的调查，萧山话中的"把"应该是受普通话的影响才得以在方言中存在，而"则"较之于"把"更为地道、使用范围也更窄，多用于对处置者或处置对象来说是消极处置的情况、往往表示一种不如意的情况，因此不能出现像"则学习提高上代"这样的表达。

还有一些有多个处置标记的方言中，不同的处置标记往往用在不同的语体中。比如在宁化方言中，有"将"和"帮"两个处置标记，但在口语中多用"帮"，"将"给人更文雅的感觉（李小华 2013）。

（三）使用频率

在有多个处置标记的方言中，不同处置标记的使用频率也不是完全均衡。在这些方言中，或多或少地存在着某个处置标记使用频率高、某个处置标记使用频率低的情况。但是造成这种使用频率高低的原因，我们尚未能系统地总结出成因。上述适用范围、语气色彩的差异势必也会造成处置标记使用频率高低的不同：适用范围广、使用限制少的处置标记往往在方言中使用频率更高；表达一般语气的处置标记较之于有特殊语气色彩义的处置表述，其使用频率也更高。

在我们收集到的方言中，限于相关研究较少，并且对于方言中某一处置标记使用频率的高低很难进行定量的研究、大多是靠调查者的感知，我们现在还不能完全准确地回答诸如下列问题：当处置标记和被动标记共标或兼具其他语法功能时，该处置标记的使用频率是相对较高还是较低；当方言中单音节处置标记和双音节复合处置标记共存时，哪一种处置标记的使用频率更高。在一些方言中，双音节处置标记使用的限制较多，这也可能会导致其在方言中的使用频率较低；但是双音节处置标记又可以使用在一些单音节处置标记不适用的情形中，因此这两种类型的处置标记在方言中使用频率的高低我们还是很难说得清。

同样以湖南宁远话为例，宁远话中"拿倒"必须用在强处置句中，当处置意味不强时，需换成动宾结构表达（如普通话的"你把情况谈一下"需换成"你讲一下情况"）（张晓勤 2009：100）；而处置标记"给"则没有这样的限制。但是这也并不是说"给"在宁远话中的使用频率就高于"拿倒"："拿倒"的意思比"给"更全面，能用"给"的处置式一般也能用"拿倒"（除了"给+NP1+给+NP2"结构），而能用"拿倒"的句子却不一定都能用"给"替换，"给"因为又兼具被动标记的功能，作处置标记使用时有语义指向、是否带宾语等限制（如"领导拿倒他臭骂了一顿"中"拿倒"不能换成"给"）（张晓勤 2009：102）。

又如在太原方言中有"给""把"和"给把"三个处置标记，可以有"他给衣裳上闹弄上日脏咧""我给俺哥哥把衣裳洗咥咱们再走""我给把书柜收拾咥收拾"等处置句式，但从宾语类型来看，"给把"后的宾语通常指物、不指人，不可以说"他给把我骂了"（李琳 2017）。

在广东丰顺话中,有"和"和"捉"两个处置标记,但是在日常用语中,"和"字句比"捉"字句更为常用;在梅县话中,虽然也有"将把"和"将"两个处置标记,但就使用频率而言,老派人多使用"将把"处置式、新派人多使用"将";在永定话中,同样也用"将把"和"将"作处置标记,但是由于"将把"与其他词语的组合能力更低、能用"将"的句子不一定能用"将把",因此"将把"的使用频率不如"将"(李小华 2013)。

其实大多数方言中不同标记的选择使用,是受到"适用范围、语气色彩、使用频率"等因素的综合制约。以湖南洞口方言为例,在湖南洞口方言中用来引进受事者的介词多达 10 个,这 10 个处置标记在方言中的使用限制并不相同。据胡云晚(2010:277—280)的调查显示,洞口方言的处置标记中"帮"和"替"的使用限制最多、适应范围最小,对要表达的语气色彩也有所选择:需要满足施事表人、受事表人(组织结构)或物,谓语只能是带补语的动词形式,经常出现在陈述和反问语气中,对其他类型的语气则不太适应,并且如果仅就语气类型而言,"帮"和"替"也并非完全相同,"替"更适用于祈使语气一些;"等"和"跟"的使用面也较窄:施事只能表人、谓语一般也要求带补语或是动词带补语再带动词的形式,句子通常出现在主观色彩较浓的祈使句、反问句或带有强化肯定语气的助词"个"的陈述句中;"捉"的使用则相对宽泛,一般不受动词形式、施事、受事的限制,但只能出现在如表达不满、幸灾乐祸等主观色彩较浓的祈使句、疑问句、反问句中;"担"和"捞"可以用于各类动词形式,但比较偏向于用来表达祈使语气和疑问语气;"把""把乞""低"是使用频率最高的处置标记、使用的限制最少,这三个处置标记在句法结构上几乎没有差异,但是在语体色彩上略有差异,口语程度依次是"低>把乞>把"。

湖南洞口(胡云晚 2010:277—280):今日我帮打呱一餐闹热个_{今天我把他狠狠地打了一顿}。\ 你等话担讲清场着再行_{你把话说清楚再走}!\ 你跟其打一餐闹热个要不得吗_{你把他打一餐狠的不行吗}?\ 今日姆妈捉妹妹骂倒要死,看其还调皮冇_{今天妈妈把妹妹骂得要死,看她还顽劣不顽劣}?\ 低被捞其折一下_{把被子叠叠}。

语用限制上的差异必然会导致这些方言处置标记在今后的发展中有

些被淘汰、有些被保留，从古代汉语到现代汉语的发展情况来看，多个处置标记共存的情况应该是方言处置标记发展的一个过渡阶段。正如古代汉语中也曾经出现过"将"和"把"都能作处置标记的情况，但"将"在元明清时期经常作连动式的第一动词、很容易产生歧义，最终使得"将"被语言表达更为明晰的"把"所替代（石毓智 2011：220）。

第4章 汉语方言的处置式

4.1 共同语处置式的结构特点

关于处置式的结构特点，王力（1985：83）、丁声树（1979：96）、吕叔湘（1982：36）等前辈学者都有诸多讨论。综合前辈学者的相关论述，我们分别从处置标记、处置宾语、谓语结构三个角度考察现代汉语普通话中处置式的句式特点。[以下对于"把"字句句法特点的概括参考了李蓝、曹茜蕾（2013）]

A. 从处置标记来看[①]

（1）一个单句中必须且只能出现一个处置标记，同一个处置式中不可能出现两个处置标记。

（2）处置标记"把"已经完全虚化成一个介引处置宾语的形式标记，不能发生叠用。当处置式出现在正反疑问句中时，只能通过叠用处置标记后面的主要动词来表示，没有"把不把"这种用法。

你把她送去不（送去）？（北大 CCL 语料库）

*你把不把她送去？

（3）处置标记用"把"、被动标记用"被"，二者不能采用同一个词形，而且只能用"把"或"将"作处置标记，再无其他的词汇形式。

（4）处置标记后面不能直接附着上"着、了、过"等动态助词。

[①] 李蓝、曹茜蕾（2013）对标准语中"把"字句的句式结构从"处置标记、处置宾语、动词谓语"的限制来进行分析，这一小节我们援引了他们的分法和对"把"字句句法特点的概括，并在此基础上进一步展开解释说明、并辅以相关例句进行佐证。（详见李蓝、曹茜蕾《汉语方言中的处置式和"把"字句（上）》，《方言》2013年第1期）

B. 从处置宾语来看

（1）处置宾语必须是有定的、已知的（石毓智 2008）。

（2）处置标记后面必须带宾语，且处置标记只能位于处置宾语前面。现代汉语普通话中的处置式，处置宾语必须在句中出现。

（3）当受事宾语借助处置标记处置后，它原来的位置上（动词的后面）便空了出来，一定不能再补上一个与它语义完全一致的名词性成分作动词宾语。若动词后面还有宾语出现，那么该宾语一定与前置的受事宾语存在某种关系。

请把这些书拿走。

他把苹果去了皮儿。（朱德熙 1982：186）

学界在处置宾语的有定性问题上认识不一，很多学者认为普通话中存在大量用光杆名词作处置宾语或用"（一）个""些""几"等无定成分修饰处置宾语的处置式。在处置宾语的前面经常添加像"这、那"这样的限定性成分来确指处置对象是表现处置宾语有定性的一种重要方式（石毓智 2008），然而这并不是说所有处置宾语的前面就一定或必须有限定成分。因为"汉语里一个名词的有定无定，并不一定要戴个帽子来表示"（吕叔湘 1984：180）。石毓智（2008）指出，即便现代汉语中有大量处置式中的处置宾语前面确实没有任何形式上的限定成分，但就现代汉语而言，只要该名词性成分进入处置式中充当了处置宾语，就会被结构赋予"有定"的语义特征[①]，在意念上也是有定的；反之，按照石毓智的看法，若缺乏定指性成分修饰的名词或名词短语不是用于处置式中，而是出现在动词后组成动宾式时，动宾结构又会赋予它们"无定"的语义特征。例如：

[①] 参看石毓智总结的"结构赋义"规律。"结构赋义"规律表现为：（一）对于光杆名词（包括缺乏有定性修饰语的名词短语），出现在动词之前时被自动赋予一个"有定"的语义特征，动词之后则被赋予一个"无定"的语义特征。（二）名词在动词之前要表示"无定"时，必须借助于词汇标记"有"等；名词在动词之后要表示"有定"时，必须借助于词汇标记"这""那"等。例如：a. 人来了。b. 来人了。c. 有人来了。例 a 的"人"指的是特定的某一个；例 b 的"人"是不定的，例 c 的位于动词之前要表示无定，则需要加"有"。上述结构赋义规律的产生时间，对我们考察处置式的产生动因至关重要。（石毓智：《论汉语的句法结构和词汇标记之关系——有定和无定范畴对汉语句法结构的影响》，《当代语言学》2002 年第 1 期）

她把电视剧看完了。(已知是哪部或哪些电视剧)

他刚刚把三首歌学会了。(此前已经说过或知道的那三首歌)

看完了电视剧。

学会了三首歌。

处置宾语在语义上的这种有定性也规定了当名词性成分前面是用一些无定的修饰成分时①，它们便不再被允许进入处置式中。

＊她把很多部电视剧看完了。

＊他把几首歌学会了。

石毓智（2008）还发现，动宾式和处置式在受事名词是有定还是无定的性质上存在鲜明的对立，处置式并非就是从动宾式简单地演变而来的，二者之间也并不能任意转换；受事名词出现在动词前后的位置不同，其语法性质也就会随之发生重大变化，受事名词的有定无定的性质与动宾式和处置式的分工紧密相关。

C. 从谓语部分的结构来看

（1）普通话中处置式的谓语动词大多是动作性较强的及物动词，一些心理活动动词、领属义动词是不能进入"把"字句的。

＊我把这个道理明白了。

＊她把这本书有了。

（2）谓语动词通常不能是光杆动词（韵文除外），动词后面必须要有表示状态、结果的补语成分或动态助词。单个的动词有时也可以进行重叠后用于处置式，重叠的动词中间可以加上"一"。

她想把她的房子卖掉。

她把她的房子卖了。

有时间把衣服洗（一）洗。

（3）助动词和否定副词只能置于处置标记前面，一定不可能出现在处置标记后面。

他能把这件事办好。＊他把这件事能办好。

他没把这件事办好。＊他把这件事没办好。

---

① 按照吕叔湘的说法，像"我把（一）个事儿忘了""将些衣服金珠首饰一掳精空""把几个零钱使完了"这类处置式中的"（一）个"不一定就是表示后面的宾语是无定的，而"些"和"几"也不是偏称性的，而是描写性的。(吕叔湘 1984：198)

（4）没有处置结果的情况下一般不能使用处置式进行表达。

他把作业写完了。＊他把作业没写完。

4.2　方言处置式的结构特点

现代汉语方言中的处置式没有普通话那么多限制，普通话中对处置式各成分的要求除了"处置宾语须有定"必须遵守外，其他条件限制在方言中或多或少是能有所违背的（李蓝、曹茜蕾 2013），方言中处置式的句法形式要比普通话丰富得多。我们这里为了方便和上一小节处置式在标准语中的句法要求进行对比，还是从处置标记、处置宾语、谓语结构三个方面分别来看处置式在方言中的结构特点。[以下对于汉语方言处置式结构特点的概括参考了李蓝、曹茜蕾（2013）]①

A. 从处置标记来看

（1）方言中存在同一个处置式中出现了两个处置标记的情况。

广东陆丰（陆丰县地方志编纂委员会 2007：1042）：你将衣服合伊搭出去曝。

（2）在有些处置式不发达的方言中，可以不用处置标记（有些方言甚至几乎从来都不用）直接将处置宾语提至动词前。由于是借助语序的手段表达处置义，缺乏外在的形式标记，我们故而将这类句式看作是处置式的变换句式（详见第 5 章）。

（3）许多方言中的处置介词虚化程度没有普通话那么高，仍保有动词用法。在反复问句中，也有方言可以直接叠用处置标记本身。

湖南郴州（匡媛 2016）：你把不把这碗饭吃完你吃不吃完这碗饭？

江西南昌（雷小芳 2012）：你拿有拿花瓶打破来你有没有把花瓶打破呢？

（4）处置式和被动式共标的现象十分常见，但至于这些标记是否来源也相同，在学界尚有争议。处置标记的形式也极为丰富，其词汇来源也比普通话广泛得多。方言中的处置标记常常兼有多种语义功能，常

---

①　以下对于现代汉语方言处置式在"处置标记、处置宾语、谓语结构"等句法结构特点上的概括，部分参看了李蓝、曹茜蕾（2013）的论述，并结合我们调查到的方言实际情况，在他们的基础上有所增补。（详见李蓝、曹茜蕾《汉语方言中的处置式和"把"字句（上）》，《方言》2013 年第 1 期）

与该方言中表示工具格、受益格、伴随格的标记同形。在鄂东方言里，一个处置标记同时负载了"处置、被动、给予"三种语义（汪化云 2004）。又如湖南六合方言的处置标记"搭"在方言中具备多种动词和介词用法，还可同时兼作处置标记和被动标记。

湖南六合（邓永红 2016：194）：搭个信去_{捎个信去}。（"搭"作动词，"捎信"义）\ 搭佢弯只包子_{给他一个包子}。（"搭"作动词，"给予"义）\ 你搭我抄几个字_{你帮我抄点东西}。（"搭"作动词，"帮助"义）\ 你搭我写封信。（"搭"引进受益的对象）\ 箇个搭□［me³³］个一样_{这个和那个一样}。（"搭"引进比较的对象）\ 搭我办点事。你搭佢好_{你对他好}。（"搭"引进动作有关的方向）\ 佢搭我骂了餐死咯_{他把我臭骂一顿}。（"搭"作处置标记）\ 搭只狗咬□［ti⁴⁵］_{口被狗咬了一口}。（"搭"作被动标记）

（5）处置标记可以带上表示"着、了、过"的动态助词，且这种用法逐渐在有些方言中固化下来，凝固为双音节的复合处置标记（详见第 3 章）。

湖南涟源桥头河（伍云姬 2009：205）：佢把者我本书撕烂哩_{他把我的书撕破了}。\ 我把者佢嘀东西捱介出去哩_{我把他的东西都扔出去了}。

（6）处置标记的位置绝大多数都是置于处置宾语的前面，但是在西北方言中也存在将处置标记置于处置对象后面的情况。根据我们目前掌握的语料来看，这种现象多发生在青海、甘肃和新疆等西北方言中。

广西资源（周乃刚等 2008）：哈格呃打开_{把窗户打开}。（平话）

甘肃临夏（黄伯荣 1996：656）：丰收的种子哈/啊撒下。

青海西宁（张成材 2008）：我请假的理由哈一挂说了_{我把请假的理由全都说了}。\ 你来煞，我你啊捎上！

据目前学者的推测，这种处置标记后置的现象可能是语言接触的结果，在形成的过程中受到了方言点周边民族语的影响。石毓智（2008）在谈到这些处置标记后置的西北方言时，指明这些地区周边的少数民族有藏族、维吾尔族、哈萨克族，而这些少数民族的语言恰好都属于 SOV 类型。李蓝、曹茜蕾（2013）援引了刘丹青（2012）的解释，指出在汉语与非汉语接触的最前沿，由于受"S + V + O"语序原因（如蒙古语、土族语及藏语等）的直接影响，具有提宾功能的"哈、啊、啦"等"S + O + 啊/哈/啦 + V"这种语序类型成为最显著的语法范畴、并替代了"把"字句。

（7）在有些方言中，处置标记"把"甚至可以省略。

湖南洞口（胡云晚2010：266）：你门关倒 你把门关上。\ 我箇篇课文背倒烂透哩 我把这篇课文背得熟透了。\ 其钱没借乞别个 他没把钱借给别人。

福建泉州（石毓智2008）：汝饮糜食累则去 你把饭吃完了再走。\ 汝作业做完则困 你把作业做完了才睡。

江苏苏州（石毓智2008）：让俚闲话讲完仔。\ 我玻璃窗擦清爽哉。

浙江金华汤溪（石毓智2008）：渠饭烧熟罢。\ 我个茶筒儿打打破。

福建福州（石毓智2008）：我只本书看完了。

B. 从处置宾语来看

（1）有些方言中，处置标记后面的宾语如若由语境或上下文可以推出，有时可以不出现在句中。

江苏宿迁（黄伯荣等1996）：就剩半碗饭了，你给吃了吧！［此例转引自李蓝、曹茜蕾（2013）］

（2）在方言处置式中，受事宾语提前后，又在谓语动词的后面再加上一个第三人称代词"它"或"他"来复指受事宾语，是汉语方言中一种非常有特色的用法。还可以将受事名词提至处置标记的前面，再在处置标记后续接一个复指代词。

福建南安（李如龙2001：65）：拍度伊死 把它打死。\ 牛共伊缚咧 把牛拴住。

广东青塘（丘学强2002：26）：牛□［lau］佢牵出去。（军话）

C. 从谓语部分的结构来看

（1）有的方言允许像"知道、明白、了解"这类心理活动动词以及领属义动词进入"把"字结构，对动词的及物性或动作性要求不高。但此时句式的处置性非常低，如果脱离语境，很难看出句子在表达处置义。

甘肃兰州（黄伯荣1996：666）：我把他们的名字知道。\ 他把我想了。

青海（任碧生2006：142）：我把这个事情知道者。

（2）谓语动词可以是光杆动词，而且这种现象在方言中还不少。

福建厦门（周长楫 1997：382）：伊共我骂。

甘肃天水（王廷贤 2004：151）：把你的路走。

陕西潼关（刘 2006：197）：光把我怪。

（3）方言中能愿动词和否定副词用于处置式时位置灵活，有的和普通话一样只能置于处置标记前面，也有很多方言置于处置标记后面，还有部分方言这两种位置都行。

陕西镇安（赵雪 2014）：你把作业么写完，不准你去耍。

陕西户县（孙立新 2003）：他就把你不当人看。

（4）没有处置结果的情况下有时也能使用处置式进行表达。

湖北江夏（蔡勇 2002）：昨夜里把房门冇关，跑几只老鼠儿进来了。

4.3　处置式的结构类型

曹茜蕾（2007）根据句法格式、总结了汉语方言中存在的 5 类处置式，即："一般处置式"，其格式为"（NP 主语）—标记 宾格标记 + NP 直接宾语—动词短语"；"'唐代式'的处置式"，格式为"（NP 主语）—标记 宾格标记 + NP 直接宾语（i）—动词1—（动词2）—代词（i）"；"宾语放在句首且宾语标记引出复指代词的处置式"，格式为"NP 直接宾语（i）—标记 宾格标记 + 代词（i）—动词短语"；"'上古式'处置式"，格式为"NP 直接宾语—标记 宾格标记 + ＿＿—动词短语"；"有两个宾语标记的混合型处置式"，格式为"（NP 主语）—CHIONG 宾格标记—NP 直接宾语（i）—KA 宾格标记—代词（i）—动词短语"。张俊阁（2016：64—76）在研究近代汉语方言处置句结构及处置语势类型时，重点讨论了"把……给 VP"结构处置句、代词复指处置句、一般处置句，并专门讨论了近代汉语方言中的否定处置句。综合这两位学者的研究，再结合我们调查到的现代汉语方言中处置式的类型，我们这里主要来观察以下四种类型的处置式在现代汉语方言中的表现。需要说明的是，我们这里仅讨论带有处置标记的方言处置式，比如我们上一小节提到的湖南洞口方言中可以省略处置标记"把"的处置式、又如在方言中存在一些动宾短语后加复指代词"它/他"

来表达处置义的用法，像这些没有处置标记、但可以在方言中表达处置义的句式均不在我们这里讨论的范围内。

4.3.1 一般处置式

根据曹茜蕾（2009）和张俊阁（2016：75）的定义，一般处置式即最为典型的"（NP 主语）+X 处置标记+NP 直接宾语+VP"结构的处置式，这是我们收集到的汉语方言中至少都存在的一类共同的处置式结构，在官话以及各大方言区中都能见到①。一般处置式在结构上的差异主要就体现在不同词形和词源的处置标记上，以下列举部分我们收集到的方言语料。

四川九寨沟（申向阳 2014：181）：把他砸得一灿 把他打了一顿。

浙江温州永嘉（朱赛评 2014：365）：代粥吃爻 把粥吃了。

江西安义（徐国莉 2006）：线搁风筝绞住得 线把风筝绞住了。

福建宁化（李小华 2013）：佢帮事情从头到尾讲来一转 他把事情从头到尾讲了一遍。

东北（尹世超 2004）：他一脚就摆门踹开了。

福建邵武（李如龙、张双庆 1992：445）：拿手洗伶俐吓。

江西安义（徐国莉 2006）：搁饭一吃就走呱得 把饭一吃就走掉了。

福建福州（陈泽平 1998：196）：伊共我伞拈去 他把我的伞拿去了。

汉语方言中的一般处置式较之于其他结构类型的处置式，没有借助任何加强处置义的手段，没有特别要对处置的意义进行强调的意思（张俊阁 2016：76）。与普通话不同的是，现代汉语方言中的一般处置式的谓语动词可以是光杆动词。如：

青海方言（任碧生 2006：140）：我把贼娃子没抓。

陕西渭南（黄伯荣 1996：661）：蛮把牛打。\ 蛮把他说。

福建厦门（周长楫、欧阳忆耘 1997：382）：伊共我骂 他把我骂了。

甘肃天水（王廷贤等 2004：151）：把你的路走。

学界现有的研究表明这种用法承源于中古汉语时期，"处置标+受

---

① 只要方言中现在能用这种结构的处置式，我们就认为这种方言里是有这种处置式的。但有些方言可能很少使用这种句式，或者是受普通话影响后来才有的。

事宾语 + 光杆动词"的形式其实就是处置式早期在唐诗中的表现形式。例如王力先生（1980：476）提供的唐诗中的两个"把"字的用例：

诗句无人识，应须把剑看。（姚合《送杜观罢举东游》）
两鬓愁应白，何劳把镜看。（李频《黔中罢职将泛江东》）

我们在第 6 章可以看到，这种用法在元明清时期的文献语料中依然存在，但是发展到现代，随着处置式谓语结构的复杂化，标准语中（除韵文外）已无此用法。

4.3.2 复指代词型处置式

复指代词型处置式指的是处置式中已经出现了受事成分，又用复指代词对受事进行复指的处置式（张俊阁 2016：72）。石毓智、刘春卉（2008）指出，在很多方言处置式中，动词之后用一个第三人称代词回指移前的受事名词；但是在不同方言处置式中，代词回指的方式并不完全一样。结合现已掌握的方言材料，下面从句式结构上对现代汉语方言中不同类型的复指代词型处置式加以说明。

（一）X 处置标记 + NP 受事 + VP + Pro 复指代词

这是复指代词型处置式在现代汉语方言中最基本的一种用法，在现代汉语方言中十分常见，曹茜蕾（2007）、石毓智和刘春卉（2008）、张俊阁（2016：72）也都有论及。处置标记和一般处置式一样，在方言中除了"把"外，还有许多其他的词汇形式；与一般处置式的唯一区别就是动词（或动词短语）后面加上了用来复指受事宾语的第三人称代词。石毓智、刘春卉（2008）的调查显示，这类处置式主要分布于河南、湖北、广东等中南地区的方言。除此以外，我们在山东、河北、安徽方言中也发现有这种用法。

山东微山（殷相印 2008：168）：把门没关严它。
江西九江（李兆琳 2014）：把碗洗佢。
广东丰顺（李小华 2013）：你和㧒头树砍得佢你把那棵树砍了。
湖北孝感（石毓智 2008）：把这碗饭趁热吃了它。
河北保定（吴继章 2017）：我把那几个烂馍馍扔了它了。
河南罗山（王东、罗明月 2007）：把她叫醒它。
河南滑县（胡伟、甘于恩 2005）：搁电视关它。

安徽淮北（郭辉 2011）：你拜门关上它。

湖北公安（朱冠明 2005）：把门关哒它。

湖南汨罗（陈山青、施其生 2011）：把火车票买哒他。

广东河源（练春招、侯小英、刘立恒 2010：279）：同我个书还包渠。

这种类型的处置式也就是曹茜蕾（2007）命名的"唐代式"处置式，通过曹先生的命名我们就可以知道，这类处置式应该出现在唐代。在中古汉语时期的文献资料中，确实能找到这类处置式的文献用例。曹广顺、遇笑容（2000）就发现了中古译经中的处置式有"取 + O + V + 之"这样的用法，如：供养般若波罗蜜者，其福尊无比，般若波罗蜜者，当取供养之（《道行般若经》二）。一直到近代汉语时期，依然存在这种用法，如张俊阁（2016：72）所举的例子，丁常言道：看我把这厮和大虫一般结果他（《水浒传》第 29 回）。

（二）NP 受事 + X 处置标记 + Pro 复指代词1 + VP +（Pro 复指代词2）

这类处置式也就是曹茜蕾（2007）所述的"宾语放在句首且宾语标记引出复指代词的处置式"，"NP 受事 + X 处置标记 + Pro 复指代词1 + VP"是这类处置式的基本结构，即将受事名词移至句首位置，后又在处置标记后引入复指代词来复指前置的受事。据张俊阁（2016：73）调查，这类方言在近代汉语后期文献中查无此例，但在普通话和现代汉语方言中都有这种用法。该类型的处置式见于东南部和中部方言中，尤以闽语和吴语中最为常见（曹茜蕾 2007），根据我们现有的方言语料，也确实是在这些方言区发现有该类处置式。

河南滑县（胡伟、甘于恩 2015）：书搁它买了把书买了。

福建永春（林连通、陈章太 1989：192）旧厝共伊拆拆刹去把旧房子通通拆掉。\ 即本册我共伊烧咯这本书我把它烧了。

福建泉州（林东华 2008：121）：碗共伊收起来把碗收起来。

福建福州（陈泽平 1998：197）：身份证共伊带身边把身份证带在身边。\ 汝哥共伊告底来把你哥叫进来。\ 薰共伊扼代咯把香烟掐灭。

广东潮州（陈景熙 2014：102）：个头甲伊敲敲一下就好把头敲一下就好了。\ 门甲伊关关掉把门关上。\ 丛柑甲伊摘摘了这颗柑树把它全摘光。

浙江绍兴（盛益民 2010：661）：两张纸头做渠用完哉把那几张纸用完

了。\ 本书做渠撕破哉把那本书撕破了。

江西南昌（候精一 1989：91）：房间搦渠捡收拾一下。\ 地也搦渠扫一下。

江苏泽国（伍云姬 1999：143）：我烟拨佢戒交，酒也拨渠戒交我把烟戒了，酒也戒了。

浙江温州（同上）：苹果代渠吃交把苹果吃了。

在极少数汉语方言中，动词短语后还可以继续加上一个复指代词，构成"NP 受事 + X 处置标记 + Pro 复指代词 1 + VP + Pro 复指代词 2"。但这类现象十分罕见，就目前的方言语料来看，仅在泉州话中有这种用法，泉州方言的"NP 受事 + 处置标记 + 伊"后还可以加上一个"伊"来复指：

福建泉州（石毓智、刘春卉 2008）：许的钱着共伊开伊了把那些钱花完。\ 衫裤共伊曝伊燋被子被他晒干了①。

（三）（S）+ X 处置标记 1 + NP 受事 + X 处置标记 2 + Pro 复指代词 + VP

这类处置式即曹茜蕾（2007）所定义的"有两个宾语标记的混合型处置式"，这种结构最大的特点就是一个处置式中出现了两个处置标记，张俊阁（2016：74）用"（S）+ X 处置标记 1 + NP 受事 + X 处置标记2 + Pro 复指代词 + VP"这一公式表达。这是一种混合使用型处置式，本地方言中惯用的处置标记能与书面语的处置标记同时出现在一个句子中。曹茜蕾（2007）表示，仅在潮州话和台湾这两种闽语中见过这种用法，但我们还在同属潮州话的陆丰，湘语区的常宁以及江淮官话区的泗洪等地发现了同样的用法。

江苏泗洪（周群 20008）：你给书给它摆葛宁个。

湖南常宁（占升平 2013）：拿玻璃得佢擦亮下几把玻璃擦亮一点。

广东潮州（中国语文杂志社 1959：257）：你个篮个伊掼来你把篮子拿来。

广东陆丰（陆丰县地方志编纂委员会 2007：1042）：你将衫裤合伊搭出去曝你衣服拿出去晒。

---

① 这两例石毓智、刘春卉援引自李如龙（1997）；张俊阁（2016：74）也有提及。

4.3.3 "上古式"处置式

曹茜蕾（2007）所提出的"上古式"处置式，是汉语方言中一类非常特殊的处置式，其结构形式为"NP受事 + X处置标记 + VP"。与上一小节我们提到的"NP受事 + X处置标记 + Pro复指代词1 + VP"处置式不同，"上古式"处置式虽然同样是将受事名词置于处置标记的前面，但是处置标记后、动词短语前不再出现指代受事名词的复指代词。之所以将其命名为"上古式"处置式，是因为曹茜蕾（2007）发现这类结构和上古汉语时期就已经出现的一类"以"字式结构一致，并且这种用法在中古汉语时期依然存在：

杂佩以赠之。（《诗经》）

两儿以惠之。（《六度集经》）［此两例转引自曹茜蕾（2007）①］

百工为方以矩，为圆以规，直以绳，正以县。（《墨子》）［此例引自梅祖麟（1990）］

这类处置式在现代汉语方言中并不常见，除上述列举的地点外，据曹茜蕾（2007）介绍，仅见于湖南洞口、隆回以及江苏淮阴和福建秀篆（客家话）。除了曹茜蕾提到的地点外，我们还在下列温州永嘉、云南（白语）、湖南汨罗、安徽（岳西、芜湖清水、巢湖）等地的方言点中也发现了这类处置式的用法，前置的受事成分除了可以是单个的词外，还可以是较长的短语。

温州永嘉（朱赛萍 2014：367）：阿勇代送学堂底去把阿勇送学校里去。

云南白语（赵燕珍 2014：536）：板凳只他把坐烂了板凳坐坏了。

湖南汨罗（陈山青、施其生 2011）：钱把存哒银行把钱存在银行。\ 大门把上得锁把大门上了锁。\ 衣把脱下来浸哒把衣服脱下来泡着。\ 血把留干得把血留干了。

安徽岳西（储泽祥 2009：2008）：地癞癞着，你把扫下子地太脏了，你把它打扫一下。

安徽芜湖清水（胡德明 2006）：格碗汤你把喝得。\ 桌子高头有一瓣西瓜，三仔，你把吃得。

---

① 曹茜蕾（2007）此处参看了 Peyraube（1988）和刘子瑜（2002）的讨论。

安徽巢湖（同上）：格些钱你把收之。

4.3.4 套合式处置式

现代汉语方言中的处置式经常可以和其他一些语法结构组合成一些套合句式。在我们收集到的方言语料中，尤以与助词"给"和被动标记套合使用的情况最多，下面我们分别来看看它们在方言中出现的情况。

（一）"把…给 + VP"框式结构

张俊阁（2016：65）在提到近代汉语方言的"把…给 VP"框式结构的时候，说明了这类句式通常被认为来源于"把…给它 + VP"式的省略，并列举了如苏俊波（2004\2008）、李炜（2004）等学者都有如是表达。学界对于"给它"的词性认识不同，比较典型的观点是认为在早期的"把…给它 + VP"句式结构中，处置标记"把"后已经有了受事成分、复指代词"它"作为冗余成分逐渐脱离，"给它"逐渐语法化为增强处置义的结构助词。这类处置式在现代汉语方言中十分常见，在有些方言中依然保留了"给它"的用法，处置标记和助词"给"在方言中有不同的词汇形式，如：

山东青岛（青岛市史志办公室1997：228）：这棵树叫风把它给刮倒了。

山东苍山县（田家成2012：503）：我 mã²¹ 那事给忘了。

山东郯城（邵燕梅2005：245）：我叫一桌子饭都给吃了。

安徽宿州（张德岁、唐爱华2010）：把我的脚给砸淌血了。

山西定襄（范慧琴2007：115）：他硬把我也给哄得（书房儿）的唡他硬把我也给骗（学校里）去了。

湖南汨罗（陈山青、施其生2011）：把血把他流干得把血给流干了。

山西万荣（吴云霞2009：130）：我不小心把暖壶给打啦。

山东泰安（宁廷德2015：348）：我把他给揍了。

要注意的是，这种句式与方言中表示"处置…给予…"的套合句式在形式上极其相像，但其实并不是同一种句式类型。"处置…给予…"句式中，"给"后面的不是受事，而是动作的与事、是给予动作的接受者，"给"后的代词不再是复指受事成分的"它/他"，而是动作的与事，最常见的是代词"我"、也可以用"他/她"。

山东沂南（邵燕梅、刘长锋、邵明武 2010：348）：逮梯子给我扛过来！

广东梅州（温昌衍 2006：176）：茶杯度人共我打破喽。

山西太原（李琳 2017）：我把俺妈的玻璃都给她擦咧。

山西万荣（吴静 2002）：你把钳子给我赶门墼门缝递出来。

重庆（杨月蓉 2012：264）：快去把灯给我照倒。

山西山阴（杨增武 1990：56）：把那个东西给我拿过来

山西沁县（张振铎 1990：51）：把那外东西给我荷过来。

山西汾西（乔全生 1990：58）：你把兀个东西和我递一下。

山西广灵（侯精、温端政 1993：305）：把那个东西给我拿过来。

（二）"被…把…"套合句式

在现代汉语方言中，处置式也经常和被动式套合使用。普通话中处置和被动式套合使用时，通常都是"被"在前、"把"在后，这也是现代汉语方言中最常见的方式，广泛地存在于各大方言。

广西阳朔葡萄镇（梁福根 2005：335）：捱大水伴田里的禾浸了。

湖北大冶（汪国胜 1999：78）：蛮好个一支电笔，把渠把笔筒搞落了_{挺好的一支钢笔，被他把笔套弄丢了。}

湖南益阳（石毓智 2008）：他着石头古把牙齿碰掉哒_{他被石头把牙齿碰掉了。}

湖南涟源（李星辉 2008）：小王昨日拿哈贼牯子把只手机偷呱哩_{小王昨天被小偷把手机偷掉了。}

湖南祁东（肖牡丹 2012）：莉莉得/把骗子把钱骗光了_{莉莉被骗子把钱骗光了。}

重庆（杨月蓉 2012：263）：巴国着秦王派兵把它灭亡了。

湖南新化（罗昕如、邹蕾 2009：195）：屋里逗贼古子拿个电视机偷咖去哩_{家中被小偷把电视机偷走了。}

湖南凤凰（李启群 2009：302）：这几年我着我妈个病帮我搞吃亏了_{这几年我被我妈的病把我搞辛苦了。}

湖北大冶（汪国胜 1999）：两乘车子把渠把乘新个驮去把了渠同年了_{两辆车子被他把辆新的拿去（送）给他同年。}（第一个"把"表被动、第二个"把"表处置、第三个"把"相当于"给"）

学界现有的研究表明，在近代汉语时期曾出现过"把"在前、"被"在后的情况。在我们收集到的资料中，也仅有山西榆社方言中还有这种用法。

山西榆社（李建校等 2007：248）：把好好的以外孩子硬着你婆姨给惯坏了。（"把"表致使、"着"表被动）\ 着你把兀的些钱儿都给折腾干了。

4.3.5 否定处置式

普通话中的否定处置式，否定词通常出现在处置标记的前面。大多数方言的情况和普通话一样，把否定词置于处置标记的前面。如：

湖南耒阳（王箕裘、钟隆林 2008：377）：莫搭茶碗打过得不要把茶碗砸了！

湖南东安土话（鲍厚星 1998：232）：哥哥莫掇野花采。

湖南东安石期市土话（蒋军凤 2016：209）：吾冇掇菜全食咖我没把菜全吃了。

东干语（海峰 2015）：你别把我忘了。

江西九江（李兆琳 2014）：莫把蛋糕一下吃了了佢啊。

广西三江（韦玉娟 2007）：莫把门关着。

云南开远（朱雨 2013）：我今天冇挨你呢。

广西永福塘堡平话（周乃刚等 2008）：莫把茶瓯囗［pʰə¹³］跌坏别把茶杯摔坏了。

广西阳朔葡萄镇平话（梁福根 2005：335）：你不要伴把条事情报告诉他。

安徽桐城（江亚丽 2010）：你怎么把碗里的饭没扒干净。

虽然傅惠钧（2014）考察到在现代汉语共同语的处置式中也存在否定词后置的用法，以下是他所提供的部分例句：

简直不知天高地厚，把谁都不放在眼里。（贾英华《夜叙官廷秘闻》）

走起路来一摇二摆，把谁也不放在眼里！（周而复《上海的早晨》）

生活把什么没有展示出来呢？（《人民日报》1995）

把别的小木偶人都不动（周汝昌）

但傅惠钧（2014）所提供的语料大多出现在书面语中或是来自一些文化程度较高的学者的口语中，这应该还是受到古代汉语或者创作者方言的影响，老百姓的日常口语中一般很少出现这样的否定处置式。而现代汉语方言处置式中否定词在句子中的位置更是多样，有些方言中的否定处置式是将否定词置于处置标记的后面，还有些方言的否定词在处置式中的位置甚至前后都行。如：

四川九寨沟（申向阳 2014：181）：认得半十天把我莫认着认了很久没把我认出来。

湖北江夏安山（蔡勇 2002）：昨夜里把房门冇关，跑几只老鼠儿进来了。

陕西富平（徐慧芳 2013）：他就把你不当人看。

河北邢台（吴继章 2017）：你把那事儿甭忘唠！

湖南郴州（匡媛 2016）：你把妈妈冇放在眼里，像个么样子你把妈妈没放在眼里，像个什么样子。

安徽潜山（储丽敏 2016）：尔把饭不吃完。

青海西宁（孔祥馥 2017）：我把杯子冇打破。

陕西镇安（赵雪 2014）：你把作业么写完，不准你去耍。

湖南平江（王宗兴 2009：31）：把伞自己不看住，等别个拿哩去！

新疆吉木萨尔（周磊、王燕 1991：145）：我嘴笨底啥一样底，我在把他说不过。

张蕾（2008）在对历时汉语中的否定处置式进行文献调查后发现，否定式处置式在唐代出现，发展到宋代，否定处置式分化出了否定副词后置的类型，到了明清时期，否定词后置的处置式出现频率较高，最终因为"把"字句的变化又逐渐被否定前置的处置式取代。张俊阁（2016：82）也表明，"把"在唐代由"握/持"义动词虚化为处置介词后，相应的否定前置句也随之出现，但否定后置的处置式是在宋、金时期的文献中才出现。这两位学者都认为否定词后置的处置式是在宋代才出现，但其实我们也可以在唐代诗歌中发现否定副词的情况，虽然极少、但确实有所体现，如：

念我常能数字至，将诗不必万人传。（杜甫《公安送魏二少府匡赞》）

见酒须相忆，将诗莫浪传。(杜甫《季明》)[此例转引自（刁晏斌2001：47）]

关于为何会在古代汉语中同时出现否定词前置处置式和否定词后置处置式，傅惠钧（2014）认为较之于否定词前置处置式，否定词后置处置式在语用功能上可以"体现消极处置""突显否定中心"，这些修辞表达的需要是否定处置式得以出现的最重要的动因。张俊阁（2016：87）的观点和傅惠钧基本一致，认为否定前置与后置决定了其否定辖域及否定焦点的不同，多数情况下使用前置还是后置取决于说话人或叙述者的语用目的；否定词否定辖域及否定焦点和语用因素是两种否定处置句一直广泛存在于汉语方言的一个重要的内在因素。除此之外，张俊阁还从语言接触的角度，总结了阿尔泰语系（尤其是蒙古语）可能对汉语处置式否定词后置产生的作用。而这种用法最终在普通话逐渐减少、乃至消失，大概是出于语言的经济性原则，在处置式已经发展的十分成熟的现代汉语共同语中，没有保留两种处置否定处置式的必要。

4.4 方言处置式的类型学分析

4.4.1 处置式的宾语类型①

A. 零宾语型处置式

零宾语型处置式是指主要动词后面不再有宾语出现的处置式，在近代汉语方言中占有绝对优势（张俊阁2016：89）。这也是现代汉语共同语和现代汉语方言中最为普遍的处置式，在普通话和方言中广泛存在。方言中的零宾语型处置式除了处置标记有不同的词汇形式外，其句法形式和普通话基本一致，我们对它不作过多讨论。

湖南涟源（李星辉2008）：你只把侬只桌子搬出去哒你把这张桌子搬出去。\ 渠靠倒渠俚姆妈才把几个细咯唧带大她靠她奶奶帮忙才把几个孩子带大。

湖南凤凰（伍云姬2009：297）：渠帮三个伢崽都喊起来他把三个孩子

---

① 张俊阁（2016：89—97）将近代汉语方言中处置式的宾语类型划分为"零宾语型处置式""保留宾语型处置式""无关联宾语型处置式""复指宾语型处置式"四类；解正明（2006）将汉语方言中有宾语的处置式的宾语类型分为"复指宾语""保留宾语""零形式宾语"。本小节主要参照了这两位学者的分法。

都叫起来了。

江西赣县（李小华2013）：你将该头树研了去你把这棵树砍了。

B. 保留宾语型处置式

保留宾语型处置式是指处置标记将动词的逻辑宾语部分移至动词前，原动词宾语的位置上还残留下了部分成分，移前的处置宾语和动词后的保留宾语存在一定的关系。普通话中尚且还存有这种结构的处置式，方言当中更是十分普遍。但在内蒙古通辽和黑龙江的双鸭山、齐齐哈尔等地没有这种类型的处置式（解正明2006）。保留宾语型处置式中处置宾语和动词宾语之间的关系通常是"整体—部分""领有—隶属"和"亲属"关系（徐杰1999）。

湖北襄樊（王丹容2006）：我给布料做成了衣裳。

湖南岳阳（伍云姬2009：144）：火把头发胡子烧落哒一半。

湖北鄂东（陈淑梅2001）：猪把饭吃了一半。

湖北黄冈（同上）：他把那只鸡打断了翅膀。\ 我把碗打了个缺口。

安徽蒙城（胡丽华2009）：他叫手指头子刮烂了一点个皮。

安徽芜湖（安徽省地方志编纂委员会1997：183）：猫子把小鸡咬死一个。

福建泉州（林东华2002：120）：共我拍破皮喽把我弄伤皮肤了。

江西芦溪（刘纶鑫2008：141）：坏人把渠打伤哩一只脚。

海南屯昌（钱奠香2002：122）：伊牵许条缆割做两节他把那根绳子截成两段。

山西临汾（潘家懿1988）：老汉儿开开箱子，用斧子得砖砸成块块儿。

广西桂南（褚俊海2012）：拿草稿订成一个本子。

C. 复指宾语型处置式

复指宾语型处置式是指在谓语动词后面再加上一个相当于第三人称代词"它"或"他"的复指代词来加强处置义的处置式，常见于官话、吴语、闽语、粤语和赣语区（解正明2006）。现代汉语方言的复指宾语型处置式中代词回指的方式多样，我们在下一章的第三小节将专门讨论方言复指代词型处置式的各种类型，在此不再作过多讨论。

安徽芜湖（安徽省地方志编纂委员会 1997：183）：把水烧滚它。

江西定南（王颐 2015：179）：挃蚁踩死佢_{把蚂蚁踩死它}。\ 挃该碗面嘲完佢_{把这碗面条吃完它}。

山东汶上（宋恩泉 2005：286）：把/连衣裳晒上它。

江西南昌（候精一 1998：91）：衣服搁渠摺下正叠叠好。

此类结构中的复指代词在不同的方言中虚化的程度不完全一样，在有些方言中虚化的程度更高，复指代词"它/他"不仅可以用来复指单数宾语，还可以用来回指表示复数形式的处置宾语。当然，这种类型的复指代词也并没有完全虚化，因为尚且没有在任何方言中发现全句都不出现处置宾语的具体名称、而是用"X处置标记 + 它 + VP + X + 它"这样的结构类型的处置式（解正明 2006）。复指宾语型处置式中的复指代词在大多数有这种处置句式的方言中还是主要用来回指单数的处置宾语的，而且在这些方言中并不强制使用复指代词，一般都是为了强调句子的处置意味，在实际应用中可能会因为受语流音变或是语言的经济原则的影响而发生脱落或是被省略掉；就是在早期的记载汉语官话的文献中也很少见到这种类型的处置式，而且出现的时间较晚（解正明、徐从英 2006）。所以这两位学者认为"复指宾语型处置式中的复指宾语应当是后起的句法成分，而不是某些方言中残留下的最底层的句法成分"是有一定道理的。

D. 直接宾语型处置式

张俊阁（2019：93）将这类处置式命名为"无关联宾语型处置式"，指出这类处置式最大的特点在于动词后面还有宾语、且处置介词后面的宾语与动词宾语之间不是直接的关系；直接宾语型处置式的谓语动词主要有三类："给予义"的动词和"言说义"的双及物动词以及"当作/视作/称作"类的动词。因为处置标记后面介引的是动词的直接宾语，所以我们将其命名为"直接宾语型处置式"，这种宾语类型的处置式其实就是通常所说的"处置给""处置告"和"处置作"这类广义处置式。

福建永定（李小华 2013）：成家人将这钱拿分你管_{全家人把这钱交给你管}。

浙江慈溪（章望婧 2013）：我得个本书送得侬_{我把这本书送给你}。

湖南宁乡（陶伏平 2012）：拿得衣服拿得我试一下。

湖南涟源（李星辉 2008）：娘老子特外在吃饭咯时唧把倒嘀路话哈渠听妈妈故意在吃饭的时候把这件事告诉他。

湖南涟源桥头河（伍云姬 2009：267）：我把者那只路话赐佢阿哩我把那件事告诉他了。

甘肃礼县（陈晓强、陈晓春、陈晋 2015：187）：你把人不当人。

湖南祁阳（李维琦 1998：188）：有的地方拿草当柴烧。

广西南宁（宁洁 2015）：细王只恁成日笑哈哈，硑拎学习当回事小王的儿子整天笑哈哈的，没把学习当回事。

陕西户县（孙立新 2003）：他就把你不当人看。

广西阳朔葡萄镇（梁福根 2005：281）：有些地方拿麦秸当柴烧。

广西桂南（褚俊海 2012）：佢搦我当人客一样招呼。

广东梅县（张俊阁 2015）：前日你家酒席上，夫把我不当人。

湖南浏阳（贝先明、向柠 2009：53）：你就莫拿哒我当细人唧看你就别把我当小孩子看。

湖南绥宁（曾常红、李建军 2009：61）：你冇要担我当小孩你别把我当作小孩。

浙江余姚（肖萍 2011：281）：手巾则渠驮来当揩桌布唧哉他把毛巾拿来当抹布。

湖南东安土话（鲍厚星 1998：196）：有□些地方掇太阳叫热头。

湖南祁阳（李维琦 1998：188）：有的地方把白薯叫山药。

山西万荣（吴静 2002）：异岸人赶"日头"叫"阳婆"。

广西阳朔葡萄镇（梁福根 2005：281）：有些地方管白薯叫山药。

河南滑县（胡伟、甘于恩 2015）：大伙儿都搁他叫老王。

湖南常宁（吴启生 2009：19）：常宁人拿马铃薯喊做洋芋子。

甘肃山丹（何茂活 2007：405）：有的地方把太阳叫的是日头。

湖南湘潭（曾毓美 2001：108）：有的当上叫太阳做日头。

河南郑州（卢甲文 1992：148）：有哩地张儿把白薯叫山药。

贵州桐梓（贵州省桐梓县地方志编纂委员会 1987：81）：有些地势儿把太阳舍作日头。

4.4.2 处置式的语义混合类型

解正明（2006）将"'把'字句的语义混合"限定为"同一个结构式既可以表示处置义，又可以表示被动义和给予义，这种语义混合需要语境使之具体化"。也就是说，在现代汉语方言中存在一种处置标记既可以理解成被动标记、也可以同时被理解为"给予"动词的情况。通过大量的汉语方言事实，我们可以发现处置标记在方言中兼作多种语法功能的现象极为常见，除了可以兼作"给予"动词和被动标记外，还有兼作"帮助"义动词、"拿握"义动词、并列连词、各类与格标记等用法。但是这种处置标记兼有多种语法功能的现象和处置标记的语义混合类型不太相同：前者在单句中就可以正确理解语法标记的语法功能、不会产生歧义，后者则需要结合具体的语境，在单独的句子中可以作多种解释。

解正明、徐从英（2008）主要讨论的是"处置、被动、给予"这三种语义在方言中的语义混合情况。处置式在各地发展的程度不同，造成了它在方言中的语义混合程度也不同。按照这两位学者的分类方式，"处置、被动、给予"这三种语义在方言中的语义混合情况可以分为"三义""双义"以及"单义"型。根据我们目前掌握的语料来看，确实在方言中可能会产生语义混合的情况主要存在这三种语义类型，尚未发现处置标记兼作其他语法功能时会产生歧义，这也从侧面反映出"给予"义动词最容易发生同时向处置标记和被动标记的双向转化。我们在解正明、徐从英（2008）两位学者总结的语义混合类型的基础上，结合我们收集到的方言语料，来看看不同语义混合类型的处置式在方言中的体现。

（一）"三义"型

按照解正明、徐从英（2008）的理解，"三义"型混合处置式即方言当中可同时理解为"处置、被动、给予"三种意义的句式，这种情况下的处置式语义混合程度太高，极易造成理解上的歧义、妨碍交际的顺利进行，因此，在方言中这样的情况很少。据解正明、徐从英（2008）介绍，目前仅见于湖北英山话，但我们在湖北黄冈话中又发现了一例。"弟弟把鱼吃了"（依解正明例）可以作三种理解：第一种理解是"弟弟是施事、鱼是受事，弟弟把鱼吃掉了"；第二种理解是"弟弟是受事，鱼是施事，弟弟被鱼吃掉了"；最后一种理解是"弟弟是施事，鱼是动作的与事，表示弟弟把食物喂给鱼吃了"（黄伯荣 1996：656）。

按照汪化云、郭水泉（1998）的解释，句子是否会被理解作三种含义，关键是看"把"字前后的名词性成分是否都能与谓语动词发生"施—动"关系：如果都不能，句子不成立，如黄冈话中不能说"桌子把椅子搬走了"；如果仅有"把"前的成分不能与谓语动词发生"施—动"关系，句子只可能理解为被动或给予，如"饭把我吃了""猪把二伯关起来了"；如果仅有"把"后成分不可能被理解成动作的施事时，若"把"后成分不是动作行为发生的工具或凭借时，句子不可能被理解成"给予"，如"我把这个事做下子"，若"把"后成分表示动作行为的工具或凭借时，句子有可能被理解成 3 义，如"老李把粮食换去了"就可以理解为"老李将粮食换去了"，"老李被换去了（被人用粮食换的）"，"老李换粮食给某人了"。

(二)"双义"型

解正明、徐从英（2008）所述的"双义"型混合处置式理论上应该包含"处置与被动的混合"与"处置与给予的混合"两种混合类型的处置式，但"处置与给予的混合"在方言中尚未发现实例（"三义"混合型方言除外），"处置与被动的混合"则非常普遍。这两位学者解释说，从语序类型来看，处置式和被动式都属于受事前置句式，二者有共用一个标记的句法基础，因此"处置"与"被动"混合义的处置式在现代汉语方言中尤为丰富；而"给予"动词虽然是汉语方言处置标记的一大来源，很多方言中处置标记确实和"给"义动词或介词仍然共用一个标记词，但是它们都是用于不同的结构。解正明，徐从英（2008）对此作出的解释，我们认为有一定的合理性。因为汉语中的"给予"义通常用"给予"句式表达为"施事＋给予 V＋受事"，这种用法与受事前置结构的处置式不一样。而"处置与被动的混合"类型，确实在方言中较为常见：

湖南湘乡（伍云姬 2009：238）：他给我打夹一餐_{他被我打了一顿/他打了我一顿}

山东郯城（邵燕梅 2005：245—247）：我叫小三揍了一顿/我把小三揍了一顿/我被小三揍了一顿。\ 我家的狗叫他家的狗咬了/我家的狗把他家的狗咬了/我家的狗被他家的狗咬了。

虽然在方言中没有发现"处置与给予"的混合，但是在方言中发现有"给予与被动"的混合类型。

湖北大冶（汪国胜 1999）：两条红塔山个烟把（了）渠喫了/烟送给他吃了/烟被他吃了。\ 那块杉树板子把（了）我弟做了家业/木板送给我弟弟做了家具/木板被我弟弟做了家具。

（三）"单义"型

"单义"型的处置式就是那些最为常见的只能理解为处置义、不会产生歧义的处置式，这也是方言中最为常见的情况，我们见到的大多数处置式都是这种类型，这里就不再举例说明。

解正明、徐从英（2008）概括出这几类语义混合类型的处置式在方言中的蕴含等级关系（">"代表"数目多于"）：单义型处置式 > "处置"和"被动"义混合处置式 > "三义"混合型 > "处置"和"给予"义混合处置式；也就是说，方言中如若具有"三义"混合型处置式就必然会有"处置"和"被动"义混合处置式；如若具有"处置"和"被动"义混合处置式，就一定有单义型的处置式。这在我们收集到的方言材料中也得以验证。

4.5 处置式的强度等级

方言中的处置式经常通过一些手段来加强处置语气，不同表现形式的处置式在处置强度上也不尽相同。解正明、徐从英（2008）认为方言中的处置式经常通过与"给"连用来加强处置意义，在此基础上，他们按照处置强度将处置式分为"最强处置式、强式处置式、普通处置式、弱式处置式"四个等级。但是我们在对方言语料进行整理的过程中发现，现代汉语方言处置式除了可以用"给"外，还经常用复指代词"它/他"来加强处置语气。因此，我们在解正明、徐从英（2008）的基础上，重新将方言处置式的强度等级分为以下几类。

(一) 最强式处置式

最强式处置式指的是现代汉语方言中那些在动词前有一个相当于普通话的助词"给"的形式标记(也可以是"给我/给它/给他",此时的"给我"中的"给"不是用来介引与事、而是起到加强处置语义的作用)、在句末还有一个复指代词"它/他"的处置式。句法结构通常表现为"把+NP受+给(它/他/我)+VP+它/他"。动词后面可以是结果补语、也可以是动态助词,甚至还可以是光杆动词,但当动词后是结果补语时,其处置意味更强,但为了避免分类过于繁复,我们这里不再对是否出现结果补语作区分。

湖南汨罗(陈山青、施其生 2011):把火车票把(他)买哒他_{把火车票给买了}。

广西梧州藤县:将饭同我食阻佢_{把饭给我吃了它}!①

山西侯马:把字给我写整齐它!

湖北孝感大悟:把车子给开走了它!

湖北麻城:把这个东西给扔了它!\把水给倒了它!

湖北恩施:把作业给我交了它!\把衣服给我洗它。

湖北武汉黄陂:把饭给(它)吃了它!

当用来加强处置语气的是"给我"时,在有些方言中"给我"可以置于处置标记前,构成"给我+把+NP受+VP+它/他"。胡云晚(2010:270)在谈到湖南洞口方言中的这类处置式时,指明在祈使语境下,句末加复指性成分的句子还可以在句首加一个"加强命令语气、表示说话人的意志"、相当于普通话"给我"的"把我",这种加"把我"的把字句显得主观性更加强烈。

湖北荆州沙市区:你给/跟我把饭吃了它!

湖南洞口(胡云晚 2010:271):捉我把猫人赶出去呱其_{给我把猫人赶出去}!低我把衣衫洗干净其_{给我把衣服洗干净}!("其"是复指代词)

在厦门话中,受事宾语还可以放在句首,复指受事的"它"紧跟在"把"后,构成"NP受+给我+把+它/他+VP"。如:

---

① 以下几处未标注方言文献来源的例句,均来自对湖北第二师范学院汉语言文学专业同学的部分方言调查。

福建厦门（周长楫、欧阳忆 1997：402）：门共我共伊关起来。

最强式处置式既通过助词"给"来强调"处置"的过程，又通过复指代词"它/他"强调了处置的对象，当动词后面出现结果补语时，更是强调了处置的结果。这类处置式的处置意味极强，在方言中往往用于祈使语气，表示对听话人的一种命令，有一种强制执行的意味。

（二）强式处置式

强式处置式指的就是动词前面出现有相当于普通话的助词"给"的形式标记、或者在句末（或句中）出现一个复指代词"它/他"，并且动词后面有结果补语的处置式。也就是说，我们这里所说的强式处置式中助词"给"和复指代词"它/他"只出现其一，结构形式一般为"把+NP受+给（它/他/我）+VP"或者"把+NP受+VP+它/他"。它们都强调处置结果，因此动词后面一定要有结果补语；但对"处置"的过程和处置的对象，只强调二者中的一项。

"把+NP受+给（它/他/我）+VP"是解正明、徐从英（2008）划分的最强式处置式的类型，按照这两位学者的理解，我们收集到的以下例句中的动词前面有"给"，动词后面有结果补语"死""起来""断"，动词前面的形式标记"给"是焦点标记词，"给"后面的成分就是句子的焦点，"浇死了""垛起来了"和"打断啦"分别是句子的焦点。

山西榆社（李建校 2007：248）：谁着你浇上这的些水，把花给浇死了。

山东郯城（邵燕梅 2005：245）：我叫麦都给垛起来了。

山西临猗（郭晓瑞 2014）：地主到/给这娃奈腿给打断啦。

有时"把+NP受+给（它/他/我）+VP"中的动词短语VP后还可以再续接一组动词，组成连动结构。如：

湖南汨罗（陈青山、施其生 2011）：把衣服把他脱下来浸哒把衣服给脱下来泡着。

"把+NP受+给（它/他/我）+VP"中的处置标记在有些方言中可以不出现，其处置意味依然很强，往往用来表达祈使语气。如：

中国台湾（张振兴 1983：156）：门合伊关起来把门关起来。

广东潮州（陈景熙 2014：102）：个头甲伊敲敲一下就好把头敲一下就

好了。\ 门甲伊关关掉把门关上。\ 丛柑甲伊摘摘了这颗柑树把它全摘光。

福建宁德（刘丹青等 2016：108）：衣裳全部佮伊掏曝把衣服都拿去晒。（闽语）

福建福鼎（林寒生 2002：118）：门佮伊开来。（闽语）

"把＋NP 受＋VP＋它/他"是我们划分的强式处置式的第二种类型，这类处置式较之于最强式处置式，句中没有用来强调处置过程的助词"给"，只是在句末加上复指受事成分的代词"它/他"。这种情况下，动词后的结果补语强调了处置的结果，而句末的复指代词则强调了受事成分。这种类型的处置式在方言中也十分普遍，就是我们在"复指代词型处置式"中谈到的"X 处置标记＋NP 受事＋VP＋Pro 复指代词"，这里只简要再列几例：

湖北孝感（王求是 2014：12）：你莫把绳子剪断了它！我还有用！

山东徽山（殷相印 2008：269）：把那个鸡楞死它把那个鸡砸死它。

据殷相印（2008：269）介绍，这类处置式在徽山方言中多用在祈使句中，并且动词性短语中必须有补语，而且多为程度补语或结果补语。

"把＋NP 受＋给（它/他/我）＋VP"和"把＋NP 受＋VP＋它/他"中表示助词"给"和复指代词"它"的成分，在方言中的位置比较灵活，受事宾语也可以置于"把"的前面，比如在汨罗话和洞口话中就有如下表述。

湖南汨罗（陈山青、施其生 2011）：钱把他把存哒银行把钱给存在银行。

湖南洞口（胡云晚 2010：271）：肚子把其笑痛呱把肚子笑痛了。\ 你门把其关倒你把门关上。\ 碗把其洗一下把碗洗一下！

（三）次强式处置式

相比于强式处置式，次强式处置式在动词前面有一个相当于普通话的助词"给"的形式标记、或者在句末（或句中）出现一个复指代词"它/他"；在动词后面没有结果补语。也就是说，相对于强式处置式，次强式处置式只用"给"强调处置的过程、或者用复指代词"它/他"强调受事成分，并不强调"处置"的结果。例如：

山西万荣（吴云霞 2009：130）：你一下一套儿和我把草给铡铡。

山东泰安（宁廷德2015：348）：我把他给揍了。

四川九寨沟（申向阳2014：182）：把喂个儿洋芋给哈上带上。

湖北孝感（石毓2008）：把这碗饭趁热吃了它 把这碗饭趁热吃了。

河南罗山（王东、罗明月2007）：把药熬它。

以上各例句中的动词前面有"给"或者句末有复指代词"它/他"：前面几例动词前的形式标记"给"相当于焦点信息标记，"给"后面的成分"铡铡"、"揍了"和"哈上"就是句子要强调的动作行为；后面几例的"它"分别强调了受事宾语"饭"和"药"。动词后面都没有出现结果补语，未对处置的结果加以强调。

在江西九江方言中，即便是不出现结果补语，单看复指代词"它"有没有直接紧邻动词后都会影响到处置意味的强弱。比如九江话中的"把饭热佢"和"把饭热了佢"虽然都包含了处置意味、也都常用于祈使句中，但是"把饭热佢"中的复指代词"佢"紧靠在动词后、强调了"热"这一处置行为的完成，祈使语气较为强烈；而"把饭热了佢"语气则较为委婉、舒缓，命令性减弱，关心的成分更加增强（李兆琳2014）。

（四）普通处置式

普通处置式的动词前面没有相当于普通话的助词"给"的形式标记、在句末（或句中）也没有一个复指代词"它/他"，动词后面有结果补语。例如：

浙江临海（卢笑予2013）：我拨衣裳洗好爻 我把衣服洗好了。

安徽五河（陈亮、王珊2014）：他给碗摔烂唠。

安徽枞阳（项开喜2016）：把饭吃光着。

上述例句中，前面几组例句动词前面没有用来加强处置行为的"给"、句末（或句中）也没有出现强调受事成分的复指代词"它/他"，但动词后面有"好"、"烂"和"光"等结果补语。与次强式处置式相比，普通处置式的处置意味更弱一些，并不特别强调处置意义。这一形式是汉语处置式的基本形式。

（五）弱式处置式

弱式处置式的动词前面没有相当于普通话的助词"给"的形式标记、在句末（或句中）也没有一个复指代词"它/他"，动词后面也没有结果补语。这种处置式的处置意味最弱，对处置的过程、处置的对象、处置的结果都没有采取句法手段来进行强调，在方言当中常常出现在一般的陈述句中。弱式处置式在方言中出现的频率极高，句式结构也非常简单，我们不作过多讨论。

河南渭县（胡伟、甘于恩 2015）：他搁书丢了。

安徽濉溪（郭辉、郭迪迪 2012）：俺给饭吃了。

4.6 方言处置式与被动式的关系

4.6.1 共标现象

石毓智（2004）曾指出，被动式和处置式是汉语的两种基本句式，两者的语法结构相似，表达意义相反，它们的抽象格式如下：

被动式：S 受事 + 标记 + NP 施事 + VP

处置式：S 施事 + 标记 + NP 受事 + VP

石毓智（2004）表示，被动式的主语是受事，常用语法标记为"被""让""叫"等，这些标记引入的是施事；处置式的主语是施事，常用语法标记为"把""将"等，这些标记引入的是受事，两类句式的这些语法标记分工明确，之间应该不会引起歧义；但是在现代汉语普通话口语中却存在处置式和被动式共标的现象。

这种现象其实不仅存在于石毓智提到的普通话的口语中，在我们收集到的语料中，大量的汉语方言中也存在着被动式和处置式共用同一个语法标记的现象。在我们统计到的方言中，江西定南、九江、南昌、上高、武宁、于都等地的被动式和处置式都使用同一标记，但这些方言中的处置标记或被动标记大多来源于"持拿"义动词。而且在这些方言中往往存在多个处置标记或被动标记，定南的处置标记有"㧅、拿、搦"（被动标记是"㧅"），九江有"把、将、拿"（被动标记是"拿"），上高有"畀、摆"（被动标记是"畀、摆"），武宁有"把、拿"（被动标记是"拿"）。湖南的常宁（"得"）、衡阳（"得"）、理家坪（"奉"）、洞口（有"把/把乞/帮/替"等多个处置标记，共用标记为"把乞/把"）、汝城（"拿"）、邵东（"把"）、绥宁（"把"）、新田（处置标记有"□紧 [man35tɕin33] /搭紧/安 [oŋ35]"等，共用标记为"安","安"还可作"给予"义动词）也都存在处置标记和被动标记共标的现象，这些处置标记除了可作被动标记外、很多还兼具其他语法功能，如湖南理家坪的处置及被动标记"奉［piɛ⁴¹］"还可作给予和使役动词、介引对象或时间的介词（相当于介词"给"、"从"），宁乡的处置兼被动标记"拿得"还可作与事介词。山东的郯城、沂水、枣庄等地的处置兼被动标记多用"叫"，还有诏安（"互"），广东马兰（处置标记有"拎、畀"，共用标记为"畀"），山西大同（"叫"）、临汾（"得"）、太原（"给"），浙江金乡（不［poʔ⁵⁴］），河北磁县和邢台（"叫"），河南确山"叫"，湖北咸安（"把"）、襄樊（"给、叫"）等地都是处置式和被动式共用一个语法标记。以下是部分方言实例：

江西定南（刘纶鑫2001：332）：我搉渠个名字忘记了 我把他的名字忘记了。\ 我个刀子搉渠借走了 我的小刀被他借走了。（客家话）

江西上高（罗荣华2014）：我畀废纸卖泼过 我把废纸卖掉了。\ 渠畀老师批评过一顿 他被老师批评了一顿。（也可用"摆"作被动标记，当用"畀"时，多表示不如意、意外语义）

江西武宁（阮绪和2006）：拿书放在书包里。\ 庄稼拿牛吃了 庄稼被牛吃了。

湖南常宁（吴启生2009：20）：爷老子得我骂一顿 父亲把我骂了一顿。\ 老唐不老，但被/得人喊作老唐，却是三四年前的事了。

湖南理家坪（曾春蓉2016：180）：牛奉草食吧咧 牛把草吃了。\ 草奉牛食吧咧 草被牛吃了。（"奉"还可以引进说话的对象，如"讲奉尔听 讲给你听"）（土话）

湖南洞口（胡云晚2010：186）：把乞衣衫清起。\ 树把乞雷炸断呱在尔里，没哪个去管其 树被雷炸断，没有谁来管这件事。（"把乞"还可引进给予的对象，如"把乞我来一封信 给我来一封信"）

湖南汝城（曾献飞2006：191）：系来个拿咯本书撕烂嘎 是谁把这本书撕烂了？\ 渠拿狗咬嘎一口 他被狗咬了一口。

山东郯城（颜峰、徐丽2005）：他叫家里的粮食卖了一多半，还没够还那顿酒钱的。\ 他叫狗咬了 他被狗咬了。

广东马兰（陈云龙2012：214\215）：畀宁嘢畀我 把那个东西给我。\ 碗畀佢打烂诶 碗被他给打破了。

福建诏安（周跃红1999：1087）：饭食食互伊了把饭吃光。\ 伊互人拍着伤他被人打伤了。（"互"还可作"给予"义动词，如：拿一本书互我拿一本书给我。）

还有一些方言中，虽然处置标记和被动标记并不完全同形，但往往存有一个相同的语素。如山西太原有处置标记"给把"、被动标记"给"，四川宜宾有处置标记"拿"、被动标记"拿给"，安徽宿松有处置标记"把"、被动标记"把在"。

这样的共标记现象必然会造成表达的歧义，比如鄂东方言（陈淑梅2001）的下列两个句子都可以有两种相反的意思：小李把他哥哥骂了。\ 我把他打伤了。第一句话既可以表达"小李被他哥哥骂了"，也可以表达"小李把他哥哥骂了一顿"。同样，第二句话既有"我打伤了他"的意思，又有"他打伤了我"的意思。在这些处置标记和被动标记同形的地区，施受关系往往需要依靠具体的语言环境来理解，尤其是在施事成分和受事成分的生命等级相当或施事成分省略时，极易产生歧义。比如在下面的例子中，湖南祁阳话中的"我把己打了一餐"、湖南湘乡的"他给我打夹一餐"、湖北襄阳的"老三给老四打得哭起来了"、山东郯城的"我叫小三揍了一顿"、湖南汝城的"我拿渠吓死喽"都可以理解为表处置和被动两层含义。而在新田的"安他打噂一顿"这个例子中，可以补上指人的名词性成分作主语，同样也可以理解为处置和被动两层含义（谢奇勇2009：126）。

湖南祁阳（李维琦1998：120）：我把己打了一餐。

湖南新田（谢奇勇2009：126）：安他打噂一顿。

湖南湘乡（王芳2009：238）：他给我打夹一餐。

湖北襄樊（王丹荣2006）：老三给老四打得哭起来了。

山东郯城（邵燕梅2005：245）：我叫小三揍了一顿。

湖北鄂东（黄伯荣1996：656）：弟弟把鱼吃了。

山西交城（黄伯荣1996：661）：猫儿给猫姑儿吓得跑啦。

湖南汝城（曾献飞2006：191）：我拿渠吓死喽。

根据我们统计到的结果来看，这种处置和被动标记同形的现象广泛地分布于江西、湖南、福建、广东。在我们统计到的广西地区（富川秀水九都、桂南、南宁、全州文桥、三江、武鸣、阳朔、钟山回龙），四川地区（重庆、泰兴、西充、宜宾）、云南地区（保山、大关、大理、昆明、蒙自、永胜、昭通），安徽地区（徽州、屯溪、五河、歙县、宿松、黟县），贵州（三都），海南（八所、屯昌），宁夏（西宁），青海等地区都尚未发现处置标记和被动标记同形的现象。在浙江方言中，虽然也存在处置兼被动标记现象，但仅见于金乡方言，其他如嘉善、金华、临海、绍兴、温州、永嘉、萧山、泽国等地的处置标记均不同于被动标记。

处置式和被动式共用一个标记的现象虽然在方言中较为常见，但这些标记的来源各不相同。按照石毓智、王统尚（2009）的分类，这些共用标记主要来源有三："给予"义动词、"叫/让"义动词、"遭遇"义动词。这些不同来源的共用标记在方言中的分布也极为不平衡，石毓智、王统尚（2009）统计到，在处置标记和被动标记使用共同标记形式的方言中，大约85%的方言都是由于"给予"类动词语法化的结果。也就是说，处置式和被动式最为常见的就是"给予"类动词语法化后成为被动式和处置式的共用标记。而关于这些"给予"义动词来源的共用标记，陈瑶（2011）总结出"给予"义动词兼作被动式和处置式标记的现象主要分布在接近南方的官话区、湘方言区、赣方言区、徽语区中部、吴语区北部，大多集中在长江流域中部地区：比如湖北武汉、黄冈、英山、黄梅、浠水、大冶、阳新以及前述鄂东，湖南长沙、溆浦、益阳、祁阳、湘潭，江西萍乡，安徽太湖、宿松、宁国（城区），江苏丹阳、句容等地，有语法标记既可作处置式标记也可作为被动式标记，用法和徽方言建德话中的"把"用法相似。

我们收集到的语料也可以反映出，处置标记的发展在不同方言区并不均衡。在有些方言区，如上面提到的湖南理家坪"奉［piɛ⁴¹］"，除了可以兼作处置和被动标记外，还可作给予和使役动词、介引对象或时间的介词（相当于介词"给""从"）。而在部分处置式不发达的南方地区（详见第5章），没有发展出特别的处置标记表达处置义，处置义往往换用作其他句式表达。

出现处置标记和被动标记共用的方言中，为了区别语义，往往会再产生其他的处置或被动标记，因此我们可以发现，这类共用标记的方言中往往伴随多个处置或被动标记的现象。比如江西客家方言中原本没有介词"把"、而是用动宾式来表达处置义，或者直接用宾语提前作主语、再用主谓词组作全句的谓语（例如："你食了该碗饭去"可以变为"该碗饭你食了（渠）去"）；但是受普通话的影响，江西客家方言中后来出现的处置句的结构形式与普通话完全相同，只是各地使用的介词不同而已（刘纶鑫 2001：332）。而这些方言中因为处置介词来源不同，就有可能出现处置标记和被动标记共标的现象，为了表义的准确性、最终发展出多个处置标记。

4.6.2 共标原因

石毓智、王统尚（2009）将现代汉语方言中处置式和被动式的共用标记按照语义类型和词汇来源分为"给予"义动词、"叫、让"义动词，"遭遇"类动词。这两位学者将方言中的"挍、提"以及"同、共、甲"也归作"给予"义动词，"挨"归作"遭遇"类动词。而在我们的分类中，"挍、提"这些与手部动作相关的动作应当归为"拿抓"义动词，"同、共、甲"是闽语中极为常见的"伴随格"标记，"挨"在我们考察的方言中，也是作伴随格标记（可能来源于"靠近"义），并且在本书第 6 章中我们可以发现，除了"称呼"义动词外，"拿抓"义动词、"给帮"义动词、"使令"义动词、"伴随格"来源的处置标记都存在兼作被动标记的方言现象，因此，我们认为，汉语方言中处置式和被动式的共用标记应该也归为这四种来源。而关于处置标记兼作被动标记的现象讨论最多的是由"给予"义动词虚化而来的情况。

有些学者讨论了"给予"义动词演变为处置标记的情况。王健（2004）在《"给"字句表处置的来源》中指出，作为处置标记的"把"和"给"有不同的产生原因：作为持拿义动词的"把"经常处在连动式中前一个动词的位置上，由于后面的动词在意义上总是更为重要，所以"把"性质逐渐虚化，最后变成处置标记；参照近代汉语的情况推测作为处置标记"给"的来源主要有二：一是源于介词"给（为、替）"，二是源于"给 + NP + VP"中表使役的"给"。林素娥（2007）在《北京话"给"表处置的来源之我见》一文中重点讨论了北京话的动词"给"发展成为广义处置式中标记"给"的主要条件是"给1 + NP1 + 给2 + NP2"成为优势句式，在北京话或其他方言中属于使用频率高的句式；作与事介词的"给"（或其他方言中相当于"给"

的与事介词，如"帮、替"等），有些方言如湘语中的"帮"，"只有以高生命度的指人名词或代词为宾语时，才可理解为处置标记"，有些方言如吴语金华、开化等多地方言的"帮"及温州方言的"迭"，"已突破了湘语中'帮'的名词性宾语在语义上的限制，可以是任何有定性成分"。陈瑶（2011）则指出，"给"由"给予"义动词演化为处置标记过程中存在着受益介词这一中间环节，给予义动词的宾语从具体实物逐渐扩大到使役是一个正常的认知过程，因而其发展为受益介词这一步是不言而喻的，几乎所有方言的"给予"义动词都有这个用法；作为处置标记的"给"在北京话中目前还存在，但使用频率较低，在很多方言特别是南方方言中，来自同概念的语法标记使用频率很低甚至不用；可以认为这种语法化过程曾经发生过但后来受北方方言的影响和自身发展的需要，语法标记词的数量不断增多，语义表达也日益精密，来源"给予"义动词的处置标记逐渐被其他处置标记取代。陈瑶（2011）还列举了陈泽平（2010）所举的福州方言中一个与北京话"给"对应的成分"［khɛ⁵］"，陈泽平从19世纪传教士文献《福州话拼音字典》中发现了这个"［khɛ⁵］"可以引进受益者，也可以引入处置对象，其实就是"给予"义的"乞"字；由于发生在20世纪初的介词更迭，现代福州话一般用"共"做处置标记。

有些学者谈论了"给予"义动词发展为被动标记的情况。如蒋绍愚（2002）提出，被动标记"给"是由"给予"义的动词发展成为表使役的动词"给"，再由使役动词"给"发展成为被动标记。这一论断获得了多数学者的支持。陈瑶（2011）进一步解释为，作为被动标记，"把"从持拿义动词发展出了"给予"义之后，语法化路径跟"给"是相同的："给予"义动词发展为被动标记中间经过了使役动词这个环节，只是"给"的虚化要晚于"把"很多。陈瑶（2011）以徽语祁门话中的"分"为例，说明了"分"由"给予"动词转化为"使役"动词，再转化为被动标记的过程。

还有些学者集中讨论了"给予"义动词发展成为处置标记和被动标记同形的情况。石毓智、王统尚（2009）指出，"给予"类的动词涉及物体有两个相反的方向"取得"和"给予"，即人类语言标记中的"夺格（from）"和"与格（to，for）"，"给"是在"S +（给 + NP1 +

NP2）+VP"的连动结构中双向转化为处置标记和被动标记的。陈瑶（2011）将汉语各方言中能兼任处置式和被动式语法标记的成分分为两类：由"持拿义"动词发展而来的给予类动词通常演化为处置标记，而没有经历"持拿义"阶段的给予类动词则演化为被动式标记；"把"类动词原来的词汇意义是"持拿"义，这与"处置"义关系最密切，决定"持拿义"动词优先语法化为处置标记，而不容易语法化为被动标记。陈瑶（2011）还进一步发现，"给予"义动词很少发展为处置标记，仅见于湖南常宁方言中的给予义动词"得"，而在宁波话中，"给予"义动词"得"表被动占绝对优势，而表处置差不多只有被动标记用法的四分之一；"给予义"与"致使义"关系可最密切，容易发展为使役动词，进而语法化为被动标记；"给予"义动词常常发展为被动标记。

综合上述学者的观点可以发现，"给予"义动词可以理解为"给予"和"取得"两个方向是汉语中的独特现象，也是"给予"义动词得以同时发展成为处置式和被动式的语义基础（石毓智、王统尚2008）。这种现象在古代汉语中就已经存在，一些含有"给予"义的动词在具体的语境中可以理解为"施与"和"得到"两个方向，比如下列例子中的"贷"，可以分别理解为"贷出"和"贷入"；"乞"可以分别理解为"乞讨"和"给予"[①]。

《左传·昭公三年》："以家量贷，而以公量收之。"杜注："贷厚而收薄。"

《周礼·地官·泉府》："凡民之贷者，与其有司辨而授之，以国服为之息。"郑注："郑司农云：'贷者，谓从官借本贾也。'"

《论语·公冶长》："孰谓微生高直？或乞醯焉，乞诸邻而与之。"

《汉书》卷六四上《朱买臣传》："居一月，妻自经死，买臣乞其夫钱，令葬。"

对于"给予"义动词发展成为处置标记的路径，学者的看法较为一致，大多数都支持"'给予'义动词>受益格标记>处置标记"（曹

[①] 以下"贷"和"乞"两例援自网络，https://wenku.so.com/d/5f79c59ba3a85f391-a7da67d71e8e966。

茜蕾 2007、陈瑶 2011、朱玉宾 2016 等)。而"致使"义是"给予"义动词发展成为处置标记和被动标记的关键一环:陈瑶(2011)结合汉语史文献,将"给予"义动词来源的被动标记概括为:"给(给予义动词)＞给(使役动词)＞给(被动介词)",朱玉宾(2016)也解释为"就'把'表被动实现的句法环境而言,'把'经历了从表处置到表被动的过程,其中致使义处置式的出现是该过程的中介环节。但其间并非句式上的直接衍变,而是由施受关系的变换引起。"并且陈瑶(2011)、朱玉宾(2016)都指出,被动标记的用法与"给予"义的来源更为密切,"给予"义动词在"致使"义的基础上更容易发展成为使役动词、最终语法化为被动标记。在第 6 章我们收集到的方言处置标记中(比如下面的"畀"),确实存在大量的"给予"义动词兼作处置标记和被动标记的现象,并且从数量上来看,"给予"义动词发展为被动标记的情况比成为处置标记的要多。

江西上高(罗荣华 2014):我畀给渠,渠又不要_{我送给他,他又不要}。\ 你畀秧苗长到六寸再打药_{你让秧苗长到六寸再打药}。\ 我畀废纸卖泼过_{我把废纸卖掉了}。\ 渠畀老师批评过一顿_{他被老师批评了一顿}。

"给予"义来源的共用标记我们在上面已经讨论过,我们再来看看"拿抓"义来源的共用标记。陈瑶(2011)观察发现,汉语方言中的"给予"类动词的词汇来源可分为"由'持拿'义动词发展而来"和"由非'持拿'义动词发展而来",前者以南方官话区、湘方言区、赣方言区的"把"为典型:"把"的本义是"握",在唐以前是个"执拿"义动词;大约在魏晋南北朝时期(据黄晓雪 2006),"把"开始在包含给予义动词"与"的句子当出现,并受到"与"的给予义感染;到了元明时期,单个"把"也产生了给予义用法,"拿""提"等标记与"把"有类似的变化。后者指的是一些本义就有"给予"或与"给予"义相近的动词,比如赣语(上高)和粤语的"畀"、湖南和湖北地区的"把"、湖南的常宁、衡阳等地区的"得"、闽语的"乞"、徽语祁门方言的"分"、吴语等的"拨"(依陈瑶例,太田辰夫认为吴语中表示给予和被动的"拨"来源古汉语的"畀")、粤语连州土话的"俵"(依陈瑶例,《广韵》:"俵,散也。"《集韵》:"分与也。")。按照陈瑶(2011)的解释,这两类动词词义发展路线是不同的,这种不同的词义发展路线对后来的语法化路线造成了影响：虽然这两类动词在很多方言里都兼任被动式标记和处置式标记，这两种语法功能也都是由动词虚化而来；但无论原本就是给予义的动词还是由持拿义发展而来的给予义动词，其给予义、被动义、处置义是两条线并不难纳入同一个语法化链条中。朱玉宾（2016）也表示："就'把'的意义发展而言，表处置的'把'是由其'握、持'义虚化而来，'把'的'握、持'义又可以引申为'给予'义"。也就是说，按照陈瑶（2011）、朱玉宾（2016）的理解来看，"拿抓"义动词（如"把"）有可能语法化为"给予"义动词，再沿着"给予"义动词的发展路径，最终发展出处置标记和被动标记的用法。

但是方言中并非所有的"拿抓"义动词都和"把"一样，是从"持拿"义动词发展出"给予"义动词的用法，也并非所有方言的"拿抓"义来源的处置标都有"受益格"标记的用法。因此，我们认为，如果简单地把所有"持拿"义动词来源的处置标记和被动标记都归作先虚化为"给予"义动词，再沿着"给予"义动词虚化为处置标记和被动标记的路径是不太全面的。比如石毓智、王统尚（2008）曾经提到的"提"（我们调查到休宁方言的记作"搞"）和"搜"，我们在搜集到的方言语料中尚未发现"给予"义动词的用法。

安徽休宁（孟庆惠2005：216）：尔搞我嚇死着_{你把我吓死了}。\ 么只茶杯搞佢打破着_{那个茶杯被他打破了}。\ 尔搞佢讲_{你对他说}。[石毓智、王统尚（2008）记作"提"]

湖南益阳（卢小群2007：303 \ 伍云姬2009：163）：他到外面去偷家伙，着他妈妈晓得哒，搜哒他打咖一餐死的_{他在外面偷东西，被他妈妈知道了，把他狠狠地打了一顿}。\ 王师傅的病硬是着他诊好哒_{王师傅的病到底被他治好了}。

再看这两个词在《康熙字典》中的解释①：

搞：所以摘发者。【诗·鄘风】象之搞也。【疏】以象骨搔首，因以为饰，名之曰搞。

又捐也。【陆机·文赋】心牢落而无偶，意徘徊而不能搞。又他历

---

① 检索自《汉典》线上查询网站。

切，音剔。戏也，取也

挼：【说文】推也。【增韵】挤也，搯也。【左传·定八年】涉佗挼卫侯之手及捥。【注】血至捥。又【广雅】按也。

我们可以发现，"掭"在古代汉语中有"一种古代用来搔头的簪""捐弃""取"等几层意思。"一种古代用来搔头的簪"和手部动作相关，"捐弃""取"暗含有"给予"的意思，我们暂且可以把它归作由"持拿"义发展为"给予"义的用法。但是"挼"在古代汉语中也没有"给予"的意思，只和"拿抓"义动词有关，表示"按、压"的意思。并且在我们第 6 章的调查中，大多数用"拿抓"义动词作为处置标记来源的方言，都没有发展出"受益格"标记的用法、但是绝大多数都有"工具格"标记的用法，这也验证了学界关于"持拿"义动词可以虚化为处置标记和工具格标记的看法。而在潘秋平、张敏（2017）构建的语义地图中，工具格标记是有条件分别发展成为处置标记和被动标记的。

因此，一方面，我们同意陈瑶（2011）、朱玉宾（2016）等学者的观点，支持像"把"这样的"拿抓"义动词可以先理解为"给予"义动词，再按照"给予"义动词的演化路径，分别发展出处置标记和被动标记的用法；另一方面，我们认为现代汉语方言中大多数"拿抓"义来源的处置标和被动标共用标记的现象，是由"拿抓"义动词虚化为"工具格"标记后，再分别发展成为处置标记和被动标记。

关于"使令"义动词来源的共用标记，学界的认识较为统一。上述讨论"给予"义动词来源的共用标记时已经提到"致使"义是"给予"义动词发展成为处置标记和被动标记的关键一环（朱玉宾 2016），那么"使令"义动词能够发展出处置标记和被动标记的用法也就很容易理解了。王慧娟（2012）总结出项城方言的"使令"义动词"叫"的演化路径为"'叫、请'义 > 使役义 > 容许义（兼语式） > 被动义"和"叫、请'义 > 使役义 > 致使义（"把"的类推） > 处置义"。石毓智、王统尚（2008）指出"叫"类动词兼作处置和被动共用标记的前提是"叫"作为动词出现在"S + 叫 + NP + VP"兼语结构中：当 NP 是 VP 的施事、VP 的作用对象是 S 时，句子可能被理解为被动义；当 NP 为 VP 的施事时，兼语式就有向处置义发展的可能。也就是说，当"使令"义动词出现在兼语结构中时,也是有条件可以被重新分析为被动式和处置式的。我们在 6.5 小节中也列举了大量"使令"义动词在方言中兼作处置标记和被动标记的现象,以下摘取两例。

山东郯城(邵燕梅 2005:207—208):别叫他走了。\ 你叫门关上。\ 他叫狗咬了。

山东枣庄(吕俭平 2011:157):恁爹叫你明儿清起赶集去你爸爸让你明天早上赶集去。\ 多吃点儿,白叫你饿着多吃点儿,别把你饿着!\ 恁爹昨门儿天黑就叫恁二大爷喊走了你爸爸昨天晚上就被你二伯父叫走了。

关于"伴随格"来源的共用标记,我们在 6.5 小节讨论"伴随格"来源的处置标记时,集中讨论了方言中由伴随义动词语法化为处置标记的发展路径,其中曹茜蕾(2007)总结出的"动词 > 伴随格标记 > 间接格标记 > 受益者 > 直接宾语"的路径最为全面。同时,曹茜蕾(2007)也指出"伴随格"标记语法化为间接格标记后,除了可以表示"受益者"外,也可以表示"夺格",而当间接格处置标记发展出"夺格"的用法时,也就具备了发展成为被动标记的条件。"夺格"对应着人类语言施事标记常见的来源之一(石毓智、王统尚 2009)。不过"伴随格"来源的处置标记在方言中兼作被动标记的情况极少,在我们目前掌握的语料中,仅见于福州方言。

福建福州(陈泽平 1998:196):我共/乞 [ky] 手表做无咯我把手表弄丢了。\ 手表共/乞 [ky] 我做无咯手表被我弄丢了。

第 5 章　汉语方言处置式的变换句式

处置式在现代汉语方言中的发展并不十分均衡。在有些方言中处置式的发展远不如在北京话中活跃，许多通语里常用的处置式在方言中都被换作其他句式表达。比如在义乌方言里，普通话中的有些处置式就可以不用介词、直接将宾语前移至谓语动词前表达处置义。当谓语部分是动补式时，普通话的受事成分一般置于动补短语之后构成"主谓宾补"结构，而义乌方言里受事前置句发达、习惯将受事宾语前置构成"主宾谓补"式（方松熹 2000：267）。按照前文对处置式的界定，处置式在结构上最明显的两个特征就是"直接宾语位于主要动词之前"和"是否带有处置标记"（曹茜蕾 2007）。因此，我们这里将方言中没有处置标记、但用来表达处置义的句式全部视作处置式的变换句式，在此基础上对方言中的处置式与其他表达处置义的句法形式作出区分并分别进行讨论。经过对现已掌握的方言语料进行分析归纳后我们发现，方言中常被当作处置式的变换句式用来表达处置含义的句法形式大致可分为三种类型①。

5.1　受事前置型

5.1.1　句式结构

受事前置型是指不借助处置标记、受事成分直接提至动词前表处置

---

① 以下对于各变换句式结构特点的概括，仅针对本书收集到的语料，不排除有些未涉及的方言可能存在反例。

义的句式（刘丹青 1997：7），用公式表示为"NP受 + V + X其他成分"。V 代表动词或动补式，X其他成分是动词或动补式之后出现的其他成分或结构。由于句式中没有处置标记，受事名词又经常直接提至句首主语位置，且常可分析作句子的话题，所以也有学者将这类句式称作"省略了处置标记的处置式""受事主语句""受事话题句""省略了施事的话题结构"等。但从方言语法的实际情况来看，上述这些命名尚不够全面，受事前置结构"NP受 + V + X其他成分"在现代汉语方言中实则包含 3 种情况。

a. NP受 + V + X其他成分①省略施事主语，受事成分不借助任何标记直接提至动词前的受事主语句，往往可以通过在受事成分前添加处置标记的方式直接转化成处置式。这种句式在福建的永春、古田等方言中用得十分普遍。

福建永春（林联通 1989）：牛牵出去把牛牵出去。\ 鸡掠起来刣把鸡抓来杀。

江苏南京（南京市地方志编委会 1993：240）：衣裳穿好。\ 鞋带系起来。

福建古田（秋谷裕幸、陈泽平 1998：265）：手管折口把袖子往上卷。

湖北孝感（王求是 2014）：墙上弄得花里胡哨的墙上被弄得花里胡哨的。\ 绳子冻得梆梆硬。

湖南湘乡（伍云姬 2009：238）：扇门关嗒带把门关上。

青海西宁（张成材 2006）：衣裳赶紧穿上去赶紧把衣裳穿上！

云南澄江（张茀 1996：213）：衣裳揉纵了衣服皱了。

浙江高敬（黄红蕾 2006）：地板拖拖把地板拖拖。

福建宁德（刘丹青等 2016：105）：鸡捌来治把鸡抓来杀。

b. （NP施）+ NP受 + V + X其他成分②受事成分不借助任何标记前移至施事主语后、谓语动词前，施事主语作全句的大主语、受事成分充当谓语部分的小主语，一起构成大主语施事、小主语受事的主谓谓语句

---

① 石毓智、李讷（2001：109）将这种受事名词位于句首的句式称作"受事主语句"。（石毓智、李讷：《汉语语法化的历程》，北京大学出版社 2001 年版）

② 石毓智、李讷（2001：108）将这种结构称作"新话题结构"，区别于旧式的"NP受 +（NP施）+ V + X其他成分"话题结构和省略了施事的受事主语句"NP受 + V + X其他成分"。

（林玉山 2018：308—309）。施事和受事成分可视作话题和次话题（徐烈炯、刘丹青 1998：52），在语境明确施事的情况下，若需要强调受事成分，通常可以省略施事，受事名词成为省略施事主语后的句子的话题。吴方言是这类方言的典型。如：

浙江海宁（柴伟梁 2009）：㑚来葛本书拿拿去你来把这本书拿去。

浙江高敬（黄红蕾 2006）：尔扇门关去把那扇门关上。

广东潮州（李永明 1959：257）：伊件长衫褪出来他把长衫脱下来。\ 本书惦挈在塊把书老拿着。

广东大埔（李小华 2013）：佢涯碗要烂了他我的碗打破了。

浙江萧山（大西博子 199：132）：猫鱼吃坏代。\ 手举高来把手举起来。

福建莆田（蔡国妹 2014）：伊昨日去锄草其时节，囝厄背胛脊其他昨天去锄草的时候，孩背在背上。

福建古田（秋谷裕幸 2012：264）：伊碗拍去了他把碗打破了。\ 汝钱囥好，仆通落去你把钱放好了，别丢了。

江西广丰（广丰县地方志编委会 2005：926）：尔门关起。

山东临朐：（林绍志 2013：40）：佢涯碗要烂了他我的碗打破了！

海南屯昌（钱奠香 2002：172）：伊剥妚帽掷住妚塗下他把帽子扔到地上。

甘肃临夏（黄伯荣 1996：656）：你我的事高低办的下你无论如何要把我的事办一下。

上海（林素娥 2012）：我饭吃过勒我吃过饭了。

台湾（张振兴 1983：156）：叫伊婴仔抱去叫她把孩子抱走。（闽方言）

c. NP受 +（NP施）+ V + X其他成分 受事成分不借助任何标记直接位移至主语和谓语前（通常是句首位置）作话题，施事主语如若出现的话，必须置于受事名词后、谓语动词前，句子形式上表现为大主语受事、小主语施事的主谓谓语句（林玉山 2018：308—309）。受事成分成为句子的话题。如：

河南固始（叶祖贵 2009）：这沟你挖得头你把这条沟挖了！\ 鸡杀得

头把鸡杀了①。

浙江义乌（方松熹 2000）：只鸡佢杀叻拉_{他把那只鸡杀掉了}/那只鸡，他把它杀掉了。\ 衣裳阿补好罢_{我把衣服补好了}/衣服，我把它补好了。\ 面个那个东西拕来阿_{把那个东西拿给我}。\ 大门开出来_{把大门打开}。

上海（徐宝华 1998：482）：饭我吃过勒_{我吃过饭了}。

江西广丰（广丰县地方志编委会 2005：926）：门尔关起。

5.1.2　句法要求

受事前置型句式的受事成分一般都由表示无生命物或动物的名词短语充当、在语义上通常是定指的，谓语核心主要是动结式或动补式短语。这类表达处置意义的句式在方言中往往语气最为强烈，常用来下达指令，因此在有些方言中易与语气词一同出现在句子中。

（1）前置的受事成分一般不能是指人的名词性成分。一般而言，如若方言中既有处置式，也能用受事前置句表达处置义，那么这两种句式通常都可以通过补充或删除处置标记来相互转换。不过这种变换大多要求施事和受事之间存在明显的施受关系，一般来说都是施事是指人的名词性成分、受事则是指物的。倘若受事成分是指人的名词或代词（福州方言甚至不能以指人的名词性成分作定语），就不能随意进行这样的转换（陈泽平 1998：203）。

福建福州（陈泽平 1998：203）：＊警察司机告落来_{警察司机叫下来}。\ ＊依爸我关厝咯_{爸爸我关在家里}。\ ＊依妹依伯其茶婆做破咯_{妹妹大爷的茶壶打破了}。\ ＊汝我其伞拈去_{你我的伞拿去了}。

广东潮州（李永明 1959：258）：＊鸡母鸡仔邀来了_{母鸡小鸡带来了}。\ ＊我气死，你好去倒贴_{我气死，你好去倒贴}。

又如在温州永嘉方言中，当受事宾语与补语或者体标记同时出现时，受事宾语一定要移至谓语前，但诸如"阿勇送学堂底去"这类表述在温州方言中却不能成立。因为当受事成分置于句首作话题、真正的施事成分没有出现时，只有句首的受事生命度等级越低、越不能被理解

---

① "V头"前可以受事、施事同时出现。一般情况下是受事在前，施事在后。（叶祖贵 2009）

作施事，这种句式才越合理；例句中作话题的是指人名词"阿勇"，一旦没有处置介词标示处置"阿勇"之义时，原本作处置对象的人名"阿勇"置于句首则很容易被理解成施事，整个句子便被解读为缺少受事宾语的错误表达（朱赛萍 2014：364）。

温州永嘉（朱赛萍 2014：364）：*阿勇送学堂底去 _{阿勇送学校里去}。

当施事成分不出现时，置于句首的受事成分通常不能是动物名词短语或以指人的名词性成分作定语，否则容易产生歧义：置于句首位置的若是表示动物的名词，句子很可能会被当作省略了施事主语"人"的被动句式；若是以指人的名词性成分作定语，由于句子中的定指量词也可作定指标记，"人称代词+受事名词"结构易被理解成领属定语（刘丹青 1997：9）。

温州永嘉（朱赛萍 2014：364）：猫毒死爻罢 _{猫被毒死了}。

浙江临海（卢笑予 2013）：我衣裳洗好爻 _{我把衣裳洗好了/我的衣裳被洗好了}。

江苏苏州（刘丹青 1997：9）：我封信寄脱哉 _{我把那封信寄走了/我的那封信寄走了}。

当前置的受事成分是生命度较高的人或动物时，通过句式结构很难准确判断出施事和受事。这种情况下，方言中的一般做法就是通过添加处置标记以明确施受关系，或是在受事成分与谓语动词之间插入其他成分以阻隔它们在语义上可能发生的直接关联，极力减弱动词前的受事成分被理解成处置者的可能性。如：

福建福州（陈泽平 1998：203）：警察<u>共</u>司机告落来 _{警察把司机叫下来}。\ 依妹<u>共</u>依伯其茶婆做破咯 _{妹妹把大爷的茶壶打破了}。\ 汝<u>共</u>我伞拈去 _{你把我的伞拿去了}。

温州永嘉（朱赛萍 2014：364）：<u>代</u>阿勇送学堂底去 _{把阿勇送学校里去}。\ <u>代</u>猫毒死爻罢 _{把猫毒死了}。\ 阿勇<u>着</u>送学堂底去 _{阿勇应该送学校里去}。

江苏苏州（刘丹青 1997：10）：我<u>快点</u>封信要寄脱 _{我得快点儿把这封信寄走}。

但如若句子中的谓语部分处置义强、对施受双方的指向性明确，即便施受双方都由有生名词充当，在有些方言中受事成分仍然可以不借助处置标记直接移至施事主语和谓语动词之间。比如在西宁方言中，当施事和受事都是有生命的，如果施受关系明显，主语通过动词对宾语就有强烈的支配、处置义，此时可以不用处置标记"啊"（任碧生2006：109）。

青海西宁（任碧生2006：109）：我大夫（啊）邀给了_{我请好大夫了}。／姆妈妈妈孙子（啊）抱上了_{妈妈抱孙子了}。

福建福州（陈泽平1998：202）：伊侬客请几隻来厝口礼食饭_{他客人请几位到家里吃饭}。

（2）受事成分需有定。无论是直接移至句首作话题还是置于施事主语和谓语动词之间作次话题，普通话中作为处置对象的前置受事成分在语义上通常都是定指的（陈泽平1998：202），这一要求放在方言的受事前置句型中也成立。如果不考虑是说话人主观认定还是事件客观发生，则"处置"义可以宽泛地理解为谓语动词所表示的处置行为对受事成分所代表的处置对象施加某种影响，使其发生某些变化、产生某种结果或处于某类状态。这种语义特征使得表达处置义的句式中作为处置对象的受事成分在语义上往往是已知的旧信息，常与指示代词"这／那（些）"连用（李永2014：297）。如：

湖北咸安（孙叶林2013：134）：那件事我唔记得_{我把那件事忘了}。

山东枣庄（刘纶鑫2008：164）：该个苹果你食啊吧_{你把这个苹果吃了吧}。

福建福州（陈泽平1998：202）：我只本书看完了_{我这本书读过了}。＼伊许题诗会背_{他那首诗能背诵}。

湖南桂阳（伍云姬2009：80）：□［mε^{33}］本书弯我／□［mε^{33}］本书弯志我_{把那一本书拿给我}。

江西芦溪（刘纶鑫2008：141）：该篇文章我又看哩一到_{我又把这篇文章看了一遍}。＼该个好机会你不要错过哩_{你不怕把这个好机会错过了}。

前置的受事成分具有话题或次话题性①，方言中将话题化的受事成分置于句首的"NP_受＋（NP_施）＋V＋X_{其他成分}"结构被认为是自古就有的一种话题结构，置于句首的话题化受事成分在意念上一定是有定的（石毓智、李讷2001：109）。即便在有些方言中，表达处置义的受

---

① 曹逢甫称之为"第二主题"。［转引自李永（2014：297）］

事前置型句式的受事成分之前有时并没有出现形式上的定指标记，但这些受事名词在语义上仍然有定指意义，在具体的交际中，交际双方在意念上能够明确受事成分是定指的。比如：

福建连城（项梦冰 1997：421）：门去关转来／去门关转来去把门关上。\ 碗先洗净来先把碗洗干净喽！\ 饭食一碗添再吃碗饭。

河南滑县（胡伟、甘于恩 2015）：菜弄烂吧。\ 米恁吃完吧你把饭吃完吧。

温州永嘉（朱赛萍 2014：364）：书递来把书递来。\ 张纸减个洞把这张纸剪个洞。

江苏苏州（刘丹青 1997：9）：点酒耐呷光仔吧这点酒你把它喝完吧！\ 封信我寄脱哉这／那封信我寄走了。

桂阳六合土话（邓永红 2007：155）：只杯我自家打烂了我把杯子打破了。\ 鞋嗒走烂咦把鞋都走破了。

江西南康（李小华 2013）：本书你带过来你把这本书带过来。

但在一些受事前置句是强势句型的方言中，前置的受事成分之前有时不出现任何限定性成分，而是将数量结构等限定成分置于谓语动词后，这样的受事前置句在方言中的处置义极低，只是对事实的简单陈述。如：

福建福州（陈泽平 1998：200）：芭蕉果香蕉食几条。\ 馍馍炊蒸蜀床一屉。

浙江临海（卢笑予 2011：332/336）：你书送本我。\ 书送三本我。

浙江宁波（王福堂 2008：137）：我苹果吃只我吃一个苹果。\ 侬巧克力吃两卦哪你吃几块巧克力啊。

福建南安（李如龙 2001：65）：烧酒舀两斤来打二斤酒来。

将受事成分置于施事主语和谓语动词之间作次话题的"（NP施）＋NP受＋V＋X其他成分"结构大约产生于 14 世纪，与受事成分置于句首的话题结构相比，这种次话题结构的受事成分并非全都有定；但是当受事成分非定指时，相同的结构在方言中往往就没有了处置意味，只是对事实或事件的陈述说明，也就不能转换为相应的处置式（石毓智、李讷 2001：108）。例如：

我昨日冷酒吃多了。(《老乞大》) *我把冷酒喝多了。

咱们闲话且休说。（同上）

咱们饭也吃了。（同上）[以上例句直接援引自石毓智、李讷（2001：108）]

而在有些东南方言中，"量词+受事名词"置于动词前时被认为是定指的，但如若将其挪到动词后就变成了省略数词的不定指成分，句子也就没有了处置意义（曹志耘1997：40）。如：

浙江汤溪（曹志耘1997：40）：我个茶筒儿打打破<small>我把茶杯打碎了</small>。\ 我打破个茶筒儿<small>我打破了一个茶杯</small>。

（3）谓语通常不能是光杆动词。在表达处置义的受事前置型句式中，对作为处置对象的受事名词在主观或客观上施加一定的处置行为后，会产生相应的处置结果。因此，这类句式的谓语部分很少是一个光杆动词，而是常常与表示趋向或状态的补语一起组成动补结构，或是在单音节动词后面带上表示时体的助词。动补结构后有时还可续接其他动词构成连动式。如：

江苏泗洪（周琴2008）：他玻璃杯打碎得了<small>他把玻璃杯打碎了</small>。

浙江宁波（王福堂2008：134）：落雨勒，你衣裳快收进来哪<small>下雨了，你快把衣服收进来</small>。\ 其眠床铺好盖勒，侬好去困勒<small>她把床铺好了，你可以去睡了</small>。\ 其校徽别好盖勒<small>她已经把校徽别上了</small>。

福建永春（陈章太1989：192）：鸡掠起来刣<small>把鸡抓来杀</small>。

还有的方言可以用动词的重叠式来表示动作的持续或重复，重叠的动词后有时还可续接补语。

浙江海宁（柴伟梁2009）：倷来葛本书拿拿去<small>你来把这本书拿去</small>。

浙江义乌（方松喜2000：266）：鸡杀杀叻<small>把鸡杀掉</small>。\ 毛线衣儿织织好<small>把毛衣织好</small>。

福建秀篆（李如龙1992：445）：手□去洗洗净<small>去把手洗干净</small>。

浙江宁波（王福堂2008：137）：侬菜摆摆落去，我马上来<small>你把菜先放到锅里，我马上来</small>。\ 侬自家小人管管好<small>你把自己的小孩管好</small>。

山西万荣（吴云霞2009：129）：脸上泥擦擦。\ 碗洗洗。\ 屋拾掇拾掇。

5.2 动词谓语型

5.2.1 句式结构

动词谓语式是指不前置受事成分、而是通过动词和受事宾语的关系来表达处置义的句式，用公式可表达为"（NP施）＋V＋NP受＋X其他成分"。V是表处置行为的动词，X是出现在受事宾语后面的其他成分。X是表示受事宾语的处所、性质、状态发生变化的成分，因此X常常由表示各类结果或趋向、动量或时量、程度或状态的补语充当，或是表示地点方位的介词短语，有时还可以是连动式或重动式的后一部分。

湖南衡山（伍云姬2009：259）：穿起只衣把衣服穿上！

南宁白话（宁洁2015）：扯条颈链断晒把这条项链扯断了。\ 抓实箇条鱼，有放手啊把这条鱼抓紧，别放手啊。

桂南平话（褚俊海2012）：吃只啤酒齐去把这瓶啤酒喝了。

广西粤语（谢献岬2007：147）：执件衫起身把衣服捡起来。

江西大余等处（黄伯荣1996：401/405）：食了饭去把饭吃了！（大余）\ 洗净手来把手洗净。（赣县）\ 洗伶俐手来把手洗干净。（宜丰）\ 洗干净一下手把手洗干净。（修水）

山西定襄（杨增武1990：56）：拿过那个东西来。

浙江海宁（柴伟梁2009：236）：伊拉爷管伊咪蛮牢呃。

广西崇左（李连进、朱艳娥2009：193）：大风吹断了村边口树大风把村边的树吹断了。

海南八所（丘学强2002：26）：牵牛出去。

河北昌黎（河北昌黎县志编委会1960：260）：吃嚼这碗饭！

香港（李如龙、张双庆1992：441）：食儿碗饭去！（客家话）

X是表示动作的结果或趋向的补语成分时，在不同的方言中位置并不完全一致。有的置于谓语动词和受事宾语后面，构成"V＋NP受＋X其他成分"；有的置于动词和受事宾语之间，构成"V＋X其他成分＋NP受"；还有的置于上述两种位置都行。在部分山东方言中，若X是复合趋向动词作补语、NP受是代词宾语时，NP受还可以置于复合趋向动词之间。

海南屯昌（钱奠香 2002：169）：教伊八去教他会了/把他教会了。

广东广州（单韵鸣 2012）：抹干净张台把桌子擦干净。\ 闩好道门把门关上。

南宁白话（宁洁 2015）：前日佢打死只狗崽晒前天他把小狗打死了。\ 细明打只兔崽死晒小明把那只兔子打死了。

山东微山（殷相印 2008：269）：不要叫他哭，赶紧抱他起来/赶紧抱起他来赶紧把他抱起来①。

山东汶上（宋恩泉 2005：286）：抓起他来把他抓起来。\ 托上他去把他拖上去！\ 晒它外头把它晒在外面②。

山东济南/临沂/平度（钱曾怡 2001：303）：抓起他来。\ 拉上他去。\ 领过他来。

X 是介词短语作处所补语时，在有些方言中省略介词。比如在微山话中（殷相印 2008：269），这种用法一般出现在情况紧急或语气急促的情况下，说话者为了强调要将受事宾语的位置转移至某处，略去了处所补语前的介词。

山东微山（殷相印 2008：269）：他头破了，赶紧送他医院他头破了，赶紧把他送到医院。

山东临清（张鸿魁 1990：167）：挡唠我门外头把我挡在门外头。\ 沾唠身上灰啦。\ 撒唠地下水啦。\ 锁唠您屋里把您锁在屋里。

山东济南/临沂/平度（钱曾怡 2001：303）：推他地下把他推到地上。\ 锁你屋里把你锁到屋里。

河南滑县（胡伟、甘于恩 2015）：他差点儿翁俺沟里他差点儿把我推到水沟里。

X 出现在"V + NP受"后面时，还可以重复动词后续接一个结果成分，前后一起构成一组动词拷贝结构。

广东广州（詹伯慧 2002：98）：我睇书睇到头都晕晒我看书把头都看晕了。

---

① 这种格式里，如果补语是由复合的趋向词语充当的，代词或者名词性词语也可以放在复合的趋向词语之间，微山方言更多采用后面一种说法（殷相印 2008：269）。

② 将受事宾语放在动词之后或复合趋向动词（出来、起来等）之间替代"把"字句表处置（宋恩泉 2005：286）。

海南屯昌（钱奠香2002：170）：伊绷许枝缆绷四次_{他把那根绳子拉了四次。}

5.2.2 句法要求

（1）受事须有定。普通话中处置式标记后的宾语也要求有定，但这种定指性有时可以通过语境确定，没有强制要求"把"字后的宾语必须有形式上的限定成分。但在现代汉语方言中，处置式的发展不甚均衡，处置关系有时并没有或极少依靠处置标记体现，对宾语的定指性也因此有了更高的要求。受事的定指性要求在方言中主要有两种体现。一方面，方言中用动宾结构表达处置义时，通常要在动词宾语前加上指示代词"这/那（些）"或数量词，动词宾语才直接或间接地具备了指定性，句子才能被认为在表达处置含义（钱奠香2002：167）。如：

海南屯昌（钱奠香2002：167）：

伊砍许穑树去_{他把那些树砍了。}\ 伊砍许丛树去_{他把那棵树砍了。}\ 伊砍许穑树去_{他把那些树砍了。}

伊砍两丛树去_{他砍了两棵树。}

南宁平话（覃远雄2000：234）：

渠挂［ə⁴⁵］只包住墙壁上高_{他把那个包儿挂在墙上。}\ 放［ə⁴⁵］本书住柜桶里头_{把这本书放在抽屉里!}

渠种了两蔸番桃住菜园_{他在菜园种了两棵番桃。}

广东广州（詹伯慧2002：79）：

你食晒啲饭啦_{你把这些/那些饭吃了吧。}\ 我种晒啲花喇_{我把这些/那些话都种下了。}

你食睇饭添啦_{你再吃些饭吧。}①

另一方面，普通话中那些形式上没有定指成分的处置式，在方言中通常要补上，否则只能视作一般的陈述句。如普通话的"他把饭吃了"，在屯昌话中必须要添上限定性的指示代词"许穑_{那些}"，说成"伊吃许穑糜去_{他把那些饭吃了}"；句子"伊吃糜去"仅是在陈述"他吃过饭

---

① 广州话中，如果动词后、"啲"前有体貌助词出现，"啲"有定指作用（詹伯慧2002：79）。

了"这一客观事实（钱奠香 2002：167）。

然而也有一些例外。方言中用动词谓语句表达处置义时，也存在不少受事宾语没有形式上的定指成分的情况，这种现象的产生一般有两种可能。一种是当施事主语并非上述例句中所举的指人名词，而是由无生命物或动物充当；此时，句子中施事主语的生命等级等于甚至低于受事宾语、施事名词对受事名词的处置性并不强烈。如：

广东广州（詹伯慧 2002：98）：风吹开咗度门 _{风把门吹开了}。

广西崇左（李连进、朱艳娥 2009：194）：自日狗咬死猫了 _{昨天狗把猫咬死了}。

还有一种情况就是施事主语不出现、用动宾式表达某种建议或命令时。这种类型的句子处置义极强、不会被理解成一般的陈述句。比如在徽山方言中，这类句式从语用上看，往往由于情势的危急或者说话者语气的急促，说话者强调的是动作造成的某个结果（殷相印 2008：269）。

江西芦溪（刘纶鑫 2008：141）：快打开门来 _{快点儿把门儿开开}。

广西粤语（谢建猷 2007：147）：执件衫起身 _{把衣服捡起来}。

山东徽山（殷相印 2008：269）：不要叫他哭，赶紧抱他起来。

（2）谓语部分通常不能是一个简单的动词。和受事前置句一样，用"（NP_施）+V+NP_受+X_{其他成分}"结构表达处置义时也要求谓语部分描述的是一个完整的处置事件，处置行为会使受事宾语的性质、状态、位置等受到影响或发生变化。因此该句式中的谓语动词往往与表示结果或趋向的 X 成分一起构成复合式动词或动补结构，在方言中常与表示"完成"的体标记搭配使用。如：

江西乐安（王建华 2015）：你扫净这教室来 _{你把教室扫干净}。\ 打冇咯热水瓶去矣 _{把热水瓶打掉了}①。

江西分宜（刘斌、陈昌仪 2006：38）：渠带得小张过来了 _{他把小张带来了}。

南宁白话（宁洁 2015）：食啲芒果齐去 _{把这些芒果吃完}。\ 切啲姜丝

---

① 乐安方言的"去"和"来"都可以和动补结构一起构成处置句式。"去"多与含有"（使 NP）没有、消失"义的动补结构连用，暗含不希望的事情发生的意思。"来"则多与含有"做成"义的动补结构连用，暗含按说话者意愿发生的意思。（王建华 2015）

断晒 把这些姜丝切断了①。

广东河源（练春招等 2010：299）：唔使等，煲滚水先 别等了，先把水烧开。

这里有一个现象需要注意。石毓智（2011：112）曾指出处置式和动词拷贝结构最大的差异在于后者的受事宾语必须是无定的或无指的，如普通话中的"我看书看累了""她吃肉吃胖了"就不能说成"我看一本书看累了""她吃那些肉吃胖了"。黄月圆（1996）也认为处置式与动词拷贝结构的动词短语互补分布，处置式中的动词短语不能构成动词拷贝结构，能构成动词拷贝结构的动词短语不能构成处置式。但在现代汉语方言中，却存在用动词拷贝结构表达处置义的情况。而且在海南屯昌方言中，只有在受事名词有定的情况下，句子才能表达处置义，否则只能作一般的重动句理解。

海南屯昌（钱奠香 2002：168）：

a. 伊坐妚凳囝坐败去 他把那个凳子坐坏了。\ 伊煮许穧肉煮烂烂 他把肉煮得很烂。

b. 伊起床起晏去 他起床起晚了。\ 伊掠鱼掠倒蜀枚蟾蜍 他摸鱼摸到一只癞蛤蟆。

但在上文举过的广州话例句"我睇书睇到头都晕晒 我看书把头都看晕了"中，受事宾语却也没有形式上的定指成分。将普通话的"我看书看累了/她吃那些肉吃胖了"、广州话的"我睇书睇到头都晕晒"以及屯昌话的"伊煮许穧肉煮烂烂"这三个例句放在一起进行对比后可以发现，例句中作为普通话和广州话的动词拷贝结构谓语的动补结构的语义是指向施事主语的、强调的是主语的性质状态的变化；而例句中屯昌话的动补结构则是指向受事宾语的、强调的是作为处置对象的受事宾语在位置、性质、状态等方面的改变，对受事宾语的定指性要求由此也就更高。

共同语中处置式的动词有时并无处置含义，处置义主要靠句式结构和各项语法成分间的关系来体现。而现代汉语方言中的"（NP

---

① 南宁白话中"晒"和"齐"都作完毕义标记词，"晒"表示偏离性结果的实现（宁洁 2015）。

施）+V+NP受+X其他成分"结构，在句法形式上和陈述句中的动宾补结构相同，要想与一般的主动宾句区别开、表达处置行为，除了要求受事成分必须有定外，还要求谓语动词有明显的处置意味。这也就解释了为何一些处置式不发达的地区，动词或动词短语的处置义不强时就不能用于处置式，而是换作动宾结构表达①。

湖南宁远（伍云姬2009：100）：＊你拿倒把情况讲一下。\ ＊我拿倒把信带起。

你讲一下情况。\ 我带起信。

5.3 复指代词型

5.3.1 句式结构

在主要动词或动词短语后面添加一个相当于普通话"它/他"的第三人称代词来复指受事成分，也是汉语方言中较为常见的用来表达处置义的手段。我们按句式结构将其分为两类。

a.（NP受）+（NP施）+V+X其他成分+Pro复指代词 在大主语受事、小主语施事的主谓谓语句中引入一个复指受事成分的代词来凸显处置关系是方言中惯用的一种表达方式。施事成分在语境中可以不在句中出现、大多数情况下默认为第二人称"你"（胡伟、甘于恩2015）。X代表的补语、动态助词等其他成分有时也可以置于复指代词后，构成"（NP受）+（NP施）+V+Pro复指代词+X其他成分"。复指代词通常放在整个谓语结构的后面（一般都是句末），在有些汉语方言中也可以紧跟主要动词构成"V它"式、之后再续接其他补语成分。

湖南衡阳（胡伟、甘于恩2015）：墙推倒其。

河北保定（吴继章2017）：那东西赶紧扔它！\ 那个牛不能使了，杀它吧！

湖北孝感（王求是2014）：电视关了它。

浙江海宁（柴伟梁2009）：读书碰着问题一定要弄伊唻清爽 读书碰到

---

① 湖南宁远话"拿倒"作处置标记时，与之搭配的动词必须有处置义，否则要改用动宾句（伍云姬2009：100）。

了问题一定要把它搞清楚。

上海（许宝华 1998：481）：辩只鸡杀脱伊。\ 辩只蓝个花瓶拿脱伊。\ 衣裳脱脱伊。\ 绳子割脱伊。

江苏苏州（兰玉英 2007：304）：耐衣裳侪汰清爽俚_{你把衣服洗干净了}。

江西（刘纶鑫 2001：332）：碗饭你食了（渠）去。

香港（胡伟 2015）：门开咗佢_{把门打开}。

湖南益阳（曾毓美 2001：82）：咯封信也就势发咖他_{把这封信也就顺便寄了}。\ 糖粒子收起他_{把糖收起来}。

河南罗山（王东 2007）：（衣裳）该洗的都（就）洗它。

广东河源（练春招 2010：279）：衫裤放好渠_{把衣服放好}。

河南获嘉（贺巍 1989：70）：就这点儿菜，你买^D它吧。

河南浚县（辛永芬 2011）：电话号码儿我记^D它本儿上了_{我把电话号码记在本子上了}。\ 那个羊栓^D它树上吧_{把那只羊栓树上吧}①。

项梦冰（1997：422）曾发现在连城话中，当补语表示趋向时，复指代词置于动词后、补语前，如"解三个人抓佢起来_{把那三个人抓起来}"；当补语表示结果时，复指代词置于动补式之后，如"钱塞起佢_{把钱收好}"。但是这一规律并非适用于所有方言。比如在河南滑县方言中，复指代词置于动词后、补语前时就可以表示一种已然的状态，如"电话号码儿我记它本儿上了_{我把电话号码记在本子上了}"（胡伟、甘于恩 2015）。

作为补语成分的 X 在不同的方言中位置并不完全一致。有的置于谓语动词和复指代词之间，构成"V + X_{其他成分} + Pro_{复指代词}"；有的则放在动词和复指代词之后，构成"V + Pro_{复指代词} + X_{其他成分}"。

河南滑县（胡伟、甘于恩 2015）：苦水儿恁斗咽^D它肚里吧_{你就把苦水儿咽到肚子里吧}。

湖南益阳（徐慧 2001：287）：门去关咖他_{去把门关上}。

若根据前后语境可明确推知受事对象，在有些方言中受事成分甚至也可以被省略，句子表现为"V + Pro_{复指代词}"。这类句子的处置意义主要由复指代词"它"体现，如果动词后没有加复指受事成分的代词，

---

① 据辛永芬（2011）介绍，河南获嘉、浚县等方言中，用"V 它"表处置义时，动词需变韵。

则仅仅表示的是一种动作行为，只有在主要动词后加上复指代词后，动作才有了处置意味（胡伟、甘于恩 2015）。如：

河南滑县（胡伟、甘于恩 2015）：喝ᴅ它把它喝了。

江西九江（李兆琳 2014）：丢佢把它丢了。

江苏泰兴（兰玉英 2007：304）：脱诶佢把它脱了！

b.（NP施）+V+X其他成分+NP受+Pro复指代词在动宾结构后添加一个复指代词来表达处置义的方式在方言中虽不多见、但是也有这种用法。

广东广州（单韵鸣 2012）：闩好道门佢把门关上。\ 掟咗张纸佢把纸扔了。（粤语）

广东增城（王李英 1998：273）：食霉抵碗饭佢把这碗饭吃完吧！ \ 快啲扫伶俐嗰间屋佢快点把那间房子打扫干净。（客家话）

湖南汨罗（陈山青、施其生 2011）：买哒火车票他把火车票买了。（湘方言）

除了上述用法外，"V 它"在河南滑县方言中还可以用作定语，如"扔它嘞书白要了扔了的书别要了"（胡伟、甘于恩 2015）。目前尚未在其他方言中发现类似用法。

5.3.2 句法要求

复指代词型处置表达句式其实就是在方言中原有的受事前置式和动词谓语式中加入复指代词后形成的，因此它首先要满足这两类句式在方言中的句法要求。但除此之外，复指代词型处置表达式在方言中还有一些其他方面的要求。

（1）若复指代词置于动词 V 和 X 其他成分之间，那么 X 其他成分在语义上通常都是表示处所（包括抽象的处所）或位移的成分（常是"走、来、去、跑"等）（胡伟、甘于恩 2015）。

河北保定（吴继章 2017）：那个人我推他水里头了我把那个人推到水里了。

福建连城（项梦冰 1997：422）：衫收佢转来把衣服收回来。\ 鸟子赶走佢把鸟儿赶走。

河南浚县（辛永芬 2011）：剩饭我盖ᴅ它锅里了我把剩饭盖在锅里了。\ 那个手机你去买ᴅ它来吧你去把那个手机买来吧。

（2）若复指代词置于动词 V 和 X 其他成分之后，作补语的 X 成分可能是零形式，也可能是表示处所（包括抽象的地点）或位置、状态发生变化的成分；当 X 是零形式、V 是单音节动词时，V 和复指代词之间往往可以加上类似于北京话"了""完"的动态助词来表示处置行为的完成（胡伟、甘于恩 2015）。这类句式的处置义极强，常用以表达祈使语气。

江西九江（李兆琳 2014）：作业做佢！\ 饭吃佢！\ 自己说的话莫忘记佢。

河南罗山（王东、罗明月 2007）：年画贴^{D}它。\ 叫你吃你都吃^{D}它。

广东河源（练春招等 2010：279）：饭食毕渠把饭吃完。\ □ [kuɔi] 本书睇完渠把那本书看完。

有意思的是，在河南滑县、获嘉、浚县及其周围的若干方言点中，都是通过动词或动结式的变韵形式来表示完成体、持续体、终点格等意义。动词如果是单音节动词，动词发生变韵；如果是动词短语，则后一个动词变韵（胡伟、甘于恩 2015）。因此在这些方言中，当 X 是零形式时，动词变韵形式相当于在动词后添加完成体助词"了"；当 X 是表示处所或位移的成分时，动词变韵形式相当于普通话的"在"或"到"。

5.4　几种变换句式的地理分布特点

5.4.1　地理分布

表 5.1—表 5.3 分别列举了使用受事前置型、动词谓语型以及复指代词型句式来表达处置含义的方言点（在 5.4.2 中分别称作"受事型处置表达式""动谓型处置表达式""复指型处置表达式"）。

表 5.1　　使用受事前置型句式表达处置义的方言

浙江：	东阳、高敬、海宁、海盐、湖溪、金华、临海、宁波、绍兴、磐安、汤溪、温州、永康、永嘉、萧山、义乌、余姚、泽国
上海：	上海市、松江
江苏：	南京、泗洪
福建：	大桥（古田）、大田、福州、古田、建宁、建瓯、连城、明溪、南安、宁德、宁化、莆田、莆仙、杉洋（古田）、武义、仙游、秀篆、永春、永定、尤溪
山东：	临朐、临沂、无棣、枣庄

山西：万荣

广东：大埔、潮州、东莞清溪、河源、蕉岭、陆河、陆丰、梅州、普宁、平远、五华

湖北：孝感、咸安

湖南：桂阳、衡山、绥宁、湘乡

河南：固始、滑县、获嘉

海南：屯昌

江西：广丰、芦溪、南宁、南康、武宁、修水、新干、客家话

甘肃：临夏、兰州

青海：西宁

云南：大理、澄江、保山、镇雄（滇西片）

台湾（闽方言区）

表5.2	使用动词谓语型句式表达处置义的方言

福建：宁化、武平、永春、长汀

江西：大余、崇义、分宜、赣县、乐安、芦溪、丰城、南康、瑞金、上饶、上犹、泰和、三都、修水、宜丰、万载、贵溪樟坪畲话

广东：潮州、海康、河源、连南、梅县、梅州、清溪、翁源宝安、博罗、东莞、电白、斗门、德庆、封开、广宁、广州、高明、和平、鹤山、开平、连州、连平、龙门、罗定、茂名、南海、曲江、韶关、遂溪、四会、顺德、台山、新丰、英德、翁源、新界、新会、新兴、阳春、阳西、阳东、湛江

广西：崇左、桂林、桂南、廉州、陆川、南宁、三江、武鸣、玉林、北海、灵山、融水、兴业

台湾：高雄

海南：八所、屯昌

河北：昌黎

河南：滑县

湖南：衡山、宁远、新化

山东：临清、临朐、青岛、泰安、泰山、微山、汶上、无棣、沂水

山西：定襄、山阴、忻州

浙江：海宁、湖溪、绍兴、泽国

香港客家话

表 5.3   使用复指代词型句式表达处置义的方言

广东：河源、翁源、增城程乡（客家话）、广州
湖南：汨罗、湘潭、益阳
河南：安阳、固始、长恒、封丘、罗山、淇县、衡阳、滑县、获嘉、卫辉、新乡、浚县、原阳
河北：保定
福建：长汀、连城、武平、永定（客家话）
浙江：海宁、杭州
江西：九江等客话区
四川：泰兴（客家话）
江苏：苏州、上海
香港（客家话）

5.4.2 分布特点

根据本书的统计，这种不使用处置标记、而是利用语序或是复指代词来表达处置意味的情况常见于东南方言，西北方言中仅见于西宁、临夏和兰州等地区。它们显示出比较规则的地域分布特点，具体表现如下。

a. 受事型处置表达式大多分布于江西、福建和江浙一带。江西的赣方言区、江浙一带的吴语区和福建的闽方言区是该类句式分布最为集中的地区。尤其是在赣方言区和吴语区，大多都有带标记和不带标记两种方式表达处置义（刘斌、陈昌仪 2005：35）。其次是江西和广州的客话区和赣方言区。

b. 动谓型处置表达式的分布表现的最为聚集，主要出现在广东、广西、江西以及山东的局部地区。广东、江西、广西的客话区以及江西的赣方言区使用此类句式的频率最高，其次是广东的粤语区和广西的白语区。客家方言的处置式不发达，在《客赣方言调查报告中》（李如龙、张双庆 1992），被调查的 17 个客家方言点，高达 13 个都不用处置式表达处置意义，而是换作动谓型或受事型处置表达式。山东地区的动谓型处置表达式尤为有特点，通常将受事宾语放在动词之后或复合趋向动词（出来、起来等）之间替代"把"字句表处置（宋恩泉 2005：287）。

c. 复指型处置表达式主要出现在江西、河南以及东南沿海一带。这类句式在江浙一带的吴语区和分布在江西（以及福建、广东、香港）的客方言区中显得较为常见，其次是福建的闽方言区。处在晋语和中原官话交界处的安阳、浚县等地区也经常用到复指型处置表达式，而且大多数都是使用复指代词紧跟动词后的"V它"结构，此处的动词要发生变韵（胡伟2015）。复指型处置表达式通常都是发生在受事前置句中，出现在动词谓语式中的情况极为少见。据我们能够查阅到的资料显示，后一用法主要出现在广东的粤方言区，其他方言点仅见于广东增城程乡和湖南汨罗。

d. 有些方言点中不只有一种方式可以代替处置式表达处置含义。最常见的情况就是该方言中既可以用受事型或动谓型的处置表达式，又可以在这些句式中进一步添加复指代词表达强处置义，这种现象通常发生在江浙一带的吴语区。而在大多数客家方言中（特别是江西地区）和一些受到客家话影响的畲话区，它们虽然有处置标记、但使用的频率极低，通常都可以用动谓型处置表达式和大主语受事、小主语施事的受事型处置表达式来表达处置意义（刘纶鑫2001：332）。在个别客方言区（武平、香港）和河南滑县方言中，则是三种用法都有。

第6章 汉语方言处置式和处置标的发展

6.1 处置式的起源

关于处置式的起源问题，学界一直以来都有争议。何亚南（2001）将学界的主要观点概括为3类：连动式、"以"字结构、折中说。吴福祥（2003）则概括出4种意见：来源于连动结构"将/把 + NP1 + V2"中动词"将/把"，承源于上古汉语的"以"字结构，处置式有不同的次类和来源，不同语义类型的处置式是同一句式发展演变的结果。基于前辈学者的研究，可以发现关于处置式的起源主要分为以下几种观点[①]。

1. "连动"说

这是学界较为普遍的观点，认为处置式是来源于表示"持拿"义的动词"把/将"出现在连动结构"把/将 + NP1 + V2"中，"把/将"逐渐虚化为处置标记，一般认为这种语法化过程出始于唐代（如：祝敏彻1957，石毓智2006）。祝敏彻（1957）最早提出"目的语后面只跟一个简单的叙述词正是初期处置式的特征"，他认为汉语的动补结构一

---

① 蒋绍愚、曹广顺（2005：352）在《近代汉语语法史研究综述》中将处置式的来源研究概况为：（1）来源于连动结构"将/把 + NP1 + V2"动词"将/把"的语法化；（2）承源于上古汉语中具有提宾结构的"以"字句；（3）处置式有不同的次类，不同的次类来源不同。史俊丽（2004）将此概括为：（1）连动结构说；（2）"以"字结构说；（3）多元来源说。吴福祥（2003）将此概括为：（1）处置式来源于连动结构"将/把"的语法化；（2）承源于"以"字句；（3）有不同的次类；（4）是同一句式演变的结果。此处部分参考了他们的概括。

方面发展的较晚，处置式当时又刚"从连动式中脱胎出来，就只具备简单的叙述词"。王力（1980：410）明确指出上古汉语中没有处置式，而是产生于 7 到 8 世纪的唐朝、是连动结构语法化的结果，在此之前"将"和"把"都用作动词。贝罗贝（1989）支持祝敏彻的观点，并且还进一步提出处置式先经历了"主＋动 1'把/将'＋宾 1＋动 2＋宾 2"到"主＋动 1'把/将'＋宾＋动 2"的过程（前提是"宾 2＝宾 1"），之后才有了"主＋动 1'把/将'＋宾＋动 2"到"主＋介'把/将'＋宾＋动 2"的演变。何亚南（2001）也认同贝罗贝论证的处置式的演化路径，但是他认为该连动式之所以能演化为处置式的前提并非由于贝罗贝所述的"宾 2＝宾 1"，因为汉语中不会说出"醉把茱萸仔细看茱萸"的句子；他认为连动式之所以能转化为处置式是由于连动式中的动词"将/把"从最初就处于次要的位置，句子的动词义集中在后面一个动词上。

2."以"字说

持"以"字说的学者认为处置式最初来源于上古汉语中的"以"字结构，也就是来源于工具格的重新分析（吴福祥 2003）。陈初生（1983）通过考察西周金文和古代文献记载中的"以"字句来证明"以"字式是先于"将/把"式的早期处置结构，认为西周时期是"以"字处置式的滥觞。他的理由是，介词"以"与"把、将"都是由动词虚化而来，且在语法功能上有许多相似之处，比如都可作工具语、都可用作提宾标记等。同时，他还指出"以"字句作为处置式的初级阶段，在句子中还未出现处置结果；处置式产生的机制主要有二：一是汉语表达施受关系的方式复杂多样化的结果，二是远古和上古汉语的宾语前置句决定了处置式的语序特点。太田辰夫（1958）也将"以"字式当成处置式的前身，并将处置式分为"有两个宾语的，表示认定、充当的，比较、比喻，改变，命名，一般的处置句"六类，并表示"有两个宾语的""表示认定、充当""比较、比喻"的几类处置式的"把/将"都可以替换成"以"。Bennett（1981）也支持"以"字说，但是他一方面认为唐宋的"把/将"处置式是由"以"字结构演变而来；一方面又表示"把/将"处置式是连动式中头一个动词虚化的结果。

3. "多源"说

还有很多学者将处置式划分为不同次类，认为不同次类下的处置式在来源上也不尽相同。据吴福祥（2003）介绍，叶友文（1988）率先发现隋唐时期的"将/把"处置式包含不同的语义类型，他根据不同的语义关系将该时期的"将/把"处置式划分为"纯处置、处置到、处置给"三种，指出"纯处置"是唐朝的"将/把"伴随介词用于唐诗中而产生，后面两类处置式则承源于先秦至隋唐以前的具有提宾功能的"以"字式和"於/于"字句。梅祖麟（1990）更进一步就叶友文的研究作出分类和解释，主张处置式的产生方法从历时角度来看主要有三种：一是源于先秦两汉时期的"处置（给/到/作）"；二是在受事主语句的前面加上处置标记"把/将"，产生力量最为强烈，产生于唐朝、消失在宋元以后；三是凭借处置标记"把/将"来提前主动宾式中的动词宾语。郭浩瑜、杨荣祥（2016）专门讨论了"致使"义处置式，认为其最早来源于"以"字式和"将"字式，由连动式、工具式、处置（到）分别发展而来。

4. "扩展"说

持"扩展"说的学者认为，不同语义类别的处置式是同一种句式演变扩展的结果（吴福祥2003）。这些学者也都承认处置式最初来源于"连动"式，并且处置式发展出了不同的语义类型，但是他们认为这些不同语义类型的处置式并不是来自不同的句式，而是对同一句式的重新分析。冯春田（1999）认为"把"字句都来自动词"把（将）N1V（N2）"这样的连动式，质疑将处置介词相同的处置式归至不同的来源和演化途径的做法，提出无论从表示"处置（给/作/到）"的处置式到其他意义的处置式，再到致使义处置式，都是由同一基本句型演变而来的，是处置式发展的产物。吴福祥（2003）认为冯春田的观点有一定的合理性，他主张从广义到狭义再到致使义，处置式的演变仅仅是一种单纯的词汇扩展，与词汇成分的语法化无关，广义处置式实则是工具式的重新分析。他概括出一条"连动式＞工具式＞广义处置式＞狭义处置式＞致使义处置式"语法化链条。

从以上观点可以发现对处置式的起源的分歧主要在于对待广义处置式的来源，也就是要不要把上古汉语中的"以"字结构看作是早期的处置式形式。比如张华文（1985）就明确反对将"以"字结构看成是处置式的来源。首先，他用双宾语与"以"和"把"字结构转换的过程来说明"以"字并无提宾作用，"授+双宾结构"与"以"字式的转化过程是"授之政→授之以政→以政授之"，而"给+双宾结构"与"把"字句的转化只有"给他书→把书给他"这一过程，缺少"给他把书"这个环节。其次，张华文（1985）认为"以"字句不同于"把"字句的第二个原因是，"以"字句中"以"后的直接宾语可以省略（如"闻喜而不善者，必以告国君"），"以"之后的宾语可以倒装（如"知子之来之，杂佩以赠之"），而"把"不具备这样的用法。

我们先看张华文提出的第一个原因，他举出的"给他把书"并不是提宾结构、直接宾语"书"依然是在动词的后面，但是我们不能因为缺少这一环就否认"以"的提宾作用；并且在张华文举出的例子中，表示"言说、给予"义的动词，如"告之以文辞""示之以整""天报之以福"中都可以实现"动词+间接宾语+直接宾语→动词+间接宾语+以+直接宾语→以+直接宾语+动词+间接宾语"的转换。再者，张华文认为"以"字后面的宾语可以省略、而"把"不可以，但是我们认为"以"字后面的直接宾语可以省略是因为在语言的实际运用中，语义的重心后移至后面的动词，所以"以"后的宾语才可以省略；"以"之后的宾语可以倒装，是为了强调宾语。这都和"把"和"以"本身的性质无太大关联。

何亚南（2001）也明确反对将"以"看成处置式的来源之一，除了继承了张华文的观点外，他还补充到"以"和"将/把"虚化为介词的来源不同，介词"以"来源于表示"用"或"认为"含义的动词"以"。但是我们认为，这里讨论的广义处置式本来就区别于狭义的处置式，我们并不能因为"以"和"把"虚化为介词的来源不同，就否认"以"是广义处置式的来源之一。再者，何亚南也说明了最初的处置式多为"将"字句的原因是"表示'率领'义的'将'能触发人们移位的联想"。而"以"在某些环境下恰恰可以理解为"率领"的意思，比如在"齐侯以诸侯之师侵蔡"（《左传·僖公四年》）中的"以"历来就有学者认为是作动词用、表"率领"义（也有学者认为是表"凭借"）。

综上所述，如果将"以"字式当作是处置式唯一来源显然不太合适，上述学者都举出了大量"以"和"把/将"在来源、语义功能、使用限制等方面的诸多差异。但倘若完全否认"以"字式是处置式早期形式的观点也并不完全正确。首先，从前辈学者的举例来看，上古汉语时期的确实存在一些"以"字结构，除了可以理解为工具式外，还可以理解为处置式，在句式结构和语法意义上满足处置式的要求。比如在杜敏（1996）的《早期处置式的表现形式及其底蕴》一文中就分析了西周至唐初的大量可以理解为处置式的"以"字结构，其中表示"处置（告、示）、处置（给）"的"以"在先秦时期已经出现，表示"处置（比、作）"的"以"出现在魏晋以后，而表示"处置（到）"的"以"在西周鲜有案例，但从汉代开始出现了不少例证：

颂者，美盛德之形容，以其成功告于神明者也。（《诗经·南关序》）

伯楚以吕郤之谋告公。（《国语·晋语四》）

以其田与祈奚。（《左传·成公八年》）

舜以天下让善卷。（《庄子·让王》）

吾必以仲子为巨擘焉。（《孟子·滕文公上》，此例转引自吴福祥 2003）

复以弟子一人投河中。（《史记·滑稽列传》）

次当安手，以左手置右手上。（隋·智顗《童蒙止观》）［以上例子均转引自杜敏（1996）］

前辈学者通过各种古代文献例句充分说明了上古汉语的"以"字式与广义处置式必然存在一定的联系。其次，从汉语方言来看，我们在第 4 章说明方言处置式的结构类型时提到过汉语方言中存在有"NP 受事＋X 处置标记＋VP"这类结构的处置式①。如：

温州永嘉（朱赛萍 2014：367）：阿勇代送学堂底去 把阿勇送学校里去。（处置标记为"代"）

云南白语（赵燕珍 2014：536.）：板凳只他把坐烂了 板凳坐坏了。（处置标记为"把"）

---

① 即曹茜蕾（2007）所说的"上古式"处置式。

曹茜蕾（2007）曾经发现，"以"字结构在上古和中古时期的也有类似的用法：

杂佩以赠之。（《诗经》）

两儿以惠之。（《六度集经》）［以上两例引自曹茜蕾（2007）］

百工为方以矩，为圆以规，直以绳，正以县。（《墨子》）［此例引自梅祖麟（1990）］

上述例句中可以理解为处置标记的成分都出现在受事的后面，而目前在文献用例中尚未发现"把/将"处置式有类似的用法。如果考察处置式来源时，完全将"以"字式摒弃在外的话，那么我们就无法从汉语内部的发展上解释汉语方言中"NP受事 + X处置标记 + VP"结构处置式的来源。

赞同"以"字式也是处置式的早期来源之一的学者往往把上古汉语中的"以"字式看作广义处置式的来源，将唐代开始的"把/将"类连动结构的虚化作为狭义处置式的来源。按照吴福祥（2003）的理解，广义处置式就是"述语动词所表示的动作涉及两个题元成分"，狭义处置式就是"谓语动词所表示动作只涉及一个题元成分"。那么接下来要解决的问题就是，"以"字处置式和"把/将"处置式之间有无关系。这里我们比较认同刘子瑜（1995）的观点。刘子瑜指出广义处置式的用法仅是"以"字式众多功能中的一种，而非单一专职的句式，中古以后"将/把"开始取代"以"字在广义处置式中的位置并逐渐凝固下来，然而"处置（给/作）"类处置式中动词后的直接宾语又限制了它的发展速度；所以虽然上古时期就有了这种用法，却始终只能作为处置式发展过程中的支流。直到"将/把"完全虚化为专职的处置标记、构成对宾语进行处置的专门格式后，处置式才真正发展成为独立的句式结构。曹广顺（2005）对此也作过类似解释。他认为，"以"字广义处置式的用法产生得很早，在"把/将"处置式取代它的位置前，连动结构还未发展出前后两个宾语同指（后一个宾语通常都是代词"之"）的用法，不具备发展为狭义处置式的条件；而后期又因为已经有大量可能完成从广义处置式到狭义处置式这种变化的动词的加入，"以"字最终未能有机会完成这种转变。

所以，我们不能因为"以"字式未能发展成为专职的处置标记，表示处置的"以"和"把/将"在来源、用法、使用条件上有差异，就完全否认"以"字式是早期形式的处置式。而表处置的"以"字式和"把/将"处置式之间必然存在一定的联系，刘子瑜（1995）认为它们之间不过是"把/将"对"以"字的词汇替换，是由语法形式之间的类化作用所引起的一个词汇更替过程；吴福祥（2003）则将其看作是由工具式到广义处置式的重新分析。

6.2 处置式的发展

汉语史的研究者对不同时期处置式的发展研究充分、成果丰硕。我们从早期的"以"字广义处置式谈起，重点关注唐宋至元明清时期处置式的发展规律和特点，梳理从中古汉语到近代汉语时期处置式的发展演变规律及句式特点[①]。

6.2.1 先秦至两汉时期

虽然学界一直都对"以"式字是否是处置式的来源这一问题争论不休，但是我们在讨论"处置式的起源"的时候已经论述过，完全否认"以"字式是处置式的来源之一的做法是不太妥当的。先秦至两汉时期的文献中，是能够找到相当数量的例句来证明"以"字式具备"将/把"构成的广义处置式的特点（蒋冀骋、吴福祥 1997：591），这类"以"字式介于工具式和处置式之间，可以理解为处置（给）、处置（告）、处置（作）、处置（到）等含义。如：

惠王以梁与鲁阳文子，文子辞。（《国语·楚语下》）

六月，晋讨赵同、赵括。武从姬氏畜于公宫。以其田与祁奚。（《左传·成公八年》）

必以善言告民。（《墨子·号令》）

王以虞卿之言告赵郝，赵郝曰：虞卿能量秦力之所至乎？（《刘向·新序》）

且吾闻以德荣为国华，不闻以妾与马。（《国语·鲁语上》）

[①] 本节例句除特别标明引用出处外，均检索自 CCL 语料库。

君以骊姬为夫人，民之疾心固皆至矣。(《国语·晋语一》)

妻不以我为夫，嫂不以我为叔，父母不以我为子，是皆秦之罪也。(《战国策·卷三》)

复以弟子一人投河中。(《史记·滑稽列传》)（此例转引自梅祖麟1990）

6.2.2 唐宋时期

王力（1980：410）曾提出，唐代以前处置式尚未出现，需要用到处置式的地方只能用一般的动宾结构表述，如：尽饮之（把它喝完），败之（把它打败）；唐代以前的"把/将"都是作为纯粹的动词使用，并且除了常见"持、拿"义外，还可以理解为其他动词义。例如：

无将大车。（不要赶大车）《诗经·小雅·无将大车》

不遑将父。（将：供养）《诗经·小雅·四牡》

爷娘闻女来，出郭相扶将。（将：相当于"扶"）《乐府诗集·木兰诗》

为人将车。（将车：御车）《史记·田叔列传》。

虽然我们主张上古汉语时期确实存在一些"以"字结构可以理解为处置式，是后来的广义处置式的来源之一，但是我们必须承认，处置式真正开始发展成熟、狭义处置式开始出现，是发生在唐宋时期，来源于"把/将"构成的连动结构。

唐代的诗歌中，"持、拿"义的动词"把/将"逐渐虚化为处置标记，王力（1980：411）提供了唐诗中的两个例子来说明"把"字虚化的过程：

诗句无人识，应须把剑看。（姚合《送杜观罢举东游》）

两鬓愁应白，何劳把镜看。（李频《黔中罢职将泛江东》）

王力（1980：412）指出：就意义看，"把卷看"是处置式，"把剑看"和"把镜看"不是；但是，就结构形式看，它们的结构完全一样，可见"把卷看"的"把"在当时还没有完全丧失动词的性质。发展到中、晚唐时期，也就是8世纪左右，"把/将"更加普遍地用于处置式。涉及两个受事成分的广义处置式、只涉及一个受事成分的狭义处置式、表示"致使"义的处置式在唐五代时期均已出现（蒋冀骋、吴福祥

1997：576—579），如：

下御辇，礼金人，更将珍宝献慈尊。(《敦煌变文集》800 页)

将世比于花，红颜岂长保。(《寒山子诗集·君看》)

把舜子头发悬在中庭树地。(《敦煌变文集》131 页)

将佛言语传闻维摩。(《敦煌变文集》604 页)

遂将其笔望空便掷。(《敦煌变文集》170 页)

如斯数满长无倦，能把因缘更转精。(《敦煌变文集》505 页)

有人把椿树，唤作白梅檀。(《寒山诗》)〔以上例句均引自蒋冀骋、吴福祥（1997）〕

唐五代广义处置式的动词常见的是非光杆形式，动词前可以有修饰成分、动词后可以有补充或续接成分。有时也可以就是一个光杆动词，动词后面没有宾语、补语或其他成分。

却思城外花台礼，不把庭前竹马骑。(《敦煌变文集》505 页)

太师把政上座耳拽。(《祖堂集》)〔以上两例引自蒋冀骋、吴福祥（1997：579）〕

除了"把/将"外，唐五代时期也有一些其他"持、拿"义的动词演变为处置标记的用法。曹广顺、遇笑容（2000）在研究中古译经中的处置式时，发现当时出现了"取"字作为处置标记的用法，既有"取＋O＋V＋之"、"取＋V＋之"、"取＋O＋V"三种由"持、拿"义动词在连动结构中虚化为处置标记的狭义处置式，也有承源于上古汉语"以"字结构的广义处置式，如：

是时罪人已在树上，便为此铁喙乌所食，或啄其头取脑食之，或取手脚打骨取髓。(《增壹阿含经》二十四)

供养般若波罗蜜者，其福尊无比，般若波罗蜜者，当取供养之。(《道行般若经》二)

梵摩达曰：向者睡眠，梦见长寿王儿长生太子，欲取我杀。(《增壹阿含经》十六)

若有众生兴起此念，当拔济饶益此人，取四大海水高四十肘浇灌其身，然彼海水寻时消尽，焰不增减。\ 有人来以四谛水浇，然水寻时消尽。(《增壹阿含经》四十八)〔以上例句均转引自曹广顺、遇笑容（2000）〕

处置式发展到宋代，继承了唐代处置式的几种用法，广义处置式、狭义处置式、"致使"义处置式在当时的文献中都能找到相关用例，如①：

把圣贤思量，不知是在天地间做甚么也。(《朱子语类》)

后世将圣人作模范。(《朱子语类》)

若当时便将霍光杀了，安得为贤？(《朱子语类》)

便将许多都掉了。(《朱子语类》)

宋代处置式虽然仍可使用光杆动词，但是动词带补语的类型进一步丰富，动词后可带有表示结果、数量、趋向、状态等各类型的补语，并且根据蒋冀骋、吴福祥（1997：584）的统计显示，宋代处置式中补语类型的增加和广泛使用，使得宋代狭义处置式在使用频率和表义功能上都有显著优势。

综上所述，唐宋时期的处置式与现代汉语中的处置式在用法上有很多共同之处：第一，都存在广义处置式、狭义处置式、"致使"义处置式的用法（蒋冀骋、吴福祥 1997：584—586）；第二，都可以用"把"作处置标记；第三，动词前都可以出现修饰成分、动词后都可以带补语；第四，动词后都可以带宾语。但是唐宋时期的处置式和现代汉语中的处置式对比而言，也存在自身的特点：（1）虽然都可以使用处置标记"把"，但是现代汉语共同语中，除书面语外，一般只能用"把"作处置标记，而在唐宋时期，"把"和"将"都是常见的处置标记，而且根据学界现有的研究来看，"将"的使用频率要高于"把"，还出现了"取""捉""拿"等其他"持、拿"义动词作处置标记的用法；（2）唐宋处置式的动词可以是光杆形式，但是现代汉语处置式的动词通常需要带补语；（3）唐宋处置式的否定形式可以将否定副词置于处置标记的后面，但是现代汉语共同语中通常只能放在处置标记的前面；（4）唐宋时期的处置式末尾可以加上复指代词"之"。前两个特点以上例句皆有论证，以下列举后两个特点的例句：

念我常能数字至，将诗不必万人传。(杜甫《公安送魏二少府匡赞》)

---

① 以下例句转引自史俊丽《处置式的语法化历程》，山西大学，硕士学位论文，2004年。

若把这天理不放下相似，把一个空底物，放这边也无顿处，放那边也无顿处。(《朱子语类》)

只缘轻易说了，便把那行不当事。非践履到底，乌能言及此！(《朱子语类》)

其一株上有七八根生者，悉皆斫去，唯留一根粗直好者，三年春可将英叶卖之。(《齐民要术·种榆白杨》)［转引自史俊丽2004］

6.2.3 元明清时期

元明清时期，广义处置式、狭义处置式、"致使"义处置式大量存在于各类典籍中①。

A. 广义处置式

恰才与长老说下，但有退得贼兵的，将小姐与他为妻。(《西厢记杂剧》)

盖言："我投曹操，将五百粮草献与曹相。"二人说话到晚。(《三国志评话》)

皆起拜曰："愿效死力。"甘宁将酒肉与百人共饮食尽。(《三国演义》)

把那三个偶人做个射鹄，假如要射李林甫的，便高声骂道："李贼看箭。"(《元代话本选集》)

国师道："所有银角大仙卖弄术法，把个如意钩变做一扇大磨磐，来打我的宝船，害我的元帅。"(《三宝太监西洋记》)

秋香道："你既非下流，实是甚么样人？可将真姓名告我。"(《元代话本选集》)

维怏怏而出，即往见郤正，备将此事告之。(《三国演义》)

比着只一把长短铰了，将那草稍儿放在脚内踝尖骨头上，那稍儿到处。(《朴通事》)

到夜来，我叫丫头打从树枝上登墙，将个竹梯挂在墙外来，张郎从梯上上墙，也从山茶树上下地，可以径到我房中阁上了。(《初刻拍案惊奇》)

---

① 对于"广义处置式""狭义处置式""致使义处置式"的划分依据蒋冀骋、吴福祥(1997：584—586)。

B. 狭义处置式

先将那稀篦子篦了，将那挑针挑起来，用那密的篦子好生篦着。(《朴通事》)

火伴你将料捞出来。冷水里拔著。等马大控一会。慢慢的喂著。(《老乞大谚解》)

将蓖麻、苏麻子碾碎，入一釜中，注水滚煎，其上浮沫即油。(《天工开物》)

孔明在山上把红旗一招，关兴引兵杀出。(《三国演义》)

传令退军，只见满山火光齐明，鼓角大震，伏兵四下皆出，把二人围住。(《三国演义》)

但做事必须有恒心，不可以说考试在即，便把没有看完的书丢下。(《曾国藩家书》)

C. "致使"义处置式

把个安人喜得眉开眼笑，将他抱在怀中。(《七侠五义》)

包公应答如流，说的有经有纬，把个李老爷乐得事不有余，再不肯放他主仆就行。(《七侠五义》)

教上句便会下句，有如温熟书的一般，真是把个老先生喜的乐不可支。(《七侠五义》)

谁知他旧性不改，仍是嫖赌吃喝，生生把李老儿夫妻气死。(《七侠五义》)

只因国事操心，日夜烦劳，把个大人愁得没有困了。(《七侠五义》)

把个三宝老爷只是急得爆跳。(《三宝太监西洋记》)

处置式中的否定副词和唐宋时期一样，一般置于处置标记的前面，但也有置于处置标记后面的情况。

把文仙同宝珠姐叫进房去，问他什么原故，把他不当客人。(《九尾龟》)

听凭你搜，若搜出一钱银子来，你把我不当人。(《儒林外史》)

无奈彼时心高气傲，挥金如土，直把钱财看得不当东西。(《官场现形记》)

老善真也放心，把牛不收，明明送与我们，不叫多谢！(《东

度记》)

有的"把/将"字句的谓语直接用"没",因此从外在形式上来看,"没"也是出现在"把/将"的后面。但是这种情况下的"没"不是否定副词、而是作动词使用,"把/将"的作用也只是将宾语提前,没有处置的意味。

撤了这个差使,便连那万把一年的好处也没了。(《二十年目睹之怪现状》)

话说汪平一听巴德哩得了生死白牌,心中甚喜,就把要杀他的心没了。(《康熙侠义传》)

这块玉倒是的,怎么把头里的宝色都没了呢?(《红楼梦》)

元明清时期的处置式较之于唐宋时期也发生了一些变化。

(1) 除了少数韵文外,近代汉语中处置式一般不再使用动词的光杆形式,动词前要加修饰成分或动词后要带补语。

你把柴斧抛,我把鱼船弃。(《元散曲》)

贼首把皂隶一看,那里认得?(《二刻拍案惊奇》)

吾家小兄弟们渐渐长大,少不得要把家事四股分了。(《二刻拍案惊奇》)

问其告状本意,陈祈把实情告诉了一遍。(《二刻拍案惊奇》)

把一个好好的家事弄得七零八落,田产多卖尽,用度渐渐不足了。(《二刻拍案惊奇》)

一齐动手,把众人尽皆救了出来,跳入船中,把舟人杀了。(《七剑十三侠》)

(2) 唐宋时期的广义处置式多为"X 处置标记 + NP1 + V + NP2",且 NP1 后大多是单个的动词(蒋冀骋、吴福祥 1997:585);但是元明清时期则出现了大量"X 处置标记 + NP1 + V1 + NP2 + V2"结构的广义处置式。如:

何不把家事交卸与孩儿掌管,吃些见成茶饭,岂不为美?(《今古奇观》)

高公把书与两个儿子看了,各各惊讶。(《今古奇观》)

那金老大有志气,把这团头让与族人金癞子做了。(《今古奇观》)

石城县把这件事当做新闻沿街传说。(《今古奇观》)

十一前月八日，已把日课抄给你们看。(《曾国藩家书》)

（3）元明清时期的"致使"义处置式，发展出一种新的用法，郭浩瑜（2010）将其命名为"遭受"义"把"字句，在语法意义上强调的是一种"遭受"。这类处置式的标记只能用"把"，句子结构表现为："S+把+O 当事+V+了"。该句式往往表示一种不如意或不愉快的事情，处置式的动词通常是及物动词①，但是这类句式的动词可以是及物动词或不表示处置的动词（王力 1980：416）。

如今把个大女儿丢了，竟自不知去向。(《七侠五义》)

如何遇了贼船生生地把个小姐投水死了。(《七侠五义》)

不幸今早又把个老妻死了，没钱买棺材现停在屋里。(《儒林外史》)

偏又把凤丫头病了，有他一人来说说笑笑，还抵得十个人的空儿。(《红楼梦》)

再真把宝玉死了，那可怎么样好！(《红楼梦》)

怎么忽然把个晴雯姐姐也没了，到底是什么病？(《红楼梦》)

贾老儿既把个大儿子死了，这二儿子便成了个宝贝。(《老残游记》)

我们把大人丢了，正在各处寻找大人呢。(《小五义》)

（4）元明清时期还出现了一种特殊的"把"字句，基本格式为"我+把+你+NP1"，NP1 后没有动词。许光烈（2005）将其称为"维纳斯句型"，"你"后面的 NP1 相当于"你"的同位成分，和"你"指代的是同一人。这类句式往往用于责备或辱骂某人。

妇人道："我把你这傻兔子！"(《七侠五义》)

包公听罢，将惊堂木一拍道："我把你这老狗，满口胡说！"(《七侠五义》)

只听白玉堂一声断喝，道："我把你这两个淫尼！无端引诱人家子弟，残害好人，该当何罪？"(《七侠五义》)

我把你这瞎眼的贼秃！我是斋公么？(《二刻拍案惊奇》)

---

① 王力将不及物动词表述为"内动词"，及物动词表述为"外动词"。（王力：《汉语史稿》，中华书局 1980 年版，第 416 页）

如来骂道:"我把你这个尿精猴子!你正好不曾离了我掌哩!"(《西游记》)

6.3　处置式的复杂化

处置式的出现和走向成熟是汉语发展史上的重要一环,对汉语的研究离不开对处置式的研究。从上古汉语中可以理解为处置义的"以"字式,到中古汉语处置式的正式形成以及近代汉语处置式的蓬勃发展,再到现代汉语处置式的广泛使用,处置式在演化的过程中有继承、也有发展。我们在"处置式的起源"一节中专门讨论了处置式的早期形式——表广义处置的"以"字式,主张不能完全将"以"字式排除在处置式之外;但是正如刘子瑜(1995)、曹广顺(2005)等学者所述,"以"字广义处置式最终未能完成从广义处置式到狭义处置式的变化、"以"也未能发展成一个专职的处置标记,狭义处置式的出现才是处置式真正走向成熟的标志。唐宋至元明清时期是处置式形成的关键时期,而这一时期处置式的发展总体上又呈现复杂化的趋势,主要表现在以下几个方面[①][②]。

6.3.1　宾语类型复杂化

唐宋时期处置式的宾语类型相对简单,恰如蒋冀骋、吴福祥(1997:589)所言,唐宋时期狭义处置式中介词所引出的受事成分多为单个的体词形式,结构较为简单,到了元明清时,受事成分则逐渐词组化。唐宋处置式的宾语有很多都是单个的名词形式,如:

列子居郑圃,不将众庶分。(《赠张公洲革处士》)

[①] 本节例句除特别标明引用出处外,均检索自 CCL 语料库。
[②] 蒋冀骋、吴福祥(1997:586—590)将元明清时期处置式的发展变化概括为:谓语部分的复杂化、受事成分的复杂化、出现了"PO1V1,O2V2(O3V3)"的处置式形式,出现了没有动词呼应的处置式格式。向熹(1993:489—494)讨论了处置式的谓语复杂化、"把(将)"的宾语复杂化、出现没有动词呼应的处置式、处置式和被动式结合使用、不表处置的"把(将)"字句等问题。孙锡信(2014:399—401)在《中古近代汉语语法研究述要》中将处置式的复杂化趋势概括为:"将/把"字句宾语的复杂化,处置式谓语部分复杂化,特色"把"字句的出现。本小节对于处置式复杂化趋势的划分及论述,参考了上述学者的观点。

本是屎尿袋，强将脂粉搽。(《王梵志诗》)

于后忽尔儿来，遣妾将何申吐？(《王梵志诗》) [后两例转引自刘子瑜（1995）]

元明清时期处置式的宾语类型明显变得复杂起来，孙占林（1991）曾专门对《金瓶梅》中处置式的宾语进行研究，总结出《金瓶梅》中"把"有十三类宾语结构、十二种宾语类别、两方面性质。孙占林（1991）提供的例句中，处置宾语除了是一些唐宋时期常见的名词、代词外，还可以是同位结构、偏称宾语，甚至出现了复句形式：

到次日早，把女婿陈敬济安在他家花园中。(《金瓶梅》)

这里叫，那里叫，把儿子手脚都弄慌了。(《金瓶梅》)

冯妈妈悉把半夜三更伏妇人被狐精缠着，染病看看至死，怎的请了蒋竹山来看，吃了他的药怎的好了，某日怎的倒踏门招进来，成其夫妇，见今二娘拿出三百两银子与他开了生药药铺，从头至尾说了一遍。(《金瓶梅》) [以上例句均转引自孙占林（1991）]

有些处置式的宾语后可以加上代词来复指宾语，构成"把/将＋NP1＋V＋（NP2）＋复指代词"。据刁晏斌（2001：45）统计，这类宾语在宋代以前用代词"之"，宋以后又用到别的代词，并且动词几乎都是单音节的，需要加上某些成分来改变单音节的状况，如：

及热，置拌上，盆子底按之令拗，将奠翻仰之若盆子，奠仰与盆子相应。(《齐民要术》)

妃子将康国猧子放之，令于局上乱其输赢。(《开元天宝遗事》)

把这个妇人恰待要勒死他，恰撞着小人，救了他性命。(元杂剧《货郎担》第三折) [以上例句均转引自刁晏斌（2001：45）]

当句子有主语出现时，"把＋NP"往往置于主语的后面，但是也有用在主语前面的情况：

你依着我，把这礼儿你还拿回去。(《金瓶梅》) [转引自刁晏斌2001：56]

元明清时期处置宾语的前面经常加上"个"（林玉山 2018：326）。如：

举起牙笏，把个长老的背脊上轻轻的点了一点。(《三宝太监西洋记》)

只见把个索儿收了一收,把个榔头儿敲了几下,那荡头的长班平空的叫将起来。(《三宝太监西洋记》)

把个四围的山,把个四围的水,把个四围的地场,细细的看了一遍。(《三宝太监西洋记》)

6.3.2 谓语部分复杂化

向熹(1993)研究发现,在近代汉语晚期的处置式谓语中已出现了联合结构、连动式、兼语式、两重兼语式套连动式、连贯复句、联合复句等多种复杂结构,并认为"用疑问代词作处置式的谓语,表示反问,从明代开始出现"①。

唐宋处置式的谓语除了用简单的动词形式外,还出现了"V+数词+V"这种在重叠的动词之间加入数词的用法,最为常见的是用数词"一",如:

你看国师把圆帽旋一旋,把解染衣抖一抖,把僧鞋泼一泼,把胡须抹一抹,一手钵盂,一手禅杖,大摇大摆而去。(《三宝太监西洋记》)

轻轻的把个指头儿指着门拴弹一弹。(《三宝太监西洋记》)

你看他一毂碌爬将起来,把个脸皮儿抹一抹,把个身子儿抖两抖。(《三宝太监西洋记》)

天师参见祖师,不行跪拜礼,只得把个手儿举三举,把个牙齿儿叩三叩。(《三宝太监西洋记》)

张守成心上明白了,把个头连点几点。(《三宝太监西洋记》)

我们在上一小节讨论唐宋和元明清处置式的时候提到过,唐宋处置式的动词可以用动词的光杆形式,而到了元明清时期,除了少数的韵文中,处置式的动词不再使用光杆动词。当然,这类光杆动词形式的处置式总体而言数量不多,因为结构上显得头重脚轻、音节上也不太和谐(向熹1993:489)。随着元明清以来动词带补语用法的进一步发展,现代汉语处置式彻底不再使用动词的光杆形式,动词前后必须出现修饰成分或补足成分。

---

① 转引自孙锡信《中古近代汉语语法研究述要》,复旦大学出版社2014年版,第399—401页。

另外，唐宋至元明清时期的否定处置式，否定副词既有出现在处置标记前、也有出现在处置标记后的情况，还有处置标记前后同时出现否定副词的双重否定句；但是现代汉语处置式的否定副词通常只能放在处置标记前。

你做这般不合理的勾当，若官司知道时，把咱们不偿名那甚麽？你再来休做。(《朴通事》)

我不把秋秋小厮不摆布的见神见鬼的，他也不怕。(《金瓶梅》)

你就真的忍心丢在那间破庙，不把他入土不成？(《金瓶梅》)

处置式从唐代发展到宋代时，狭义处置式的动词带补语的用法普遍增多，再到元明清时期处置式的谓语结构变得更为复杂，有"状+动、动+宾、动+补、连动式、兼语式、固定词组、复句"等词组都可充当处置式的谓语（蒋冀骋、吴福祥 1997：584—589）。在北京大学 CCL 语料库中，均可以检索到相关用例，如：

阿郎把数都计算，计算钱物千匹强。(《敦煌变文集新书》)

他们大率偏枯，把心都在边角上用。(《朱子语类》)

咱把汉朝世界三停占了二停，看看地都属咱。(《三国志评话》)

唤武士把军人割下耳鼻，却放回寨。(《三国演义》)

把尿盆放在地下，见孩儿啼哭时，把摇车摇一摇便住了。(《朴通事》)

水淹过芦沟桥狮子头，把水门都冲坏了。(《朴通事》)

只把一个钿盒儿分做两处，留与侄儿做执照。(《二刻拍案惊奇》)

当下朱真把些衣服与女孩儿着了，收拾了金银珠翠物事衣服包了。(《元代话本选集》)

三巧儿真个把四碗茶，两壶酒，分付丫环拿下楼去。(《元代话本选集》)

把个孽畜打得一个星飞缭乱，魄散魂飘。(《三宝太监西洋记》)

当日把玄玄子夹得一佛出世，二佛生天，又打够一二百榔头。(《二刻拍案惊奇》)

明代还出现了用疑问代词作处置式的谓语来表示反问的用法（向熹 1993：490）。如：

我只是一个不赶他，看他把我怎么。(《三宝太监西洋记》)

妖妇，你真不要脸！你又打算把我怎么样？（《彭公案》）

这件事没人知道，听说刘喜把笑话刘三告下来，也没把刘三怎么样办。（《济公全传》）

6.3.3 "S 把 O"的出现

吕叔湘（1984：51）先生很早就注意到"我把你这个……"后面没有动词的用法，"表示责怪或无可奈何，只用于口语"，但是并未过多论述。孙锡信（2014：400）发现"S 把 O"句式在元代已经出现，如：

我把那精驴贼丑生弟子孩儿！（孟汉卿《魔合罗》第二折）

但是元代这类句式尚不多见，到了明清时期，用例明显增多，尤其是在明清小说中，可以发现大量的"S 把 O"句式，带有明显的口语色彩。这类句式发生在说话者和责备的对象同时在场的情况下，大多数是一种上对下的责骂，使用该句式的情况下，通常都是为了唤起对方的注意、表达对对方的不满。

把你这些大小官军，俱为刀下之鬼。（《三宝太监西洋记》）

把你这些畜类，打做一锅儿熬了你。（《三宝太监西洋记》）

大喝一声："我把你这孽障！你认得我么？"（《封神演义》）

菩萨道："我把你这个大胆的马流，村愚的赤尻！"（《西游记》）

叉道："我把你个肉眼凡胎的泼物！我是南海菩萨的徒弟。这是我师父抛来的莲花，你也不认得哩！"（《西游记》）

高叫道："我把你这伙贼怪！你偷了我的袈裟，要做什么佛衣会！"（《西游记》）

也有少数用例责备的意思并不强烈，甚至带有宠溺或戏谑的意味。

黛玉听了，翻身爬起来，按着宝玉笑道："我把你烂了嘴的！就知道你是编我呢。"（《红楼梦》第十九回）

平儿……笑骂："我把你这嚼舌根的小蹄子！"（《红楼梦》第三十九回）［以上《红楼梦》两例转引自许光烈（2005）］

王力在《中国现代语法》中指出："骂人的话往往不能把处置的办

法骂出来，于是话只得说一半。"① 刁晏斌（1993）也认为这一特殊句式是"把"字句的省略形式。但是钱学烈（1986）反对将这种句子简单地看作省略形式，不是"把句中的谓语部分省略了"。我们比较赞同钱学烈先生的观点。因为省略句往往可以补充完整省略的部分，但是"S 把 O"句式通常不能补充出后面的谓语，也就是不能明确补充完整处置的方法。比如在下面述两个例句中，并不能补充出"行者"和"西门庆"要如何处置他们责备的对象。将这种句式看作是省略句是不太妥当的。

行者咄的一声道："我把你这些该死的畜生！"（《西游记》）

西门庆骂道："我把你这贼奴才！"（《金瓶梅》）

向熹（1993：492）总结出元明清时期的"S 把 O"句式可以分为两类，一种是像上面所举的例子那样，都是出现在人物对话中，带有比较强烈的感情色彩，说话者没有把话说完就停止了，逐渐成为一种固定的句式；还有一种是因为"把/将"的宾语较长，后面失去相应的动词，如：

毛太公教把他两个使的钢叉并一包赃物，扛抬了许多打碎的家火什物。（《水浒传》第四十九回）

寨后西北上，不知那里将许多粮米，有百十辆车子。（同上，第七十回）［以上两例均引自向熹（1993：492）］

关于该句式的表义功能，向熹、刁晏斌等均指出：当"把"字带有较长的宾语时，句子虽带有贬义，但往往表达亲昵、疼爱之情，此句式绝少用"将"字，表明其是一种口语性极强的句子（孙锡信 2014：401）。这种用法虽然在现代汉语普通话中已经消失，但在有某些现代汉语方言中仍有保留。

四川九寨沟（申向阳 2014：179）：我把你这块碎崽儿！

陕西富平（徐慧芳 2013）：把你个二流子。

山西运城（侯精一、温端政 1993：133）：我把你个贼羔！

山西临汾（侯精一、温端政 1993：133）：把你个贼胚子！

青海（任碧生 2006：145）：把你这个挨刀的。

---

① 转引自孙锡信（2014：401）。

6.3.4 其他方面的复杂化

向熹（1993：493）曾指出，处置式从中古发展至近代，其句式结构也呈现复杂化的趋势，体现在"处置式和被动式结合使用"和"不表处置的'将/把'字句的产生"：

a. 处置式和被动式的结合使用

如今把俺们也吃他活埋了，弄的汉子乌眼鸡一般。（《金瓶梅》第十一回）

冯妈妈道："还问甚么好？把个见见成成做熟了饭的亲事，吃人掇了锅儿去了。"（《金瓶梅》第十八回）[以上两例均引自向熹（1993：493）]

b. 不表处置的"把/将"字句

向熹（1993：493）介绍了三类情况，一是有的"把/将"含有"使令"的意思；二是"把/将"既不表示处置、也不表示使令；三是"把/将"提前的是其他成分、而非动词的宾语：

将大小将校，依令如此而行。（《水浒传》第六十回）

把个西门庆欢喜的没入脚处。（《金瓶梅》第十一回）

不知何故，臣等一夜把头发都没了。（《西游记》第八十五回）

府尹将我脸上刺下迭配州字样。（《水浒传》第十七回）

但是根据向熹提供的"处置式和被动式结合使用"例句，他只注意到处置式出现在被动句前、即"把+受事+被+施事"的情况，处置式意念上的施事不再出现在处置标记前面充当主语，而是由被动标记介引出、充当被动句的宾语。如上述例句中处置行为的发出者"他"和"人"均未出现在处置标记前面的主语位置、而是作为被动式中的宾语出现。然而，在处置式和被动式套合句式的发展过程中，除了向熹提到的这种情况，还有将被动式置于处置式前、构成"被……把……"的情况。

两个丫环被婆子把甜话儿偎他，又把利害话儿吓他，又教主母赏他几件衣服。（《大唐三藏取经诗话》）

增妻正见纸上有一妇人，被鬼把头髻拽，又一鬼，后把棒驱之。（话本《宋朝事实》）

陈都督就吓得面如土色，说道："……那晓得反被这厮把我的都打落在地上。"（《三宝太监西洋记》）

被我把混天绫裹他上岸，一脚踏住颈项，也是一圈，不意打出一条龙来。（《封神演义》）

"被"字前的主语可出现、也可不出现。当"被"字前的主语不出现时，"被"字后的宾语同时充当了"把"字式的主语，也就是说这类句子在意念上的主语其实就是"把"的宾语，被动的作用大幅度降低，主要用来表示一种不幸或不如意的意味，如果去掉"被"字，"把"字句的句意基本不变（刁晏斌2001：97）。如上述例句"……那晓得反被这厮把我的都打落在地上""被我把混天绫裹他上岸"可以表述为"那晓得这厮把我的都打落在地上""我把混天绫裹他上岸"，句子意义没有什么变化，加上"被"字后也只是起到了强调施事的作用。

刁晏斌（2001：97）还发现"被"字前的主语出现时，有一种情况比较特殊，句子的主语与宾语完全重合，这类"把"字句虽然从句子结构上比较冗余，但是也客观上强调了受事者、加强了处置性，如：

忽一日，学士被王荆公寻件风流罪过把学士奏贬黄州安置去了。（话本《五戒禅师私红莲记》）

杨文广将西番国八臂鬼王下了迷魂阵将杨文广活捉而去了。（《杨家府演义》卷八）[以上例子均转引自刁晏斌（2001：98）]

6.4 处置式的发展动因

处置式的产生和发展是学界讨论较多的问题，学者从不同的角度探讨了处置式在不同历史阶段得以发展的动因。总体而言，主要是从语言发展的历史背景和处置式所处的句法结构两大方面进行分析，也有少数学者尝试从语用层面进行解释。

（一）语言变化的背景

语言结构的变化和发展离不开相应的历史文化背景，对于某一语言结构产生和发展的研究势必要放在一定的历史阶段中来考察。杜敏（1998）结合日本地理方言学家桥本万太郎的分析讨论了唐宋时期汉语言变化的历史背景。桥本万太郎（1985）综合考察了汉语的古今演变和南北推移情况后指出:"古代南方汉语是一种顺行结构即不论名词短语、动词短语、凡修饰语都依次置于被修饰语之后的结构,如'吴败越于夫椒''劳力者治于人'。亚洲大陆北部的通古斯语、蒙古语等一律是逆行结构,受逆行结构的影响,现代北方话中相当多的动词修饰语出现在动词前,如'吴军在夫椒被人打败了''劳动的人被别人统治'。……现代北方汉语里提到动词前的宾语,开始时并非仅仅是直接宾语移位的纯语法化作用。①"杜敏(1998)进一步解释说:"古代顺行结构与现代北方逆行结构时间的交汇点正是中古时期,地域的交汇处正处在中原地带。顺行结构向逆行结构的推移或演变即修饰成分移位的方法并不是采取破坏语言句法手段的原则,而是用过渡的、为语言所认可的形态。在汉语中出现了'醉把茱萸看'等形式。……阿尔泰语系的语言对汉语语序的变化起到这样或那样的漫长影响,或许正是促使唐宋处置式于此时大量产生的外在因素。"桥本万太郎和杜敏先生都看到了由于特殊的历史原因造成的语言接触对于汉语语言结构发展的影响。众所周知,中古即唐宋时期恰是与其他周边国家和地区接触频繁的时期,这一阶段汉语的发展必然会受到其他语言的影响。这种通过语言接触造成处置式大量产生的现象在现代少数民族语中也依然存在,比如周国炎(1999)在讨论布依语处置式的来源和发展时就明确指出布依语处置式的发展有很大一方面的原因是借自汉语。

(二) 内部结构的发展

研究处置式产生和发展的学者大多是从语言内部的因素来寻求解释的,因此关于这种类型的研究最多,最主流的观点有以下几种②。

(1)"将/把"构成的连动结构中动词"将/把"的虚化。祝敏彻(1957)、王力(1958)、贝罗贝(1989)等学者都主张唐代处置式产生的原因是动词"将/把"在"将/把+宾语+动词"连动结构中的虚化,并且这一观点也被后来的许多学者所认可。

(2)工具式的重新分析。太田辰夫(1958)、Bennett(1981)等学

---

① 转引自杜敏《唐宋把字句再论》,《宁波大学学报》(人文科学版)1998年第3期。
② 石毓智(2006)在《处置式产生和发展的历史条件》一文中概括为"'将/把'用作连动格式第一动词的语法化、'将/把'动词之后的宾语提前的用法、工具式的重新分析"三种。此处部分参考了他的总结。

者认为早期的处置式应当来源于上古汉语"以"字式，杜敏（1996）指出连动结构中的"以"虚化作工具语的介词是后期处置式的来源之一。吴福祥（2003）更是详细论证了处置式产生和演变是经历了"连动式＞工具式＞广义处置式＞狭义处置式＞致使义处置式"的连续性过程，是由连动式到工具式再到处置式重新分析的结果。刘丹青（2008）也赞同"重新分析"的说法，但认为"把"是连动式重新分析为介词的结果。

（3）"把"将动词后的宾语提到动词前的用法。黎锦熙（1959：124）、吕叔湘（1984：176—208）都看到了"把"字提前宾语的作用，蒋绍愚（1997）在此基础上更是总结出"成分增添、结构类推、功能扩展"三大原因，其中"成分增添"也就是那些用"把"字将宾语提前的情况是早期简单的把字句（动词简单、可以转换为动宾句的把字句）的重要来源。

（4）动补结构的大量出现。杜敏（1998）将"动补结构的凝固"看成是处置式得以发展的重要原因：动补结构之间的宾语只可能有两种去向，一是"将宾语放在动补结构后面"，二是"用表示处置意义的介词'将/把'把它提前放在动补结构之前"，若将动补结构作为句子信息中心，则用"将/把"将动补结构之间的宾语提前。石毓智、李讷（2001：146）发现"拿、握"义动词在10世纪以后都发展为处置标记，主要是由于动补结构的融合使得大量的受事名词必须置于谓语动词前，语言中由此需要能够有效区分受事和施事的语法标记；而动补结构的建立促使了"S（主语）＋PP（介词短语）＋VP（谓语）"范式的出现，该范式的类推作用使得连动式的第一个动词倾向于虚化。石毓智（2003：213—215）再次详细论证了动补结构的出现对于连动式第一动词的虚化以及处置式语法标记产生的重要意义。

（5）结构赋义律。石毓智（2002）先是在讨论汉语的有定和无定范畴对句法结构的影响时，说明了词汇标记和语法结构意义的相互关系，提出"结构赋义"规律即"谓语动词之前的名词被自动赋予有定性、之后的名词则被赋予无定性，且具有词汇标记的成分不受结构赋义规律的影响"。后来，石毓智（2006）又指出语言学界以往对于处置式产生和发展原因的研究并不能很好地说明"'将/把'为何会在8世纪左右虚化为处置标记、处置式为何能逐渐发展成为汉语中广泛使用的一个重要句式、现代汉语处置式中受事名词必须有定且谓语一般是复杂结构"三个问题，因此石毓智再次从"结构赋义"的角度详细说明了处置式产生和发展的历史条件。石毓智（2006）证实了"结构赋义律"大致在5世纪左右形成并于8世纪左右趋向严格，而处置式的产生大约就是在8世纪，"受事+施事+VP"这一语法结构的发展历史也说明，结构赋义规律建立的关键时期是唐朝：受事名词出现在谓语动词之前来获得有定性特征的要求使得施事名词和受事名词皆置于动词前时需要一个语法标记来区别宾语或主语的现象，由此诱发了连动式中"把/将"虚化为受事标记；而早期处置式大多出现在诗文中恰是对当时口语中已经形成处置式用法的一种反映：诗歌对于字数的限制决定了在表达有定性的受事名词有时必须使用"结构赋义"的处置式，诗歌押韵的要求也会促使处置式的运用，但若是后一种情况，前置的受事名词可以不是有定的。

（三）语用交际的要求

陆俭明（2010：185）曾提出语言发展的"语义和谐律"规则，即在任何语言当中的任何句子，它的各方面意义（如词汇义、句式成分之间的关系义、句法的构式义、实际的语用意义等），都要求彼此处于和谐的状态。对句法的研究除了要考虑语法层面的原因外、也不能忽视语用的影响，但目前学者大多是在讨论处置式产生以后的语用条件，从语用层面探讨处置式产生和发展动因的学者相对较少。杜敏（1996\1998）从区分歧义的语用要求上阐释了早期处置式的产生和发展的原因，将其概括为"满足人类表达多样施受关系的需要"和"语言内部因素相互影响的结果"：首先在先秦时期已经出现了施事句、被动句、受事句这三类表示施受关系的表达式，同样也是用来表示施受关系的处置式便有了产生的前提和基础；其次汉语中存在一定数量的如"买、卖、吃、喝"等施受关系不明确的双向动词，比如"鱼吃了"可以理解为"把鱼吃了"和"鱼被吃了"两层含义，为了明辨歧义句、强调动作的结果和样貌，就需要采用处置式来表达，随着双向动词的增多、需要用处置式来区分歧义的情况也就越来越多。梅祖麟（1990）也提出唐宋时期处置式流行可能也受到施事、受事中立化的影响，如"长文尚小，载著车中……文若亦小，坐著膝前（《世说新语·德行》）"一句中，"某某载著（于）车上"的"某某"也是施受两可。崔勇、陶薇（2008）则从表达语气的角度提出语言的运用中需要表示处置语气、而连动句中"把"字的虚化恰好具有了表达处置语气的特点。

6.5 处置标的演化路径

我们在第 3 章讨论"汉语方言的处置标"时，根据现已掌握的方言语料统计出现代汉语方言正在使用的 150 多个处置标记，基于曹茜蕾（2007\2013）、李蓝\曹茜蕾（2013）、张俊阁（2016：6）等几位学者的分法，将处置标记分为"拿抓义、给帮义、使令义、称呼义和伴随格"五类。前人的研究已清楚表明，不同语义类型的处置标记来源也不尽相同，本小节我们将结合前辈学者的研究，分别讨论不同语义类型的现代汉语方言处置标记的语法化路径和特点。

（一）"拿抓"义①

表示"持拿/抓握"和"给予"含义的动词是现代汉语方言中最为常见的处置标记来源，在第 3 章的"处置标的方言分布"中，已经讨论过在胶辽官话、中原官话、西南官话、北京官话、东北官话等几大官话区，大多数都用"把/将"作处置标记，还有多处方言中出现由"把"构成的双音节处置标记（如"把得、把乞、把倒"等）。湘语、吴语、晋语等方言中，"拿抓"义的动词也都是处置标记的重要来源之一，除了直接用"拿抓"义动词"把""将""拿"或"捉/抓"作处置标记外，还有如"搙、揞、搦、掏、提、拈、拧、搣、掭、扚、逮（倒/住）"等与"拿、捉"义动词相关的处置标记。

关于这类处置标记，都曾经做过"持拿"或"抓握"相关含义的动词，以下是《康熙字典》中对于上述处置标记的解释②：

将：又【增韵】赍也，持也，与偕也。【正韵】扶持也。【诗·小

---

① 为了分类的简明，我们将与手部动作相关或表示"做、干"义的动词全部归为此类；如果细分，处置标记"搁"来源于"放置"义、"挖、掏、掭"来源于"挖掘"义、"搦、搣"来源于"按压"义、"弄"来源于"做、干"义。

② 检索自《汉典》线上查询网站。

雅】无将大车。【左传·庄二十一年】郑伯将王，自圉门入。

把：【说文】握也。又【广韵】持也。【增韵】执也。【战国策】左手把其袖，右手揕其胸。【史记·殷本纪】汤自把钺，以伐昆吾。

拏：俗拏字。（拏：【说文】牵引也。【增韵】攫也。【史记·霍去病传】汉匈奴相纷拏。【注】相牵也。【汉书注】乱相持搏也。一作挐。又拘捕罪人曰拏。俗作拿。）

捉：【唐韵】【集韵】【韵会】侧角切，庄入声。【说文】搤也。一曰握也。【广韵】捉搦也。【前汉·王襃传】周公躬吐捉之劳。【注】一饭三吐飡，一沐三捉发。【蜀志·赵云传注】先主捉手而别。又【增韵】捕也。【释名】促也。使相促及也。

抓：【唐韵】侧巧切【集韵】【正韵】侧绞切，音蚤。【博雅】搔也。又掐也。【庄子·徐无鬼】有一狙焉，委蛇攫抓，见巧乎王。【杜甫·诗注】玉搔头，今之抓头也。

挌：【集韵】【正韵】乞格切，音客。手把著也。

揞：【集韵】【韵会】【正韵】乌感切，庵上声。藏也。手覆也。又【集韵】益涉切，音靥。捏也。

搦：【集韵】【韵会】昵格切，音踖。【说文】按也。【广韵】捉搦也。

掏：【唐韵】【集韵】【韵会】徒刀切，音桃。择也，抒也。又【集韵】他刀切，音叨。捾也。同搯。

提：【说文】挈也。【疏】屈臂当带，而提挈其物。又举也。

拈：【唐韵】【集韵】【韵会】奴兼切，音鮎。【说文】也。【广韵】指取物也。

拧：【字汇补】泥耕切，音狞。抢拧，乱也。○按《汉书》国制抢攘注：攘，女庚反，音抢。攘为伧狞。今改攘作拧，非。

撷：同擪。【王褎·洞箫赋】胶致理比，挹抐撷擸。【注】撷挓，一作擪挓。手执之状也。

挖：【字汇补】乌括切，音斡。挑挖也。◎按乞字入點韵。加手义同。当从乌八切。

挝：【集韵】乌瓜切，音蛙。手捉物也。

扚：【唐韵】都了切【集韵】丁了切，音鸟。【说文】疾击也。

【扬子·方言】撍取曰抲。又【广韵】都历切【集韵】丁历切，音的。引也。

逮：又【正韵】追也。【前汉·法志】逮系。【注】辞之所及，则追捕之，故谓之逮。

上述处置标记有些在现代汉语方言中仍然保有动词的用法，如：

山西长治（乔全生、刘芳 2013）：肚饥唠，将几个馍馍垫垫①。

江西武宁（阮绪和 2006）：手里拿一本书。

广西兴安高尚（周乃刚等 2018）：搦你书包走。

广西富川秀水（周乃刚等 2018）：提些去归得爷娘拿点东西回去孝敬父母。

南宁白话（宁洁 2015）：拧菜刀砍断荋木去拿菜刀砍断这根木头。\ 你有拧的话来讲佢啦，佢顶冇住嘅你别用这些话来说他了，他顶不住的。\ 我拧住一顿嘢，帮下我手我拿着一堆东西，帮一下我。

闽东古田（李滨 2014：207）：伊碗掏着手底［i⁰］。

学界对于"持拿/抓握"义来源的处置标记演化路径的看法较为一致，大多数学者（如蒋绍愚、曹广顺、石毓智、祝敏彻等）都主张该类型的处置标记是连动结构中第一个动词语法化的结果，并且"持拿\抓握"义动词虚化为介词的过程中往往有两条路径：一是虚化为处置标记，二是虚化为表凭借的介词（可表工具、材料、方式等）。这种看法在诸多方言中也可以得到印证，在方言中依然显现出从动词到介词的语法化路径，如：

山西长治（乔全生、刘芳 2013）：我将这些儿东西瞧瞧他。（"将"作为次要动词②、相当于"拿"）\ 将钩子往上挑。（"将"介于次要动词和介词之间，理解为动词和介词皆可）\ 将三轮儿车蹬菜。（"将"作介词，相当于"用"）

江西武宁（阮绪和 2006）：拿到一边去，我不看。（"拿"作动词，"拿"义）\ 他考上名牌大学，拿他娘喜杀了他考上名牌大学，使他妈妈高兴极了（"拿"作使役动词）。\ 拿面盆洗脚，不爱干净。（"拿"作工具

---

① 根据我们目前收集到的语料显示，"将"虚化程度高、在现代汉语方言中能找到的作动词的用例极少，山西长治方言中的"将"只发展出了工具介词的用法、不用作处置标记。

② 次要动词指一个句子中除主要动词以外的动词（乔全生、刘芳 2013）。

介词，"用"）\ 拿全村来看，他们家算是好个依据全村来看，他们家算是好的。（"拿"作方式介词，"根据"）\ 拿书放在书包里。（"拿"作处置标记）

广西临桂义宁（周乃刚等 2018）：我搿得动，他搿不动。（"搿"作动词，"拿"义）\ 搿架车接他。（"搿"作工具介词，"用"）\ 口[to¹²]他们老弟搿箇架车弄口[piu³³]坏呃他弟把那俩车弄坏了。（"搿"作处置标记）

广西富川秀水（周乃刚等 2018）：提些去归得爷娘拿点东西回去孝敬父母。（"提"作动词，"拿"义）\ 提钢笔写字用钢笔写字。（"提"作工具介词，"用"）\ 这句话提九都话哪似怎么讲这句话用九都话怎么讲。（"提"作方式介词，"用"）\ 我提外甥当崽女对待我把外甥当子女一样对待。（"提"作处置标记）

广西钟山回龙（周乃刚等 2018）：你同我拧/口[huã³⁵]衫裤过来你给我拿衣服过来（"拧/口[huã³⁵]"作动词，"拿"义）\ 拧/口[huã³⁵]钢笔写字。（"拧/口[huã³⁵]"作工具介词，"用"）\ 箇句话拧/口[huã³⁵]钟山话同（吾）子怎样讲这句话用钟山话怎么讲？（"拧/口[huã³⁵]"作方式介词，"用"）\ 拧/口[huã³⁵]水桶装满把水桶装满。（"拧/口[huã³⁵]"作处置标记）

闽东古田（李滨 2014：207 \ 212）：伊碗搯着手底[i⁰]。（"搯"作动词，"拿"义）\ 搯箸遮鼻用筷子遮盖鼻子。（"搯"作工具介词，"用"）\ 莫搯我解闷了别拿我开玩笑。（"搯"作对象介词，引进处置的对象）

有一些处置标记看似与"拿抓"义动词无关，但如若能考察到方言本字就可以发现，它们其实也可以归为此类。以桂北平话的处置标记"伴"为例，据周乃刚、吕泉、朱晶晶（2008）考察，"伴"的本字很可能是"扮"，而《说文》中对于"扮"的解释为"扮，握也，从手分声"。

在少数民族语和其他人类语言中也存在由"拿抓"义动词虚化为工具介词或宾格标记的用法。比如在布依语的处置标记也是源于"拿抓"义动词，也有由"持取/抓握"义动词演变而来的工具介词（周国炎 1993）。这一语法化路径也常见于诸如苗语、越南语、泰语、高棉语的东南亚语言中（Bisang W. 1992）①，在克拉姆语、恩基尼语、瓦加拉语、加族语、特维语等语言中都发现了这种现象（BerndHeine，TaniaKuteva 2012：398），如特维语中就有一个类似于处置标记的 de 来源于"拿"②：

o- de afoa ce boha- m.
他-（拿） 剑 放 鞘- 在……内。
他把剑放回鞘内。

ɔ- de siká nó maa me.
他-（拿）钱 定冠词 给：过去时 我。
他把钱给我。

即便都是表示"拿抓"义来源的处置标记，各个处置标记在方言中的虚化程度也不尽相同。"把"和"将"在方言中用作处置标记时，虚化程度最高，在我们收集到的方言语料中，鲜少有方言中保留了"将"的动词用法，较之于用"把"作处置标记的方言的总体数量，仍用"把"兼作动词功能的方言相对也不多。但是同为处置标记的"拿"的语法化程度就比"把\将"要低，石毓智（2007）曾对"拿"作了较全面的历时考察后表示："'拿'的各种处置用法的语法化程度不一。当谓语为充当、熟语、比较、方法时，'拿'的语法化程度最高，已经失去了动词的主要特征；当谓语为给予或者普通动词时，'拿'的语法化程度较低，常可带动词的语法特征"。关于处置标记虚化程度强弱的成因，张俊阁（2016：41）在研究近代汉语方言的处置标记时曾概括为"动词性强弱不同"和"语义、语法功能的多寡"："把"的动词性弱于其他"持拿"义的动词，而动词性强的"持拿"义动词则较难或者是最终未能虚化成为处置标记；"把"的语义和语法功能少于其他如"拿""将"等处置标记，虽然也有名词和量词的用法，但明显区别于处置标记的功能，但处置标记"拿"却有多项动词义、工具介词、构

---

① 原调查见于 Bisang W. Das Verb im Chinesischen, Hmong, Vietnamesischen, Thai und Khmer：vergleichende Grammatik im Rahmen der Verbserialisierung, der Grammatikalisierung und der Attraktorpositionen. G. Narr, 1992. 此处转引自张俊阁《后期近代汉语方言处置式类型学考察》，山东人民出版社 2016 年版，第 42 页。

② 例句引自 BerndHeine, TaniaKuteva 2012：398-399，BerndHeine 引自 Lord 1989：136。

词语素、处置标记等多种义项,"将"也具有名词、副词、介词、连词、助词、构词语素、词缀、处置标记等多个功能,各个功能之间界线不甚明确。

除了张俊阁概括的"动词性强弱不同"和"语义、语法功能的多寡"这两点原因外,我们认为还有其他原因造成了不同处置标记在方言中的虚化程度不同。一是动词虚化的时间长短不同,语法化时间越长的处置标记其虚化的程度越高、作为处置标记的功能就越固定。像"拿"从动词虚化为处置标记的时间相对较短,其虚化的程度就远不及"把"和"将",在共同语和方言中往往还兼具多项语法功能[①]。而方言中如"提、掬"等表示"持拿"义的动词,在共同语中则根本没有发展出处置标记的用法,在部分方言中虽然发展成了处置标记,但也往往保留了"持拿"的动词义。张俊阁(2016:41)通过对"拿抓"义动词进行历时研究后也发现:明清以来,"把"在与同类功能标记的竞争中,以绝对优势超过早已产生的处置标记"将",而后起的"拿""捉"要取代"把"字目前看来尚需时日。二是受共同语影响的程度不同,受共同语影响越大的方言,其处置标记虚化的程度越高。在大多数受共同语影响较大的官话区,都是用"把"作为最常用的处置标记、"把"作处置标记的用法也越固定;而在受共同语影响较小的方言区,如湘方言中"拿抓"义处置标记大多用"拿""捉"等动词,大多数客方言区中也不用"把"作处置标记,而是习惯用"拿"。又比如随着"把"字句在布依语的普遍使用,在相当大的一部分布依语地区,将要取代原有的处置介词(周国炎1993),在东干语中也有大量用"把"作处置标记的情况(焦妍2014)。三是处置式在方言中使用频率的高低不同,处置式发展越成熟的地区用"把"作处置标记的概率越大,反之则越小。在处置式发展相对较晚的某些东南方言中,甚至不用处置标记、而是直接将处置宾语提前,用受事主语句来表达处置含义。

(二)"给帮"义

曹茜蕾(2007\2013)在综合研究汉语十类方言后发现,"给"义

[①] 石毓智(2007)在《论处置结构的新发展——"拿"的语法化及其功能》一文中也有相关表述,认为"把"经历了一千多年才最后完全发展成为一个处置标记,而"拿"只处于它语法化的初始阶段。

动词是汉语处置标记的第二大来源，并且北京话的"给"也可用作处置标记。可能是鉴于同为汉语方言处置标记来源之一的"帮"和"给"的语法化路径基本一致，后面的宾语通常都是受益的对象，甚至在有些方言中（如湖南桂阳）"给予"义和"帮助"义可共用一个动词，因此曹先生在进行分类的时候将"给"义动词和"帮"义动词来源的处置标记放在一起讨论，我们这里借鉴了曹先生的分类方法。根据我们在第3章对汉语方言处置标记的方言分布的考察，确实也印证了曹先生的观点，很大一部分方言区的处置标记都是来源于"给予"义动词。比如在冀鲁官话区中，我们统计的近40个河北省的方言点中，绝大多数都是用"给"作处置标记；湘方言中的处置标记主要来源于"给予"义动词，虽然很多用的是处置标记"把"，但这些"把"在方言中作动词时不是"持拿"而是"给予"义；吴语的处置标记重要来源也是"给予/帮助"义的动词，许宝华、陶寰（1999）经调查后发现，"给/帮"类处置词在吴语中的分布范围最广，除了太湖片外，其他吴语均用该类处置词，如台州片、处衢片的"拨"或"约"，瓯江片的"代"，婺州片的"帮"等；徽语中最常见的是处置标记"帮"和"把"，其次是"给予"义的"给、畀、分"；赣语中常用"畀"作处置标记。湖南洞口老湘语中的"等"在方言中也兼作"给予"义动词。

山西临猗（郭晓瑞2014）：地主给这娃奈腿（给）打断啦。（中原官话）

湖北襄阳（王丹荣2005）：他给眼睛闭到了。（西南官话）

山西太原（李琳2017）：他给衣裳上闹弄上日脏咧。（晋语）

江苏泗洪（周琴2008）：他给信寄得了。你给书给摆葛宁个。（江淮官话）

河北抚宁、三河、蓟县、青龙等多地（李行健1995：678）：给书给我。（冀鲁官话）

山西临汾（潘家懿1988：107\127）：你要看戏我与你得椅子荷上。这娃淘的不是一点儿，得我弄的没法。（中原官话）

湖南江永（邓永红2016：197）：他分我的衣借去了他把我的衣服借走了。（土话）

福建永定（李小华2013）：衫得拒折好来把衣服叠好。（客家话）

广东大埔（李小华 2013）：佢得涯碗要烂了_{他把我的碗打破了}。（客家话）

浙江慈溪（章望婧 2013）：得姆妈高兴煞了_{把妈妈高兴坏了}。（吴语）

湖南衡山（伍云姬 2009：261）：他得我骂咕一餐_{他把我骂了一顿}。（湘语）

江西南城、福建建宁等（李如龙、张双庆 1992：441\455）：畀手洗净下。（赣语）

安徽黟县、旌德（孟庆惠 2005：216）：尔畀门关起来_{你把门关起来}。（徽语）

福建诏安（周跃红 1999：1087）：饭食食互伊了_{把饭吃光}①。（闽语）

湖南桂阳（伍云姬 2009：70—84）：带支书批评一顿_{把支书批评了一顿}。（湘语）

福建宁化（李小华 2013）：佢帮事情从头到尾讲来一转_{他把事情从头到尾讲了一遍}。（客家话）

浙江高敬（黄红蕾 2006）：渠讲侬弗肯帮门开_{他说我不肯把门开}。（吴语）

湖南凤凰、新化、辰溪等地（伍云姬 2009：297—299）：渠帮三个伢息都喊起来_{他把三个孩子都叫起来了}。（湘语）

云南鹤庆（黄伯荣 1996：662）：帮门关上。（白话）

云南永胜（何守伦 1989：158）、昆明、曲靖、昭通、大理等地（云南省地方志编纂委员会 1989：446）：帮人急死了。（西南官话）

温州永嘉（朱赛评 2014：365）：代粥吃爻_{把粥吃了}。（吴语）

浙江泽国（许宝华、陶寰 1999）：尔拨我拨门关牢_{你帮我把门关上}。（吴语）

浙江湖溪（许宝华、陶寰 1999）：约我吵得眠熟弗去_{把我吵得睡不着觉}。（吴语）

福建秀篆（李如龙、张双庆 1992：438）：搭门关上。（客家话）

湖南流丰（邓永红 2016：197）：佢搭我骂了顿死咯_{他把我臭骂了一顿}。（土话）

---

① "互"在此处的用法比较特殊，相当于用作处置标记、置于复指受事宾语的代词"伊"前，并非直接置于受事宾语"饭"的前面，我们这里仍然把它视作处置标记。但"互"在闽南语中一般用作被动标记、不用作处置标记，除了诏安话中出现了这种类似处置标记的用法外，经本文调查的其他闽南语中尚未发现文献用例。

上述这些处置标记作动词使用时，大多都曾有过"给予"或"帮助"义，以下是《康熙字典》中的记载①。

给：【玉篇】供也，备也。【左传·僖十三年】敢不共给。

分：【唐韵】府文切【集韵】【韵会】方文切，音饙。【说文】别也。从八刀，刀以分别物也。【易·系辞】物以群分。又【广韵】赋也，施也。【增韵】与也。

畀：【古文】畁【集韵】必至切【正韵】浦至切，音比。【尔雅·释诂】畀，赐也。【书·洪范】不畀洪范九畴。【传】畀，与也。【诗·卫风】彼姝者子，何以畀之。【传】畀，予也。

互（本字是"与"②）：详见下列"与"的解释。

帮：【广韵】【正韵】博旁切【集韵】逋旁切，音邦。【广韵】帮衣，治丝履。【集韵】治履边也。【六书故】帮，裨帖也。省作帮。凡事物旁取者皆曰帮。（"帮"本义与布帛有关，指鞋的边缘部分，后作"帮助"义动词）

拨：【说文】治也。【诗·商颂】王桓拨。【公羊传·哀十四年】拨乱世，反诸正，莫近于春秋。（虽然按照《说文》中的解释，"拨"的本义是"治"，但由于长期在共同语中表示"分给"含义，我们仍将其归作"给"义动词）

与：【广韵】【集韵】【正韵】同与。【说文】赐予也。一勺为与。【六书正讹】寡则均，故从一勺。又【增韵】及也。【易·说卦】是以立天之道，曰阴与阳。立地之道，曰柔与刚。立人之道，曰仁与义。

有些方言的处置标记虽然在共同语中不表示"给帮"含义，但在方言中是作"给帮"义动词使用的。比如上述湖南常宁等地的处置标记"得"，虽然在共同语中表示"得到"含义，但是在方言中是"给予"义动词。又如吴语中的"约""代"，湖南洞口老湘语中的"等"这些处置标记，在共同语中均不用作"给帮"义动词，但在各自的方言中都兼有"给予"或"帮助"义。还有一些方言的处置标记虽然看似和"给帮"义动词毫无关联，但其实也来源于该类动词，如闽南语

---

① 检索自《汉典》线上查询网站。
② 据连涵芬《简析德化话中的"互"》，《牡丹江师范学院学报》（社会科学版）2014年第4期。

中的"互"就来源于"给予"义动词：在厦门地区读 [hɔ²²]，泉州一带说为"乞 [kit33]"，"吐 [tʰɔ24]"，"当 [tʰŋ44]"（陈法今1988）；德华方言中读 [hɔ²²]（连涵芬2014）。连涵芬（2014）指出："互"的本字应当是表"赐予"义的"与"字，从音韵的角度来看、"与"在《集韵·语韵》中记录为"演女切"，而中古以母字在闽南话白读音为 [t] 或 [tʰ]，[tʰ] 声母又可演化为 [h] 声母，中古的鱼韵在闽南方言中白读音为 [ɯ]。但是在陈法今（1998）和连涵芬（2014）这两位学者的调查中，"互"在闽南话中一般表"给予义、容让义、被动义"，未见处置标记的用法。在我们目前检索到的有文献记载的闽南话中，也仅有上面诏安一处出现了类似处置标记的用法。不过这恰也证明了"给予"义动词是方言中处置标记和被动标记共用标记的主要来源之一，在有些方言中演化为处置标记、有些方言中演化为被动标记，还有些方言中可以兼作处置和被动标记。

学界对于"给予"义动词演化为处置标记的研究较为充足，潘秋平（2013）将"给予"动词的语义演变归纳为"给予动词 > 与格标记"和"给予动词 > 使役标记 > 被动标记"两条独立的语法化链条，王健（2004）和林素娥（2007）都主张"给"作处置标记是在连动结构中"给1 + NP1 + 给2 + NP2"第一个动词"给"虚化的结果①，并且林素娥还指出，"给予"义动词除了直接语法化为处置标记外，还可以语法化为与事介词的"给"、再进一步语法化为处置标记，在其他方言中也有例证，如湘语中的"帮"、温州方言的"逮"等。曹茜蕾（2007\2013）也曾明确指出，当"给/帮"义动词出现在了连动式的第一个动词的位置时，它们便被赋予了有可能演变为处置标记的句法环境，并且在某些汉语方言中可以由受益格标记演化为宾格标记，类似的案例还发生在古代英语到现代英语中第三人称的发展以及波斯语的受格标记中。虽然张俊阁（2016：44）在对后期近代汉语文献中的处置式作研究时，未能找到相关文献用例，但是张俊阁也表明我们不能因此就否认"给予"义动词是处置标记重要来源之一的说法。

---

① 王健（2004）认为处置标记"给"的来源主要有二：一是源于介词"给（为、替）"，二是源于"给 + NP + VP"中表使役的"给"。

第 6 章　汉语方言处置式和处置标的发展

上述学者都主张"给予"义动词处于连动结构中第一个动词的位置时,"给予"动词具备了虚化为与格标记、再虚化为处置标记的条件,大量的汉语方言中确实存在"给帮"义动词兼作与格标记的用法。

河南郑州（卢甲文 1992：142\148\158）：给我本儿书。（"给"作"给"义动词）\ 你给门关上。（"给"作处置标记）\ 叫咱这儿哩县官儿百天给这个地张儿盖一个十三层哩高高塔儿。（"给"引进受益者）

湖南常宁（占升平 2013）：格部单车坏刮倒,那部得我骑这部单车坏了,那部给我骑。（"得"作"给"义动词）\ 老华得牛抽刮几鞭子老华给牛抽了几鞭子。（"得"引进受损者）\ 得姆妈高兴煞了把妈妈高兴坏了。（"得"作处置标记）（常宁处于湘东赣语向湘语的过渡地带）

湖南桂阳（伍云姬 2009：70—84）：带渠弯只包子给他一个包子。（"带"作"给"义动词）\ 有个带渠做家务事咯人有个帮他做家务事的人。（"带"作"帮"义动词）\ 你带我倒杯茶罗请你替我倒杯茶。（"带"引进受益者）\ 带□只把盂搭滴□饭拿那个杯子盛点稀饭。（"带"作工具介词）\ 带你还亲下跟你还亲些。（"带"引进涉及的对象）\ 你带我困罗你和我睡。（"带"相当于连词）

浙江温州（许宝华、陶寰 1999）：尔代我代门关上你帮我把门关上。（前一个"代"引进受益者,后一个"代"作处置标记）

浙江宁波（伍云姬 1999：139）：其搭大哥交关像他跟大哥很像。（"搭"引进比较的对象）\ 其弗当心,搭该小人推倒他不小心,把这个小孩推倒。（"搭"作处置标记①）

湖南六合（邓永红 2016：194）：搭个信去捎个信去。（"搭"作动词,"捎信"义）\ 搭佢弯只包子给他一个包子。（"搭"作动词,"给予"义）\ 你搭我抄几个字你帮我抄点东西。（"搭"作动词,"帮助"义）\ 你搭我写封信。（"搭"引进给予的对象）\ （"搭"引进受益的对象）\ 箇个搭□[me³³]个一样这个和那个一样。（"搭"引进比较的对象）\ 搭我办点事。你搭佢好你对他好。（"搭"引进动作有关的方向）\ 佢搭我骂了餐死咯他把我

---

① 根据伍云姬的调查显示（伍云姬：《汉语方言共时与历时语法研讨论文集》,暨南大学出版社 1999 年版,第 139 页）,宁波话的"搭"也有"帮"的意思,有可能本字是"著"。

臭骂一顿。（"搭"作处置标记）\ 搭只狗咬□［ti⁴⁵］口被狗咬了一口。（"搭"作被动标记）

此外，王健（2004）、林素娥（2007）都还发现了"给予"义动词的另一条演化路径，即给予义动词发展为使役动词、再虚化为处置标记的用法，但这种用法并非在所有方言中都存在、只是在部分方言中有所体现。张俊阁（2016：45）也在近代汉语方言中发现了"给予"义动词可以出现在"甲＋V1＋N＋给＋乙＋V2"的结构中（如：李氏说有甚么给爹吃哩!），此时"给＋乙＋V"中的"乙"既是"给"的对象、又是 V 的施事，"给"就由"给予"义转变为了使役动词。还有一些方言中处置标记除了作"给予"义动词、"致使"义动词、与格标记外，还兼作被动标记，这也说明"给予"义动词有同时向处置标记和被动标记发展的可能。因此我们可以看到在现代汉语方言中，存在大量的"给予"义动词发展而来的处置标记可兼作"致使"义动词、与格标记、被动标记等多种语法功能。

湖北襄阳（王丹荣 2005）：迟早总是要给的，又跑不了。（"给"作"给"义动词）\ 他霸着娃娃儿书小人书不给妹妹看。（"给"作"容让"义动词）\ 你这样对他太不公平了，莫给他恨你一辈子。（"给"作"致使"义）\ 你给书拿来我翻一伙子。（"给"作处置标记）\ 小李给人打断了螺丝骨。（"给"作被动标记）\ 小李给小王搬把板凳来。（"给"引进受益者）\ 盘子太烫，慢慢儿地给端过去。（"给"作助词）

湖北荆州（张义 2014）：我爸爸给哒我一个新手机。（"给"作"给"义动词）\ 给这碗饭吃阿再说。（"给"作处置标记）

河北隆化、平泉等地（李行健 1995：678）：给书给我。（前一个"给"作处置标记，后一个"给"作"给"义动词）\ 茶杯给他打破了。（"给"作被动标记）

安徽祁门（孟庆惠 2005：257）：尔分佢吰来你把他叫来。（"分"作处置标记）\ 请尔分我带封信请你给我带封信。（"分"引进受益者）\ 鱼分猫儿吃失着鱼被猫吃掉了。（"分"作被动标记）

江西太源（郑克强 2014：650\645）：分一支笔渠给他一支笔!（"分"作"给"义动词）\ 未分［pun⁴⁴］衫拿转来他没有把衣服拿回来。

("分"作处置标记)

湖南衡阳（伍云姬 2009：244—245）：一分钱都冒得我一分钱都未给我。（"得"作"给"义动词）\ 火咯人，其要骂你得你骂一顿脾气大的人，他要骂你就把你骂一顿。（"得"作处置标记）\ 得板子架起咯用板子架着的。（"得"作工具介词）\ 走箇来冒两天就得你骂一顿，我还不如不来我到这来没两天就被你骂一顿，我还不如不来。（"得"作被动标记）

湖南梁家潭（陈晖 2016：287 \ 291）：得我本书给我一本书。（"得"作"给"义动词）\ 得那东西拿得我把那东西拿给我。（"得"作处置标记）\ 得大势办颗事给大家办点事。（"得"引进受益者）

江西上高（罗荣华 2014）：我畀给渠，渠又不要我送给他，他又不要。（"畀"作"给"义动词）\ 你畀秧苗长到六寸再打药你让秧苗长到六寸再打药。（"畀"作"容让"义动词）\ 我畀废纸卖泼过我把废纸卖掉了。（"畀"作处置标记）\ 渠畀老师批评过一顿他被老师批评了一顿。（"畀"作被动标记）

江西南城、建宁等（李如龙、张双庆 1992：438）：畀门关上。（"畀"作处置标记）\ 畀他吃了。（"畀"作被动标记）

安徽黟县、旌德（孟庆惠 2005：216）：请尔畀书担畀我请你把书拿给我。（"畀"作处置标记）\ 请尔畀我照个相请你给我照个相。（"畀"引进受益者）\ 小王畀狗的咬哈嘞小王被狗咬了。（"畀"作被动标记）

广西南宁（宁洁 2015）：拧啲水果畀佢哋拿些水果给他们。（"畀"作"给"义动词）\ 抱住只公仔，冇畀佢跌了把娃娃抱紧，别掉地上了。（"畀"作处置标记）

福建诏安（周跃红 1999：1087）：拿一本书互我拿一本书给我。（"互"作"给"义动词）\ 饭食食互伊了把饭吃光。（"互"作处置标记）\ 伊互人拍着伤他被人打伤了。（"互"作被动标记）

湖南新化（伍云姬 2009：190）：妈妈帮我买哩个乖呔书包妈妈给我买了个漂亮的书包。（"帮"引进受益者）\ 你帮我吃咖咯碗饭你给我吃了这碗饭！（"帮我"用于祈使句，加强语气）\ 帮其打一餐把他打一顿。（"帮"作处置标记）\ 一百块钱帮你用得干干净净一百块钱全被你用完了。（"帮"作被动标记）

浙江泽国（许宝华、陶寰 1999）：我拨尔一样物事我给你一样东西。

（"拨"作"给"义动词）\ 尔拨我拨门关牢你帮我把门关上。（前一个"拨"引进受益者，后一个"拨"作处置标记）

浙江湖溪（许宝华、陶寰1999）：我约渠十块钞票我给他十块钱。（"约"作"给"义动词）\ 约我吵得眠熟弗去把我吵得睡不睡觉。（"约"作处置标记）

（三）"使令"义

"使令"义的动词也是汉语方言处置标记的重要来源之一，虽不如"持拿"义和"给帮"义动词普遍，但在现代汉语方言中"使令"义动词兼作处置标记的现象也比较常见，在中原官话中尤为常见，广泛地存在于河南多个方言点。这种类型的处置标记比较固定，大多数方言用"叫"（在有些方言中也记作"教"）或者"让"，湖南洞口方言用"等"①。

安徽亳州、蒙城（胡利华2011）：这个孩羔子再不听话，就叫他关屋来这个小孩如果再不听话，就把他关到屋里。\ 他叫手指头子刮烂了一点个皮。（中原官话）

河南叶县（张雪平2005）：我叫钱交给老师了。（中原官话）

河南确山（刘春卉2008）：今儿个有客来，我得叫屋里收拾收拾。（中原官话）

山东郯城（颜峰、徐丽2005）：你叫衣裳洗完了再走吧。\ 他叫家里的粮食卖了一多半，还没够还那顿酒钱的。（中原官话）

陕西故城（许胜寒2016）：孩子叫碗摔碎了。（冀鲁官话）

山东沂水（石林2011）：多吃点儿，叫你饿着多吃点儿，把你饿着！（胶辽官话）

河北磁县、邢台（柳宁2016）（吴继章2017）：这个事儿快叫我愁死了。\ 叫那窗户关上。（晋语\ 冀鲁官话）

湖北襄樊（魏兆惠2004）：他叫/教眼睛闭倒了。（西南官话）

浙江临海（卢笑予2013）：个件事干老实让我急死爻。（吴语）

河南许昌（韩栋2005）：他让东西摆了一屋，连个站哩地方都没有

---

① 在我们收集的材料中，还有很多方言是用"给"兼作使令动词和处置标记的，但是因为我们倾向于表使役的"给"也是来源于"给予"义，所以把"给"依然放在上一小节讨论。

他把东西摆了一屋，连个站的地方没有。\ 你让钥匙拿着，省哩回来进不了屋你把钥匙拿着，省得回来进不了屋。（中原官话）

湖南洞口（胡云晚2010：193）：我是等衣衫清起着才行个我是把衣服清理好之后再走的。（湘语）

需要特别说明的是湖南洞口方言的"等"，在胡云晚（2010：193）的调查中可以用作介引时间起点、终点、给予对象、受益对象、方向的介词（等明日起，我要台颇读书哩从明天开始，我要努力读书了。\ 等你来个时候，鱼早就卖完哩等到你来的时候，鱼早卖光了。\ 我等妹妹买起一身新衣衫我给妹妹买了一套新衣服。\ 没要你等我操空哩心不要你为我空操心。\ 等老师敬礼向老师敬礼。），也可用作处置标记和被动标记（我是等衣衫清起着才行个我是把衣服清理好之后再走。\ 其个衣衫等火烧倒焦臭他的衣服被火烧得焦臭。），并未涉及使役动词的用法。但是鉴于"等"在同为湘语区的湖南娄底、平江、凤凰等地都可作使役动词（平江：好累人，快等我歇一下好累，快让我歇会儿。\ 娄底：滴碗等我来洗碗让我来洗。\ 我年轻，等我去我年轻，让我去。）①，所以我们这里依然把"等"的来源归作使役动词。

刘春卉（2008）、胡利华（2011）、颜峰（2005）等学者在分别对河南确山、安徽蒙城、山东郯城等方言进行调查研究后均支持"使令"义动词转化为处标记的前提是存在于"叫+N1+V+N2"这种连动结构，刘春卉（2008）进一步论证了使役动词"叫"后的NP2是主语NP1发出VP这一动作行为的相关器官时（如：她叫嗓子都哭哑了），"叫"就有可能功能扩展为处置标记。黄晓雪、贺学贵（2016）综合考察了《歧路灯》中反映出的官话区"叫"表处置的现象，同样也赞成"叫"在致使义结构"NP1+叫+NP2+VP"中经历了由使役动词发展成为致使义处置标记再扩展为广义处置式标记的路程，其中NP1与"叫+NP2+VP"之间的语义关系以及与VP的及物程度决定了该结构能否重新分析为致使义处置式；并指出"叫"之所以能够由动词虚化为处置标记至少受两方面因素影响：使役动词"叫"的高频使用以及方言中原有处置式的影响（用"叫"作处置标记的方言很多还可以同

---

① 例句分别见于伍云姬《湖南方言的介词修订本》，湖南师范大学出版社2009年版，第24—33、181、305页。

时用"把")。因此我们可以看到很多用"叫"作处置标记的方言中,"叫"还兼有使令动词的用法。如:

陕西故城（许胜寒 2016）：他家叫汽车拉的麦子。（"叫"作使令动词）\ 孩子叫碗摔碎了。（"叫"作处置标记）

河南新野（徐奕昌，张占献 198：122）：你妈叫你做啥你都做啥埋令不听话。（"叫"作使令动词）\ 招呼好，埋叫娃儿冻住了，冻住了肯冒屎。（"叫"作处置标记）

但并非所有用"叫"作使役动词的方言，都发展出处置标记的用法，如山西的太原、和顺、临县、长治、大河、忻州、临汾、运城、广灵等地，据侯精一、温端政（1993：301—302）调查，都用"叫"作使役动词：

太原：大夫叫你多睡一睡。

和顺：医生叫你多睡一睡。

临县：医生叫你多睡一会儿。

长治：医生叫你多睡睡哩。

大同：医生叫你多睡会儿。

忻州：先生叫你多睡一睡。

临汾：先生得你多睡一会儿。

运城：医生叫你多睡一睡。

广灵：先生叫你多睡会儿。

上述方言的处置标记都是用"把"、而不是用叫（侯精一、温端政 1993：305）：

太原：把口外东西给我拿过来。

和顺：把那一个东西给给我。

临县：把兀个东西贻拿给我。

长治：把那个东西拿给我。

大同：把那个东西递给我。

忻州：把未个东西拿者来。

临汾：把兀个东西予喽我。

运城：把兀个东西拿来给我。

广灵：把那个东西给我拿过来。

还有一些方言中使役动词"叫/教""让"等用作被动标记，但未能发展成为处置标记的用法，在这些方言中处置标记往往用"把"。

甘肃礼县（陈晓强等 2015：187）：他叫（让）困难吓倒了。（"叫/让"作被动标记）\ 你把饭倒着地下了。（"把"作处置标记）

湖北孝感（王求是 2014：12）：氕个消息让他蛮兴奋。（"让"作使役动词）\ 他经常让领导表扬。（"让"作被动标记）\ 氕个伢把杯子打碎了。（"把"作处置标记）

安徽岳西（储泽祥 2009：195—197）：氕个人手脚不能动着，就恁个让佢打那个人手脚都不能动了，就这么让/被他打。（"让"可理解为使役动词，也可理解为被动标记）\ 我让佢打着一下我被他打了一下。（"让"作被动标记）\ 佢把菜都吃掉着他把菜都吃掉了。（"把"作处置标记）

山东泰安（宁廷德 2015：347）：叫（让）我说咱还得去。（"叫/让"作使役动词）\ 我叫（让）他气糊涂了。（"叫/让"作被动标记）\ 你漫[mā]俺的铁锹弄哪去了。（"漫[mā]/把"作处置标记）

湖南平江（伍云姬 2009：24—33）：等我自己来，你莫管让我自己来，你不要管。（"等"作使役动词，此处引进动作的实施者，有"让"的意思，也可表被动，主要用于非现实的动作。）\ 快把摩托骑进屋，莫等别个偷走哒快把摩托骑进屋里去，不要让别人偷走了。（"等"作被动标记）\ 他把我咯玩具车搭我搞烂哒他把我的玩具车给弄坏了。（"把"作处置标记）

下列这些方言材料中，只记录了"叫""让""等"作被动标记的用法、没有涉及使役动词，因此我们暂不能确定在这些方言中，被动标记"叫""让""等"是否能用作使役动词。

山东无棣（张金圈 2015：361）：杯子让/叫他打破咧。（"叫/让"作被动标记）

河北保定（吴继章 2017）：房子让他们都拆了。（"让"作被动标记）

安徽濉溪（郭辉，郭迪迪 2012）：俺姐叫/让俺大给打了。（"叫/让"作被动标记）

新疆吉木萨尔（周磊 1991：161）：这个事情让财主知道咧。（"让"作被动标记）

山西大同（马文忠 1986：94）：你们说的话全叫人听上走了。

("叫"作被动标记)

浙江义乌（方松熹2000：229）：佢听（替/让）疯狗咬嘞一口 他被疯狗咬了一口。（"让"作被动标记）

江西芦溪（刘纶鑫2008：140）：咋个事都不能等渠晓得哩 什么事都不能被他知道。（"等"作被动标记）

江西南昌（侯精一1998：90）：东西等贼偷不掉了。（"等"作被动标记，在南昌方言中可以与"驮"互换，施动者不出现时只能用"等"或"驮"，"等"用得最多。）

"等"作被动标记的用法，在贵州三都、湖南醴陵、江西修水（都昌、余干、南城、武宁、南昌、彭泽、波阳、乐平、余干、贵溪、余江、进贤、东乡、临川、南城、吉安、分宜、宜春、石城）①② 等客赣方言中大量存在。

关于"叫"由使役动词发展为被动标记的语法化路径，前辈学者们多有精妙的论述。蒋绍愚（2002：159—177）指出，"教"表使役很早就已经出现、并且是很常见的现象，"教"由使役动词发展成为被动标记大概是在唐代、在唐诗中有一些理解为使役动词和被动标记两可的现象（如：五月贩新鱼，莫教人笑汝），此时的施事还必须是有生命的；发展到清代，在《红楼梦》中"教"已经大多写作"叫"，施事可以是无生命的（如：叫雪滑倒了）。蒋绍愚（2002：170）还归纳了太田辰夫、江蓝生等学者的观点，总结出使役句重新分析为被动句的三个条件：汉语动词表主动和被动在形式上没有区别；"教"字句的谓语动词是及物的；"教"字前面不是施事主语、而是受事主语。张雪平（2005）在对河南叶县方言的"叫"字句进行分析时，援引了赵茗（2003：16）③ 的观点，认为"叫"用作使役和被动的用法是对"教"的替代，"教"和"叫"在唐代都有去声的读音。按照这些学者的观点，表使役和被动的"叫"应该是对"教"的同音替代，这同样在方

---

① 李如龙、张双庆：《客赣方言调查报告》，厦门大学出版社1992年版，第438页

② 参见刘斌总纂、陈昌仪主编，江西省地方志编纂委员会编《江西省志·江西省方言志》，方志出版社2005年版，第807—808页。

③ 赵茗：《中古以来"给予"义动词向被动介词的语法化问题研究》，南开大学，硕士学位论文，2003年。

言中也得以论证,在下列方言中表使役或被动时,有些依然记作"教"、有些"叫"和"教"都可以:

湖北襄樊(湖北省襄樊市地方志编纂委员会1994:14):他教狗子咬了。

河北昌黎(河北省昌黎县县志编纂委员会1960:272):茶碗教他给打咧。

山东莱州(钱曾怡2005:226—227):这本书教他撕破了。

山西临县(侯精一,温端政1993:301):医生教你多睡一会儿。

山西长治(侯精一,温端政1993:301):医生教你多睡睡哩。

使役动词"叫"在方言中除了分别发展出处置标记和被动标记的用法外,在某些方言中还可同时用作处置标记和被动标记。如:

山东郯城(邵燕梅2005:207—208):别叫他走了。("叫"作使令动词) \ 你叫门关上。("叫"作处置标记) \ 他叫狗咬了。("叫"作被动标记)

山东枣庄(吕俭平2011:157):恁爹叫你明儿清起赶集去你爸爸让你明天早上赶集去。("叫"作使令动词) \ 多吃点儿,白叫你饿着多吃点儿,别把你饿着!("叫"作处置标记) \ 恁爹昨门儿天黑就叫恁二大爷喊走了你爸爸昨天晚上就被你二伯父叫走了。("叫"作被动标记)

河南确山(刘春卉2008):你叫手伸开。("叫"既可理解为使令动词,也可理解为处置标记) \ 俺都没叫你当外人,你也别作假。("叫"作处置标记) \ 这事儿叫老师知道喽就麻烦来。("叫"作被动标记)

河北磁县(柳宁2016):这个事儿快叫我愁死了。("叫"作处置标记) \ 爷爷嘞帽的叫风刮没了影儿了。("叫"作被动标记)

河南项城(王慧娟2012):我叫作业写完了。("叫"作处置标记) \ 走路长点儿眼,白叫东西绊倒唠。("叫"作被动标记)

河南叶县(张雪平2005):风叫树刮倒了。("叫"作处置标记) \ 牛叫小三儿牵走了。("叫"作被动标记)

湖北襄樊(魏兆惠2004,王丹荣2006):哪个给/叫(教)这个毛巾弄脏的?("叫"作处置标记) \ 小伙子的嘴叫糊辣汤烫起了水泡。

("叫"作被动标记①)

湖北郧县（苏俊波2016：171）：叫门关上。（"叫"作处置标记）\ 他叫人打破头唠。（"叫"作被动标记）

上述这些方言事实也说明了使令动词有条件发展为处置标记和被动标记，但是这条语法化路径并不是连贯的，不是遵循"使令动词→被动标记→处置标记"或者"使令动词→处置标记→被动标记"这样的演变方式，而是两条分别展开的发展路径，即"使令动词→被动标记"或"使令动词→处置标记"。否则难以说明为什么"叫/让"等使令动词在某些方言中只发展出处置标记、而在某些方言中又只发展出被动标记的现象。

（四）"称呼"义

我们这里所述的"称呼"义来源的处置标记存在于前文所论及的"命名义"处置式，在部分方言调查材料中，当表达"把……叫作/称作……"时，除了可以用方言中相当于"把"的处置标记，还可以用"叫、喊"这类最为常见的表示"称呼"义的动词替换处置标记"把"。

海南屯昌（钱奠香2002：171）：伊叫奴狗叫做"奴禄"。（闽语）

山西太原、大同（侯精一、温端政1993：305）：有的地方叫太阳叫阳婆有些地方把太阳叫头。（晋语）

湖南汝城（曾献飞2006：199）：有□地方喊太阳喊做日头有些地方把太阳叫日头。（湘语）

但如果后面的动词使用的是"作"而非"叫作/叫"时，只能用"称呼"义动词与之搭配，不能直接替换成"把"。

湖南长沙（鲍厚星1999：347）：有些地方喊太阳做日头。（湘语）

湖南常宁（吴启生2009：19）：常宁人喊马铃薯做洋芋子常宁人把马铃薯叫洋芋子。（湘语）

湖南湘潭（曾毓美2001：108）：有的当上叫太阳做日头有些地方把太阳叫日头。（湘语）

"叫""喊"在古代汉语和现代汉语共同语中都是作"称呼"义动

---

① 此处魏兆惠和王丹荣的调查结果有分歧，魏兆惠（2004）认为在襄樊话中，"给"和"叫"不能用于被动，只能用于表示处置。

词使用,《康熙字典》中有如下解释①:

叫:【唐韵】【正韵】吉吊切【集韵】【韵会】古吊切,音訆。【说文】嘑也。【诗·小雅】或不知叫号。【释文】叫本又作訆。(其中《说文》中用来解释的"嘑"就是"叫喊"义)

喊:【广韵】呼豏切【集韵】火斩切,音欦。【扬子·方言】喊声也。【正字通】扬子本作咸,咸,和味也。讹作喊。又【集韵】虚咸切,音顩。呵也。(虽然按照《正字通》的解释,"喊"的本义应该与用口尝咸味有关,《集韵》中用表示大声喝斥的"呵"来解释"喊",但"喊"在词义发展的过程中发展出了"叫喊"义)

在古代汉语中也存在用"叫/喊 + NP1 + 叫做/称作 + NP2"或"叫/喊 + NP1 + 做 + NP2"这类结构替换"把……叫作/称作……"的用法,以下是我们在 CCL 语料库中检索到的部分语料:

当时裴五衙便叫厨役叫做王土良,因有手段,最整治得好,故将这鱼交付与他。(《醒世恒言》)

这位多老爷有两个儿子,大的叫吉祥,我们都叫他做祥大爷,是个傻子;第二个叫吉元,我们都叫他做元二爷。(《二十年目睹之怪现状》)

还有一些方言中置于处置标记位置的词汇形式虽然无直接的"称呼"义,但是它们专门在命名义处置式中与表示"称呼"义的动词搭配使用,如河北昌黎、山东沂南方言中的"管",浙江义乌、余姚方言中的"怄",山东沂水方言中的"赶"等,我们也将这些类似于处置标记功能的词汇形式归作"称呼"义来源的处置标记。

湖南祁阳(李维琦 1998:188):有的地方管白薯叫山药。(湘语)

河北昌黎(河北省昌黎县县志编纂委员会 1960:137\272):老大寻思他傻,就管他叫傻子。\够(逛/跟)白薯叫山药。("把"是常用处置标记)(冀鲁官话)

山东沂南(邵燕梅 2010:349):俺那里管红薯叫地瓜,江苏有一些埝儿管红薯叫山芋。(冀鲁官话)

福建福清(冯爱珍 1993:212):有的地方管白薯叫山药。\也有

---

① 检索自《汉典》线上查询网站。

地方将白薯叫着山药。("将"是常用处置标记)(闽语)

　　湖南汝城(曾献飞2006:133):我侬管白薯喊洋薯。(客家话)

　　山东沂水(张廷兴、王祚厚、李贵友1994:182):他赶我叫大叔。(胶辽官话)

　　浙江余姚(肖萍2011:281):阿拉徽州玉米讴苞谷葛_{我们徽州管玉米叫苞谷}。(吴语)

　　浙江义乌(方松熹2000:225):有些地方讴太阳讴热头_{有些地方把太阳叫热头}。(吴语)

　　广西阳朔(梁福根2005:281):有些地方伴白薯喊做/讲做山药。("把"是常用处置标记)

　　海南屯昌(钱奠香2002:180):伊牵我叫做舅爹。("揞、揪"是常用处置标记)

　　我们在2.2.5节"命名义处置式"中也曾提及,有些方言中置于处置标记位置的动词尚未完全虚化、仍可用作实义动词,因此方言中经常用连动结构表示命名义处置,用公式记作"NP_施+'称呼'义动词+NP_受+('称呼'义动词/系动词)+NP_{名称}"。如:

　　广西阳朔(梁福根2005:281):有些地方讲白薯是山药。

　　其中,连动式中的后一个动词常可以省略,用双宾结构表示命名义处置。

　　湖南湘潭(曾毓美2001:85):喊他老祖宗。

　　湖北丹江(苏俊波2007):我们都叫他师傅。

　　根据上述方言语料我们可以发现"称呼"义处置标记是专门用在"命名"义处置式中、是在方言中对"把+NP1+叫作/称作+NP2"这种结构的同义表达,命名"义处置式"叫/喊+NP1+叫作/称作+NP2"中的"叫/喊"实则就是对处置标记"把"的简单替换。其中NP1与NP2是同一项事物在方言中的不同表达,否则前一个"叫/喊"不能被分析为处置标记,如:"见那山西人,左一掌,右一掌,打那小孩子,叫那小孩子叫他父亲,偏偏的那小孩子却不肯(《七侠五义》)。"此时前一个"叫"作使役动词。并且因为后面的"叫作/称作"同样有"称呼"义,在长期的使用过程中,"叫/喊+NP1+叫作/称作+NP2"连动结构中的第一个动词得以重新分析、前面的动词"叫/喊"的动词义逐渐虚化，既可以理解为动词、也可以理解为处置标记。而当后面搭配的不再是"称呼"义动词时，前面的"叫/喊"义动词就不能直接被分析为处置标记，这也就是为什么"称呼"义处置标记往往只能在方言中与"称呼"义动词搭配使用、"叫/喊 + NP1 + 作 + NP2"这类结构中的"叫/喊"不能直接用"把"替换的原因。

（五）伴随格

不同的学者对这类处置标记的来源有不同的称呼，如"伴随格"（曹茜蕾 2007＼2013）、"与格标记"（张俊阁 2016：6）和"连接义动词"（李蓝、曹茜蕾 2013）等。"伴随"义动词以及由其虚化而来的伴随格标记也是现代汉语方言处置标记的重要来源之一，在方言中主要有"连、跟、和、共、合、同、与"等标记形式。如：

山东济宁（徐复岭 2002）：我连衣服都洗完啦。（中原官话）

山东汶上（宋恩泉 2005：286—287）：连桌子擦擦。＼连书弄脏啦。＼连衣裳晒上它。（还可以用处置标记"把"，但使用频率不如"连"）（中原官话）

山东枣庄（吕俭平 2011：194）：我连衣服都洗完啦。（中原官话）

山东济宁（徐复岭 2002：70—76）：我连衣服都洗完啦。（中原官话）

山东德州（曹延杰 1991：199—200）：他连衣裳弄脏俩。（还可以用"办、漫、把、万"等处置标记）（冀鲁官话）

河南安阳（王芳、冯广艺 2015）：他连书包丢啦_{他把书包弄丢了}。＼厂的连他开除啦_{厂子把他开除了}。（晋语）

福建福清、长乐、永泰等地（林寒生 2002：118）：门共关起_{把门关上}①。（闽语）

福建诏安（周跃红、陈宝钧 1999：1087）：紧共伊掠起来_{快把他抓起来}。（闽语）

广东梅州（温昌衍 2006：176—178）：共小王掠来_{把小王抓来}。（客家话）

福建莆田（蔡国妹 2016）：身份证合带身边_{你把身份证带在身边}。（闽

---

① 根据林寒生的调查，在福清、长乐、永泰、福州、古田等地的处置标记"共"，都置于受事宾语的后面，在这些方言中还有一个处置标记"将"。

语，处置标记"合"置于受事宾语后）

　　福建莆仙（蔡国妹 2014）：汝糜合食嘞再讲你把饭吃了再说。（闽语，处置标记"合"置于受事宾语后）

　　广东河源（练春招、侯小英、刘立恒 2010：279）：同我个衫裤收下来把我的衣服收下来。\ 渠同我个笔搞坏哩他把我的笔弄坏了。（客家话）

　　江西瑞金、瑞昌、上饶（陈昌仪 2005：804）：你跟底头牛牵转河解边去。（赣语）

　　湖南沅陵（杨蔚 1999：172）：跟门闭倒。（湘语）

　　江苏宿豫（力量、张进 2011：58）：你跟刀递给我。（中原官话）

　　江西广丰（广丰县地方志编纂委员会 2005：926）：风跟门吹开唻风把门吹开了。（吴语）

　　广东梅县（林立芳 1997）：猫公同伯姆个咸子偷食撒猫把伯母的咸鱼偷吃掉了。（客家话）

　　福建宁德（刘丹青等 2016：108）：汝怎地佮我鞋颂去你怎么把我的鞋穿走。（闽语）

　　福建福鼎（林寒生 2002：118）：佮门开来。\ 门佮伊开来。（闽语）

　　湖南临武（李永明 1988：390—391）：挨眉毛翘正把眉毛翘起来。\ 挨眼睛鼓正把眼睛瞪起来。\ 挨耳朵竖正把耳朵竖起来。（湘语）

　　云南开远（朱雨 2013）：妹妹又挨头发剪短啦。（西南官话）

　　江苏南京（南京市地方志编纂委员会 1993：220）：带门关起来把门关起来。（吴语）

　　湖南宁远（张晓勤 1999：206）：与书打开。（平话）

　　浙江萧山（大西博子 1999：132）：俰儿子则我敲嘞记你儿子把我打了一下。（吴语）

　　上述处置标记除了"则"和"告"外，在古代汉语中都有过与"伴随"义动词相关的用法①：

　　连：员连也。从辵从车。力延切。（《说文解字》），[按照《说文》的解释，"连"的本义是"战斗人员与战车相随"。]

---

① 以下解释除特别标明转引出处外，均检索自《汉典》线上查询网站。

共：同也。从廿卄。廿，二十并也。二十人皆竦手是为同也。（《说文解字》）

跟：【说文】足踵也。或从止作。【释名】足后曰跟，在下旁著地，一体任之，象本根也。（《康熙字典》）［按照《说文》的解释，"跟"的本义是"脚后跟"，但"跟"在宋元时期引申出"跟从、跟随"的意思（吴福祥2003）］

同：【说文】合会也。【玉篇】共也。（《康熙字典》）

和：相䜭也。从口禾声。戶戈切。（《说文解字》）［按照《说文》的解释，"和"的本义是"应和"，但后又引申出"拌和、调和"的意思（吴福祥2003）］

与：赐予也。一勺为与。此与与同。（与）党与也。从舁从与。（《说文解字》）［按照《说文》的解释，"与"可理解为"赐予"或"党与"，而"党与"义又可引申出"参与"、"偕同、与……在一起"义（吴福祥2003）］

佮：合也。从人合声。古沓切。［据庄初升（2000）考证，"佮""合"是同一个语素的不同书写形式，本字是"合"①］

挨：【说文】击背也。【正字通】今俗凡物相近谓之挨。（《康熙字典》）［按照《说文》的解释，"挨"的本义是"击打背部"，但"挨"后又引申出"靠近"的意思，如"对垒每欲相摩挨"。］

合：【说文】合口也。又聚也。【论语】始有曰：苟合矣。【注】合，聚也。（《康熙字典》）［按照《说文》的解释，"合"的本义是"关闭、合拢"的意思，但"合"后又引申出"聚合、汇合"的含义，如"合大夫而告之。《吕氏春秋》"］

带：绅也。男子鞶带，妇人带丝。象系佩之形。佩必有巾，从巾。（《说文解字》）［ "带"的本义是"束衣的腰带"，后引申出"佩戴、携带"的动词义］

"共"是闽语中极为常见的一个处置标记，陈泽平（2006）认为"共"作为处置介词不可能是从动词直接虚化而来、而是由受益介词转化而来。在我们收集到的方言语料中，确实尚未找到"共"在方言中

---

① 转引自吴福祥（2003）。

作"伴随"义动词的用法，福州方言的"共"虽然可作"照料"义动词使用，但是仅此一例、在其他方言中没有类似用法，并且就目前学界对于处置标记来源的研究来看，"照料"义动词也不是处置标记的来源。

福建福州（陈泽平 1998：153—154）：囝掏别侬共□勿会的合音词安心孩子交给别人照料不安心。（"共"作动词，"照料"义）\ 我共老王都是做先生其我和老王都是当老师的。（"共"相当于连词"和"）\ 汝着共齐我去，我乍去你要和我一起去。（"共"引进动作的协同者，相当于介词"和、跟"）\ 福建其经济共广东比固差真远福建的经济和广州比还差得远。（"共"引进比较的对象）\ 我共汝洗衣裳我给你洗衣服。（"共"引进受益的对象）\ 只件事汝着共大家讲清楚这件事你要对大家说清楚。（"共"引进动作有关的方向）\ 者事计共汝无干过这事与你无关。（"共"引进事物的联系方，谓语动词用"有"或"无"）\ 我共被单拆去洗我把被单拆去洗了。（"共"作处置标记）

曹茜蕾（2007）则认为汉语方言中由伴随格演变而来的处置标记虽然在本义上并非都完全一致，但它们都含有"伴随"的意味，而闽语中最为常见的处置标记"共"就是来源于古代汉语中"收集、分享"的动词义。我们这里更认同曹茜蕾先生的观点，虽然在我们现已收集到的方言材料中尚未发现"共"作"伴随"义动词的用法，但是我们并不能就完全否认"伴随"义动词是汉语方言处置标记来源之一的说法。因为"伴随动词＞伴随介词＞并列连词"是学界认可度较高的一项语法化链条，"共"的本义为动词"共同、共有"、魏晋六朝时虚化为伴随介词、六朝后期语法化为并列连词（吴福祥 2003），在用"共"作处置标记的方言中，"共"往往还可兼有"伴随"义介词、并列连词、与格介词（可引介受益\受损的对象、动作有关的方向、比较的对象等等）的用法。

福建平和（庄初升 1998）：老货爱依共伊讲好话老人家喜欢人家对他说好话。（"共"引进动作有关的方向）\ 保姆专工共依做厝内空课保姆专门为别人家做家务活。（"共"引进受益的对象）\ 小王共图书馆＜的＞册抾无去三本小王把图书馆的书丢了三本。（"共"作处置标记）

福建永春（林连通、陈章太 1989：181）：伊共我说过你兮事志他对我说过你的事。("共"引进动作有关的方向) \ 我共侬洗衫裤饲爸母我给人家洗衣服养父母。("共"引进受益的对象) \ 共伊掠起来把他抓起来。("共"作处置标记,此时"共"还可以置于受事宾语后,如:鸡共拍拍死把鸡一只一只地打死)

福建泉州(林华东2008:120—122):汤共我煮一碗汤给我煮一碗。("共"引进受益的对象) \ 共我拍破皮喽把我弄伤皮肤了。("共"作处置标记,此时"共"还可以置于受事宾语后、用第三人称代词复指,如:碗共伊收起来把碗收起来)

福建古田(李滨2014:212):我无闲,汝共我行蜀头我没空,你替我去一趟。("共"引进受益的对象) \ 共先生行礼向老师行礼。目睛共我瞷蜀下他朝/对我使了个眼色。("共"引进动作有关的方向) \ 伊共我账算绽去了他把我的账目算错了。("共"作处置标记)

福建厦门(周长楫、欧阳忆1997:382):伊真肯共逐个人做代志他很肯为大家做事。("共"引进受益的对象) \ 伊共我骂他把我骂了("共"作处置标记,经常组成"共伊把它"来加强处置语气,如:门共我共伊关起来门给我把它关起来)

福建南安(李如龙2001:63):汝共伊说你跟他说。共伊且借咧向他暂借。("共"引进动作有关的方向) \ 汝着共伊请来你得把他请来。("共"作处置标记)

福建晋江(李如龙2001:126):共侬饲牛给人放牛。("共"引进受益的对象) \ 共伊请来把他请来。("共"作处置标记)

"合"是闽语中除了"共"以外,另一个较为常见的处置标记,并且往往被视作"共"的同源词,"合"在闽语中也可充当"伴随"义的介词或并列连词,如在福建永春话中就有"明日我合伊去永安明天我和他去永安。(林连通、陈章太1989:181)"这样的表述。福建莆仙话的"合"的用法极为典型,很好地反映出"合"在闽语中的多功能用法。据蔡国妹(2014)介绍,福建莆仙话的"合"作动词,有文读音和白读音,分别作动词"合作""合伙""混合、照看,按药方抓中药"义,还可作并列连词、伴随介词、处置标记使用,如:我合伊辈都是学生囝我跟他们都是学生。\ 我逢旱合汝齐去我明天和你一起去。\ 牛合羁树下把牛拴在树下。据此,蔡国妹(2014)认为"合"的语法化路径是"伴随义动词>伴随介词（包括并列连词）>受益介词>处置介词"。

李小华（2013）曾对闽粤赣三省的客家方言的处置标记进行了综合性的考察，发现在广东丰顺客家话中存在"和"作处置标记的现象，如"你和嗰头树砍得佢你把那棵树砍了"，但未对"和"作处置标记的来源进行考证。限于目前掌握的语料，我们也不能判定"和"在丰顺客家话中是否有其他语法功能。但在其他方言中，我们可以发现"和"也来源于"伴随"义动词，以山东栖霞方言为例，"和"有如下用法：

山东栖霞（刘翠香2017）：饭和□［ə］菜一块儿吃下去饭和着菜一同吃下去。（"和"作动词，"连同"义）\ 把差米和儿好米拌和在好米里面。（"和"作动词，"拌和"义，当作动词时"和"读［xuo⁴⁴］，读音略区别于作连词和介词使用的"和"①）\ 小莉和我都是栖霞人。（"和"作连词）\ 有事要和浑家商量有事要和大家商量。（"和"引进动作的协同者，相当于介词"和、跟"）\ 我和这事儿没有半毛钱关系。（"和"引进事物的联系方）\ 东西是老王拿嘞，你和他去要。（"和"引进动作的方向）\ 这种萝卜和梨的味儿一样。（"和"引进比较的对象）

刘翠香（2017）指出栖霞方言中的"和"就是遵循"伴随动词>并列连词>伴随介词"的语法化链条，但是根据吴福祥（2003）对于相关文献的考察，"和"作并列连词和伴随介词的用法都产生于唐代，因此我们认为栖霞方言中"和"与其他的伴随义介词的发展路径应该是一致的，依然是"伴随动词>伴随介词>并列连词"。

李炜、刘亚男（2015）在研究19世纪末的《华西官话汉法词典》时发现，在当时的西南官话中，"跟"除了有"伴随"义动词外，还有"给予"动词、与事介词和并列连词的用法；同时李炜、石佩璇（2015）在对北京话的与事介词"给"和"跟"调查后发现，"跟"的语法化路径是"跟随义动词>指涉关系介词>相与关系介词>并列连词"。

湖南沅陵（杨蔚1999：172）：这个跟那个一样。（"跟"引进比较的对象）\ 跟大家办事。（"跟"引进受益的对象）\ □［zeɪ¹³］跟小

---

① 栖霞方言的介词"和"有［xuo44］、［xə⁴⁴］两种读音，但这应该是受到普通话的影响，这种现象同样存在于烟台方言中。（刘翠香2017）

就听话他从小就听话。("跟"引进时间、地点的起点)\ 跟门闭倒。("跟"作处置标记)

湖南洞口(胡云晚2010：194\196)：跟(倒)我来一封信给我来一封信。("跟/跟倒"引进给予的对象)\ 你看其敌倒要死哩,还不快跟(倒)其诊病你看他马上就要死过去了,还不快为他治病。("跟/跟倒"引进受益的对象)\ 我跟(倒)其原先认不得个,张张会倒个我和他原来不认识刚刚碰上的。("跟/跟倒"引进动作关涉的对象)\ 我跟(倒)其黏腿不起我和他没有任何关系。("跟/跟倒"引进事物的联系方)\ 我高矮跟(倒)其差不多我和他差不多高。("跟/跟倒"引进比较的对象)\ 跟(倒)老师敬礼向老师敬礼。("跟/跟倒"引进动作有关的方向)\ 跟(倒)衣衫清起。("跟/跟倒"作处置标记)

吴福祥(2003)在考察"同"的语法化路径的时候发现,"同"本义是动词"聚合"、后引申为"共同、相同",在唐代语法化为伴随介词、宋代又语法化为并列连词。这种观点同样可以在方言中得到验证,我们可以看到在广东河源、梅县等用"同"作处置标记的方言中,"同"确实兼有伴随介词、并列连词等用法。

广东河源(练春招、侯小英、刘立恒2010：276\279)：我最恼睇书同(埋)写字个噜我最讨厌看书和写字了。("同(埋)"相当于连词"和")\ 我同你一起去我和你一起去。("同"引进动作的协同者,相当于介词"和、跟")\ 渠同我讲渠唔去他跟我说他不去。("同"引进动作有关的方向)\ 你个想法同渠个想法一样你的想法跟他的想法一样。("同"引进比较的对象)\ 你同我写作业,我同你扫地你替我写作业,我替你扫地。("同"引进受益的对象)\ 我同你买书我给你买书。("同"引进给予的对象)\ 猫公同我阿婆个咸鱼偷走包猫把我奶奶的咸鱼偷走了。("同"作处置标记)

关于"与"从伴随动词到伴随介词及并列连词的语法化路径,吴福祥(2003)也作了专门考察,指出"与"在"NP1 + V1 + (及/与) + NP2 + V2"连动式中,由动词"偕同"义重新分析为伴随介词,此时语义上"与"引导的NP1跟充当主语的NP2也是谓语动词所表示的动作行为的发出者、"与"又语法化为并列连词。"与"在古代汉语中有"给予"的动词义,但也有"伴随"动词或介词的用法,而湖南宁远话中的

"与"没有"给予"的用法,因此,我们将宁远话"与"的来源归作"伴随格"。

湖南宁远(张晓勤1999:206):与你俚大侪服务。("与"引进受益的对象)\与你借点钱。("与"引进动作的方向)\伊个与那个勿同。("与"引进比较的对象)\与碗食饭。("与"引进工具)\与书打开。("与"作处置标记)\与狗咬了一口。("与"作被动标记)

据王芳、冯广艺(2015)介绍,"连"作处置标记,主要分布于豫北、冀南的晋方言区,山东西北的冀鲁官话区,山东西南的中原官话区以及宁夏兰银官话区,并以安阳话为例,印证了"连"由"连续\连接"义动词语法化为"包括"义介词再到处置标记的语法化路径(如:连在一块儿。\连他一共去伍人。\他连书包丢啦他把书包丢了。)。

除了上述处置标记外,方言中的处置标记"挨""带"等在古代汉语中都曾经有过和"伴随"相关的动词用法,并且它们在方言中也都或多或少保留了伴随介词、并列连词的用法。

云南澄江(张甫1996:211):我挨你去。("挨"引进动作的协同者,相当于介词"和、跟")\你挨我买本书嘛("挨"引进给予的对象)\碗挨猫跳打烂了。("挨"作被动标记)\挨门关起来。("挨"作处置标记)

云南永胜(何守伦1989:146—147):你挨我好,我就挨你好。("挨"引进事物的联系方)\请你挨我买两本书。("挨"引进给予的对象)\挨门关起。("挨"作处置标记)

湖南临武(李永明1988:390—391):挨书挨我。(第二个"挨"引进给予的对象)\我挨狗咬喋。("挨"作被动标记)\我挨碗打烂喋。("挨"作处置标记)

江苏南京(南京市地方志编纂委员会1993:220):我们不带你玩。("带"相当于"跟",引进动作的协同者)\带我来一盘儿要求被允许来一盘棋。(据《南京方言志》记载,此时"带"作介词,表示一种允许的意义)\带门关起来。("带"作处置标记)

浙江方言的处置标记"则"虽然看似与"伴随"义动词无关,但据许宝华、陶寰(1999:139)的介绍,"则"可能来源于近代汉语处置词"着"、而"着"来源于动词义"粘着、依附"[①]。

浙江萧山（大西博子1999：133）：我则尔一道生去_{我跟你一块儿去}。（"则"引进动作的协同者，相当于介词"和、跟"）\ 我则尔好_{我对你好}。（"则"引进动作有关的方向）\ 则我窗门关关好_{替我把窗户关上}。（"则"引进受益的对象）\ 则我只手套跌落代_{把我的手套丢了}。（"则"作处置标记）

浙江绍兴（伍云姬1999：139）：我则诺一堆生去_{我和你一起去}。（"则"引进动作的协同者，相当于介词"和、跟"）\ 东西渠则我捻破哉_{他把我的东西弄破了}。（"则"作处置标记）

南京话中的"告"虽然在古代汉语和共同语中皆没有"伴随"义动词或介词的用法，但是它在南京话中是相当于"同"、可以兼作伴随介词的。

江苏南京（南京市地方志编纂委员会1993：220）：我成年告医院打交道。（"告"相当于"同"，引进动作的协同者）\ 柜台告我一般高。（"告"引进比较的对象）\ 我告你打听一件事。（"告"引进动作的方向）\ 你去告门关起来。（"告"作处置标记）

湖南平江、益阳方言中的"搭"虽然未能发展出处置标记的用法，但既可作"伴随"义介词，也兼具其他多项语法功能[②]。

湖南平江（伍云姬2009：24—33）：你搭姐姐去外婆他哩_{你同姐姐去外婆家}。（"搭"引进动作的协同者，相当于介词"和、跟"）\ 要我搭他赔小心，莫想_{要我向他赔礼道歉，休想}！（"搭"引进动作有关的方向）\ 你搭他比看，谁高些_{你跟他比比看，谁高一点}。（"搭"引进比较的对象）\ 他咯屋里太乱哒，我搭他捡拾干净哒_{他的房子里太乱了，我帮他收拾干净了}。（"搭"引进受益的对象）\ 我伙搭长沙去_{我们到长沙去}。（"搭"引进动作的终点）\ 我伙搭汽车东站候车室见面_{咱们在汽车东站候车室见面}。（"搭"引进动作发生的处所）\ 他把我咯玩具车搭我搞烂哒_{他把我的玩具车给弄坏了}。（"搭"相当于助词"给"，"搭我"常用来表示祈使语气）

---

① 转引自曹茜蕾（2007）。
② 对于"搭"的来源，我们前文将其归于"给帮"义来源，但是在湖南平江、益阳方言中，在我们现掌握的语料中没有论及"搭"可作"给予"动词的用法、却有伴随介词的用法，因此我们暂将这两处方言的"搭"归作伴随格来源。

因此，综合上述对于伴随格来源处置标记的过往研究和方言材料，我们确实可以相信学界关于"伴随动词＞伴随介词＞并列连词"这一语法化链条的论断，并且可以看到这些"伴随"义的动词，在方言中除了虚化为伴随介词以外，往往在方言中还可以用来引介受益的对象、比较的对象、动作关涉的对象、给予的对象等，在此基础上进一步发展出处置标记的用法。因此，确实如曹茜蕾（2007）所言，伴随动词发展到伴随介词后，在方言中的发展路径有别于共同语，既可以和共同语一样继续发展为并列连词外，还可以在发展为伴随标记后，继续演化为一个受话人、受益者、夺格等角色的间接格标记，再专门发展为一个受格或宾格标记。但是与曹茜蕾（2007）的观点略有不同的是，曹先生认为方言中最后发展为宾格标记（也即处置标记）是来源于"受益"这个意思，与受话人、夺格等角色无关，但在我们收集到的语料中，有部分方言的处置标记虽然来源于伴随格标记、但是并没有发展出引进受益者的介词用法，所以我们目前对于由"受话人、受益者、夺格等角色的间接格标记"到"处置标记"这最后一环的来源尚存有疑虑，也是我们今后研究需要继续解决的问题。

本小节对于方言处置标类型的划分囊括了我们统计到的大多数处置标记，但是由于现掌握方言语料的不完善、方言本字的不确定等原因的限制，仍然有一些处置标记我们目前尚不能确定它们的来源。曹茜蕾（2007）曾指出以下三个处置标记不能确定词义来源（以下三点论断直接转引自曹文）：

（1）新绛方言（山西）里的"招"。新绛方言是一种晋方言，"招"的词汇来源没有被指明，被推测是与"着"[附着]有关系，但尚未被证明。"着"在某些汉语方言中显示出多种语法化的方向，比如变为标补词、体标记、使役标记、被动标记。

（2）潮州话（闽南话）中的"对"（据詹伯慧1991）。这个词在潮州话和其他闽方言中还有"面对""由、从"的意思。

（3）黟县话（徽州）里的"到"（根据平田昌司1998：280）。它的词汇来源不清楚，只能根据选用的汉字（在北京话中义为"到达、向"）做出推测。

第 6 章　汉语方言处置式和处置标的发展

首先，关于上述的处置标记"对"，据我们掌握的语料显示，确实在潮汕方言中没有伴随格的用法，作介词使用时，只能用来引介动作的方向、起点等，不能用来引介动作的协作方。但是据吴福祥（2003）介绍，在江苏淮阴话和沭阳话、浙南吴语遂昌话和云和话中，"对"可作伴随义虚词使用。我们尚不确定，潮汕话中处置标记的"对"在发展的过程中是否受到其他方言的影响、也是来源于伴随格。

广东潮州、汕头（陈海忠 2003）：爱去汕头着行对底块去_{到汕头得朝哪个方向走}。（"对"引介动作行为的方向）\ 伊无变对人许内块去_{他没办法，只得躲进别人的房里}。（"对"引介动作行为终止的处所）\ 我明日就飞广州，然后对香港回国_{我明天就飞去广州，然后从香港回国}。（"对"引介动作行为的起点）\ 伊对伊个仔捺了生拍_{他把他儿子狠狠地揍了一顿}。（"对"作处置标记）

其次，除了曹茜蕾（2007）统计到的 3 个尚不确定分类的处置标记外，根据目前学界对于方言处置标记的研究，我们还有若干处置标记都不太能确定其来源，比较典型的有以下标记。

（1）山东省（菏泽、东平）中原官话区的"来"。以定陶方言为例（王淑霞、张艳华 2005：195 \ 197），"来"可以作处置标记（如：来桌子擦擦_{把桌子擦擦}），也可以作引介动作行为方向的介词（如：来西走_{向西走}）。谢易延（2017）曾结合商丘方言归纳出"来"在现代汉语方言的两条语法化路径：位移动词＞方向介词；位移动词＞处所介词＞时间介词。我们尚不能明确"来"在定陶、菏泽等方言中是否兼有其他语法功能，也不能确定"来"在这些方言中是否可以由方向介词发展出作处置标记的用法。

（2）针对一些方言中只记录了处置标记音标的情况，我们也很难判定其来源。如：湖南巡头的［do^{13}］，甘肃兰州仡佬族的［ta^{55}］［haʊ^{23}］［mei^{24}］，云南白语的［ka^{44}］，畲语的［nuŋ］等。这些方言处置标在原调查材料中未进行详细的说明，我们不能判定是否就是"把"在这些方言中的音读或是其他的处置标记。

（3）还有一些处置标记，仅在一处或者几处方言中使用，在其他方言中并不常见，我们尚不能判断这些处置标记是否是本字。如：重庆话的"巴［pa^{55}］"、浙江桐庐话的"八［pʌʔ］"、山东聊城话的"败"、淮北话的"拜"、山东利津话的"班"、山东德州话的"办"、山东苍山话的"半"等。这些处置标记在不同的方言中读音却很相近，根据目前掌握的材料，我们尚不能判断这些处置标记是否是用同音字替换了本字、是否是同一个处置标记在不同的方言中的变读。

6.6 个案分析

"给帮"义动词作为汉语方言处置标记的重要来源之一，在方言中十分常见。我们在这一节中，以丹江话"给"的功能及语义演变为例，借助对丹江话的"给"的语义演变路径进行个案分析，重点讨论这类处置标记的语法化路径。

"给"在丹江话（丹江口方言）中有三种读音：通常都读作"[kə^{35}]"，"V给"式中读作"[kə^{53}]"，特殊的语境下还可读作"[kɛ^{55}]"（受普通话影响，新派现多读作"[kei^{55}]"）。"给[kɛ^{55}]"是"给你[kɯ^{35}li^{35}]"的合音，可单独加句子语气或用于由动宾结构构成的祈使句中，还可作语助词出现在单个的名词或动宾、动补结构后（苏俊波 2012：27）。

给[kə^{35}]（给/到）他。　　例如：这些书是我给[kə^{35}]（给/到）他的。

给（给）[kə^{53}]他。　　例如：这些书是我给（给）[kə^{53}]你的。

给[kɛ^{55}]！\给[kɛ^{55}]钱！　　例如：给[kɛ^{55}]！拿好！\老板儿，给[kɛ^{55}]钱！

给钱给[kɛ^{55}]。　　例如：老板儿，给钱给[kɛ^{55}]。\拿好给[kɛ^{55}]。

（一）"给"作动词的意义和用法

丹江话的动词"给"，读作"[kə^{35}]"，表"给予"义。给予物可以是"实体"或"抽象物"，供给双方可以是"生命体"或"无生命物"；供给方向包括"转入"和"转出"，后者又包含"从己方转出"

和"从他方转出"①（沈家煊1999）。常与复合式给予动词"给给［kə^{35} kə^{53}］、给到［kə^{35}tau^{53}］"互用，但三者的用法并不完全相同（刘丹青2001）②。

他爹妈给（给）他唠了好几套房子。
第一次见面儿，你总要给（给）□人家个好印象。
李老师给（给）这些学生娃儿们学生们唠了很多帮助。
市底里给（给）他们村儿唠了十几台电脑。
这个城市给（给）人的感觉很好。
市底里订唠了十几台电脑给（给/到）他们村儿。
他妈妈打唠了件毛衣给（给/到）他。

（1）"给"独立用作"给予"义动词时，不受介词的限制，用法比"给给""给到"要灵活，主要有：①给 N3；②给 N2；③给 N2N3；④给 N3N2；⑤N2 给 N3；⑥作光杆动词。"给"后可只跟接收方 N3 或供给物 N2 作单宾语，N2、N3 也同时出现在"给"后作双宾语；当 N3 是简短的人名或人称代词时，N2、N3 的位置可互换。作为直接宾语的受事 N2 可提至"给"前作主语或话题，N2 从无定变成有定。N2 提至"给"前时，若据语境可补充出与事 N3，"给"后的 N3 可以省略，"给"在句中作光杆动词。"给"作普通的"给予"义动词，形式上没有采取特别的手段凸显"给予"的强度或限定"给予"的方向，所以"给予"方向包括［＋转入］和［＋转出］。

谁叫你给她的？　　　　　　　　　　（给 N3）
她往婆子出嫁的时候，她娘屋的娘家就给唠了个金手镯子。（给 N2）
给本儿一本书我/你/他。\ 给点儿钱你爹。　（给 N2N＋3）
给我本儿一本书。　　　　　　　　　　（给 N3N2）
书给我。＊一本儿书给我。　　　　　　（N2 给 N3）

---

① 沈家煊先生（1999）认为，此类"给"所在的句式在整体上表达的意思是：某人把一样东西从自己这儿转移到另一个人那儿。但是，除了沈先生提到的"人"（含动物）这类生命体，"给"联系的供给方和接收方还可能是无生命物；供给物可能是从己方转出，也可能是从他方转出。

② 刘丹青（2001）将"给给"视作"给 V＋给 P"的"复合词式"，他认为"V 给"已接近一个复合词。

你约摸倒_{估计着}给就行。　　　　　（给：光杆动词）

（2）"给给"作复合动词，即在给予动词"给"后加上介引接收对象的介词"给"，指向接收者 N3。一方面，受介词"给"的限制，"给给"的使用不如"给"灵活，有三种用法：①给给 N3；②给给 N3N2；③N2 给给 N3。引介动作接收者的"给"规定了"给给"后必须有宾语，且宾语只能是接收者 N3；"给给"若跟双宾语，作为直接宾语的供给物 N2 只能置于 N3 后。N2 还可提至"给给"前作主语或话题。另一方面，介词"给"强调了动作的与事 N3、语气比单用的"给"要强，凸显了"给予"义的［+转移至接收方］语义特征、N3 不能简省；因此"给给"常用来加强语气表强调；"给予"过程比"给"要完整。

麻地_{快点儿}给给我！我等到用！（给给 N3）

我这回_{这次}非要给给他个教训！（给给 N3N2）

你爹的钱不给给你还能给给谁？（N2 给给 N3）

这些钱都是她儿子给给她的，又不是偷□人家抢□人家的！

*这些钱都是她儿子给给的。

（3）"给到"是由动词"给"和介引动作到达终点的"到"复合而成。"动作到达的终点"说明了两层意思：a."给到"后的宾语是"给予"动作指向的接收者 N3；b."给予"动作到达 N3 时全部完成。前者限定了"给到"和"给给"一样，其后所带宾语只能是接收者 N3，且 N3 不能省略、也不能带双宾语；后者规定了供给物 N2 不可能出现在 N3 的后面、只能放在"给到"的前面。因此，"给到"的使用范围受介词"到"的制约，比"给给"更小、条件限制更多，只能构成"N2 给到 N3"。但正因为供给物 N2、接收者 N3 都不能省略，"给到"表达的传递过程比"给给"更为完整；又因为宾语 N3 作为"给予"动作的终点，供给物 N2 必须出现在"给到"和接收方 N3 前，"给到"的指示性比"给给"更强。所以，丹江话中"给到"的方向性和完整性强于"给给"，常用来表强调。

东西给到小刘儿唠了，没给到我！（N2 给到 N3）

*给到小刘儿东西。　　　　　（*给到 N3N2）

*给到东西小刘儿。　　　　　（*给到 N2N3）

"给到"在丹江话中，还可表示：a. 将女儿嫁给某人；b. 交纳/给予到何时；c. 给予某物达到多少数额。上述情况不能用"给"或"给给"替换。

刘大娘儿的大□子_{大女儿}给到老李的小儿子唠了。

社保要给到啥会儿_{什么时候}？

这点儿地他们竟然给到唠了三千万。

有学者（王东 2008）发现，"给给"连用的现象虽多现于西北官话（如甘肃兰州话、宁夏中宁方言、宁夏黄河湟水沿岸方言）和晋语（内蒙古晋语区、山西文水方言、山西平定方言）中，但是在中原官话信蚌片的河南罗山方言中也同样存在、且使用普遍。丹江口市位于湖北省与河南省的交界处，其方言深受中原官话的影响，丹江话中"给给"的用法可能也是长期的方言接触条件下的结果；且这种"给+与事介词"的结构进一步扩散，形成了新的复合词式"给到"。而"到"在丹江话中原是表示"空间位移终点"的动词（例：你刚到哪儿去唠了?），虚化为介词后用于介引"动作发生的处所"（例：你埋别站到_{站在}那儿碍事儿！）和"动作指向的终点"（例：叫碗儿搁到_{放进}碗柜儿里！），最终语法化为"接受者标记"，在与格结构中用来引出接受者。这种由表示"空间位移终点"的动词，语法化为引介"接受者"介词的现象还见于其他方言，如江西义安话的"到"、湖北黄冈话的"得"（张敏 2015：17）、湖南隆回湘语中的"到"等；但隆回话的"到"还进一步发展为受益者标记（例：学校到其奖过了一千块钱）（丁家勇、张敏 2015：241）。

（二）"给"作介词的意义和用法

A. "给"作介词的一般用法

丹江话的"给"作介词时，除在"V 给"类复合式词中读"[kə⁵³]"，其他情况均读作"[kə³⁵]"。介词"给"除了引介接受者时置于动词后，一般都放在动词前、构成"NP1 + 给 + NP2 + VP"式。此时，"给"不再是一个实际的动作或过程，其意义和所能介引的对象，多由与之搭配的谓语动词 VP 的语义类别决定（施关淦 1981）。丹江话的前置介词"给"可与"跟"互用。

（1）介引动作的接受者，可紧跟动词出现，构成"V（给）+ NP 与 + NP 受"；若动词 V 本身具有 [+给予] 义，则"给"可以省略。

还可以置于一组完整的动宾结构后，构成"V+NP受+给+NP与"，"给"可以省略、变成双宾式"V+NP受+NP与"。第二种用法结构在形式、读音上与给予动词"给"趋同；"给"到底作动词还是介词，取决于动词V与"给"之间的语义关系。

老李送（给）他媳妇儿唠了一束玫瑰花儿。（V给+NP与+NP受）

老李送唠了一束花儿（给）他媳妇儿。（V+NP受+给+NP与）

（2）介引动作涉及的受益者或受损者，受益（受损）对象常可前置于话题主语的位置。介引的若是受益者，搭配的动词暗含[+服务]义，相当于北京话的"为、替"。引出的若是受损者，动作暗含[+损耗]义。"给"后的与事宾语的生命度往往高于前面的受事主语。习惯与处置句连用，构成"NP施+叫+NP受+给+NP与+VP"式。

你啥会儿什么时候也给/跟你爹争个脸儿争脸。

电脑给/跟你修好唠了。

书给/跟你搞脏唠了。

他叫把玻璃给□人家搞打打碎唠了。

（3）介引动作的有生方向、指示动作的终点。联系的多是针对性动词，类似北京话的"对"。

你斗就算再有理也不该这样给/跟你妈发脾气。

这件事儿你确实做错了，你必须给/跟他赔个不是道歉。

（4）介引动作的伴随对象，相当于北京话的"跟、和"。伴随对象和施事共同完成某相互事件、二者缺一不可。通常都与"解决、商量、说话、谈恋爱"这类互向动词搭配使用。

你给/跟他商量一下儿看这事儿咋搞怎么解决。

你在给/跟谁说话。

"给"后的介词宾语在说话人看来，是开展某动作的从动者，"给"前的主语才是动核结构真正联系着的施事。但这种划分带有说话人的主观色彩，事实上可能并非如此。如下面的例子中，"不同意他□子女儿给/跟那个儿娃子男生谈朋友谈恋爱"说明在说话人看来，他女儿才是对"谈恋爱"这项行为起主要作用的人；而下面后一个例子说明在说话人看来，"那个男生"才是负主要责任的人。

他头开始最初斗就不同意他□子女儿给/跟那个儿娃子男生谈朋友谈

恋爱。

他头开始_{最初}斗_就不同意那个儿娃子_{男生}给/跟他□子_{女儿}谈朋友_谈恋爱。

（5）作处置标记，介引动作的受事，构成"NP 施 + 给 + NP 受 + VP"，相当于北京话的"把"。但丹江话表示处置更习惯用"叫"。处置式常与引进受益者（受损者）的介词"给"连用，为避免重复、一般用"叫"作处置标记，构成"NP1 + 叫 + NP2 + 给 + NP3 + VP"。

他不小心给/叫杯子打碎唠了。

我室友给/叫我的房间打扫干净了。

老鼠子叫我的书给我啃坏完唠了。

B. 从丹江话看"V 给"和"V…给…"中"给"的词性

关于"V 给"中"给"的词性，学界历来看法不一，最具代表性的有两分说（黎锦熙 1959：124）、助词说（向若 1960）、动词说（朱德熙 1979）、弱给予动词说（李炜、石佩璇 2015）等。刘丹青先生认为"V 给"已接近一个复合词、"给"的介词性有所淡化，理由是构成复合词的迹象是体标记只能加在"V 给"之后而非 V 之后。本书借用刘丹青先生关于"复合词式"的说法（刘丹青 2001）。因为丹江话中"V 给"中的"给"读作"[kə^{53}]"，明显区别于它独立用作动词或介词时的读音"[kə^{35}]"。一般认为，能够进入"V 给"结构的动词有些是本身暗含"[＋给予]"义，还有一些如"[＋取得]、[＋制作]"义的动词的给予义是由"V 给"式结构赋予的。所以"V 给"中"给"能否省略，主要取决于进入该结构的动词：若动词 V 是含有"[＋给予]"义的绝对给予动词、则"给"可以省略；若是不含"[＋给予]"义的相对给予动词，通常需要借助"给"才能表达完整的给予含义（周国光 2011：180）。

他还给我十块钱。＝他还我十块钱

老李买给他媳妇儿唠了一束花儿。≠ ＊老李买他媳妇儿唠了一束花儿。

但是在"V + NP1 + 给 + NP2"结构中，"给"的词性不能笼统地概括为介词或动词，要根据句式中动词 V 的语义特征以及"V + NP1"与"给 + NP2"之间的语义关系来具体分析。若 V 是"给、送、卖、还"

等这类包含"［+给予］"义的绝对给予动词，则"给"的动作性被主要动词抑制、弱化成引介接受者的介词，"V+NP1"和"给+NP2"描述的是一个单一给予事件的两个分离过程；此时"给+NP2"一起组成介宾结构，充当"V+NP1"的状语或补语。若V是不含"［+给予］"义的相对给予动词、施事需要通过完成动作V才能将NP1让与NP2，那么"给"的动作性虽然略弱于主要动词V、但仍代表一个独立的给予动作，"V+NP1"和"给+NP2"描述的是一组前后相继的行为；此时"给+NP2"是一组动宾结构、与"V+NP1"构成连动句式。但无论"给"到底是作介词还是动词，都可在句中省略、构成"V+NP1+NP2"。

麻烦你递杯水（给）我。

他交唠了十万块钱保证金（给）他公司。

他订唠了个金首饰给（给/到）他女朋友。

当"V+NP1+给+NP2"中V和"给"分别表示两个独立的动作时，"给"可以用"给给""给到"替换。要注意的是，若与介词"给"同时出现的是"借、租、换"等这类兼有"［+给予］"和"［+取得］"义的动词，句子理解有歧义，"给"可视作介词、也可作动词。

买点儿小礼物给（给/到）他就行唠了。

*送点儿小礼物给（给/到）他就行唠了。

他借唠了本儿词典给我。

=他借给我唠了一本儿词典。（词典是"他"的，"借"表［+给予］、"给"是介词）

OR=他借唠了本儿词典给我。（词典不是"他"的，"借"表［+取得］、"给"是动词）

（三）合音词"给［kɛ⁵⁵］"

"给［kɛ⁵⁵］"是丹江话中的一种特殊用法，来自"给你［kɯ³⁵li⁵⁵］"的合音，老派读作"［kɛ⁵⁵］"，新派受通语影响多读作"［kei⁵⁵］"。丹江话的"给我［kɯ³⁵uo⁵⁵］"也曾经发生过类似的合音现象，读作"［kuo⁵⁵］"。但该用法现已逐渐消失，"给［kɛ⁵⁵］"的用法则固定了下来。

"给［kɛ⁵⁵］"的分音词"给你"可用作介宾短语和动宾短语，而"给［kɛ⁵⁵］"则表达祈使语气，在丹江话中仅用于特定的场合：（1）单独加句子语气表强调;(2)后接供给物,常与加强语气的"给[kɛ⁵⁵]"一起构成"给+NP受+给";(3)作句末语助词,仅用于祈使句,只有语用义而无词汇义,常置于动宾或动补短语后。由于是"给你"的合音,"给[kɛ⁵⁵]"只能用于供给方"当面给予"接收方,即供给双方都在现场、交接过程正在发生;不但具有"给予"的意义,还包含"具体的传递动作",且有"提醒对方接收"的意味。

①给!叫钱装好!
②服务员儿,给钱(给)!
③拿走给!吃饭给!

"给[kɛ⁵⁵]"单独与句子语气连用时,一般续接表示"命令、指示"的小句,或是构成一组连贯的事件、或是对受事宾语的解释说明。"给[kɛ⁵⁵]"后隐含的与事宾语即后面小句的施事,不在句中出现。作语助词时,用于谓语是动补或动宾结构的句子末尾;该用法与丹江方言中的"看"的语法化过程类似(苏俊波 2012:244)。

④给!叫把碗儿递给你妈。=(我)给你(碗),(你)把碗递给你妈。
⑤给!这是上次找你借的书。=(我)给你(书),这是上次找你借的书。
⑥给!接到接着(给)。=(我)给你(某物),(你)接着!
⑦服务员儿,给钱(给)!=服务员,(我)给你钱(给你)!

(四)丹江话"给"的语义演变路径及特点

A. 丹江话"给"的语义演变路径

给予动词"给"在汉语方言中兼作与格标记、处置标记的现象并不少见,前人对于"给"的多功能形式和语义演变的研究也十分丰富。江蓝生(2012)将方言中"给"的语义演化路径归纳为"给予动词→使役动词→伴随介词→连词"。潘秋平(2015)将"给予"动词的语义演变归纳为"给予动词>与格标记"和"给予动词>使役标记>被动标记"两条独立的语法化链条。张敏(2015:19)在对一百多个汉语方言点进行总结的基础上,将 Haspelmath 的"工具语及相关角色的语义地图"进行了调整,构建出一幅"汉语方言主要间接题元的语义地图"。结合前人对"给"的语义演变的研究,我们对丹江话"给"的语义类别和语法化路径作出以下推断①。

（1）给予动词＞接受者；给予动词＞受益（受损）者。学界大多认为与格标记、受益者标记由给予动词虚化而来，但就与格标记和受益者标记之间是否存在演变关系看法不一。Heine&Kuteva（2003）基于英语的［＋言说］义动词（say/tell）和［＋交易］义动词（sell）归纳出一项"GIVE（给予动词）＞BENEFACTIVE（受益者标记）＞DATIVE（与格标记）"的语法化链条。晁瑞（2013）将"给"的语义发展路径解释为"给予动词＞接受格标记＞受益格标记"。洪波则发现"给"字引介"受益对象、与事对象、关涉对象"的功能是受"与"字的类化而产生的；"给"引介接受者的用法最早见于《太平广记》，比《朱子语类》中引介受益者的用法出现得早。但这也只能说明二者产生时间的先后顺序，不能推断说较晚出现的用法就一定由出现较早的发展而来（洪波 2004）。张敏（2015：19）、金小栋（2016）在考察了汉语方言中"受益者标记"和"接受者标记"的使用情况后，提出这两种标记之间并无语义上的演化关系，而是"给予"动词在两个语法化方向上的不同发展。

我们认为丹江话"给"的用法印证了最后一种观点。首先，出现的位置不同：a. 当给予动词"给"出现在动词后、构成"V 给"或"V＋NP1＋给＋NP2"时，若动词本身包含［＋给予］义，"给"的动作性受到主要动词的抑制而逐渐减弱、但给予义尚存，最终被重新分析为引介接受者的介词。b. 当给予动词出现在动词前、构成"NP1＋给＋NP2＋VP"时，"给"不是一个实际的给予动作或过程，"给"弱化为引介动作的受益（受损）者的标记。其次，读音上存在明显的差异，在"V 给"中作接受者标记时声调由阳平变为去声。此外，当"给"作"受益者标记"时在丹江话中可以替换为"跟"，而作"接受者标记"时则不行。因此我们有理由认为，给予动词"给"在丹江话中的语义演变路径为"给予动词＞接受者"、"给予动词＞受益（受损）者"。

（2）受益（受损）者＞有生方向＞伴随对象。张敏将"方向"的

---

① 金小栋（2016）介绍西华方言的"给"经历了"给予＞受益者"、"给予＞接受者"、"受益者＞有生方向＞伴随对象"、"有生方向＞有生来源"、"伴随对象＞并列（连词）"、"伴随对象＞平比对象"的演变路径。以下推论部分参考了金小栋（2016）的解释。

概念重新区分为"（空间）位移方向"和"指人动作方向"；张定（2015：174）明确就"方向"、"来源"和"处所"的概念进行了界定，将"有生方向"定义为"言说等行为所达及指向的有生对象"，将"来源"划分为"处所来源"和"有生来源"、区别于表静态空间或时间关系的"处所"和"时间"。丹江话的前置介词"给"具有引介"受益（受损）者、有生方向、伴随对象"的功能，我们对其语法化路径作出如下推断。

a. 受益（受损）者 > 有生方向。"给"介引"有生方向"的用法最早见于《醒世姻缘传》，也是由"与"类化而来（洪波 2004）。马加贝（2014：388）则提出"与"的语法化路径为"所为 > 所对"，即"受益（受损）者 > 有生方向"。当"NP1 + 给 + NP2 + VP"中的 VP 不再具有明显的［＋服务］或［＋损耗］义，"给"的受益或受损意味便逐渐减弱，只用来表示动作的方向；NP1 是动作的发出者、是起点，NP2 是动作指向的对象、是终点，动作从左至右发生，"给"弱化为引介动作方向的介词。且这类动作一般都是"言说"类动词，指向的 NP2 由有生名词充当，"给"引介有生方向。在普通话和方言中，有些引介"有生方向"的介词也可以引介"有生来源"（如"从、与、向、问、和"等），但是丹江话中介引"有生来源"时用"跟"（eg. 你去跟你爹要点儿钱赔给□人家），"给"并未发展出引介"有生来源"的功能。这说明普通话或其他方言中，介引"有生方向"的用法很可能要早于"有生来源"。以闽西永定方言的"问"为例，其介词用法来源于"询问"义动词，唐代时出现介引"有生方向"的用法，唐五代时开始用来引进"有生来源"（李小华 2014：22）。这是因为在"NP1 + 给 + NP2 + VP"结构中，"给"原本就是由右移的"给予"动词虚化而来的介词，所以很自然就能产生介引"有生方向"的用法。只有当"给"的功能扩大到与左移的［＋索取］义动词搭配时，"给"才能转化为引介"有生来源"的介词。类似的演化路径也发生在"替"字身上：表示"代替"义的动词"替"用于不分主次动作的连动结构中时，意义的重点逐渐落在后一动词上，"代替"义随之弱化，最终发展为表示"所为"、"所对"、"求索"的介词（王锳 2013：144）。

b. 有生方向 > 伴随对象。Liu&Peyraube 通过分析"与、及、共、和、同、跟"等虚词的语义演变历程，发现了汉语"动词＞介词＞连词"这一重要语法化链条；吴福祥（2003：438—480）进一步归纳出 SOV 型语言中的两种伴随介词演化模式："伴随动词＞伴随介词＞并列连词"和"伴随介词＞工具介词＞方式介词"，汉语中只存在第一种模式。刘丹青（2003：125—144）论证了吴语"帮"的语法化路径是"受益介词＞陪同介词＞并列连词"。据此，我们推断丹江话的"给"也是沿着相同的轨迹发展。当"NP1 + 给 + NP2 + VP"中的 VP 是表［+协作］义的互向动词时，要求两个个体共同协作来完成该动作；NP1 发出动作、NP2 有所反馈，二者一起完成 VP。语义关系的变化导致了对结构的重新分析，"给"被重新分析为引介"伴随对象"的介词。此时，"方向"的限定性减弱，由单一方向的"有生来源"扩展为双向、甚至循环往复。

（3）给予动词＞处置标记；给予＞受益（受损）者＞处置标记。学界对于"给予"动词如何演化为处置标记的看法较为一致。佐佐木勋人（2002：242）认为"给"作处置标记的功能是连动句"GIVE1 + Theme + GIVE2 + Goal"语法化的结果，实现了"位置变化"到"状态变化"的语法化过程。石毓智（2004）也认为在由"给"的双宾结构组成的连动式中，若间接宾语移前或者省略，"给"就具有了向处置式标记语法化的句法环境"（S） + 给 + NP 受事 + VP 动作"；把"给"后的直接宾语变成有定的，动词加上适当的结果补语，就得到一个处置式。林素娥（2007）在此基础上细化出"不同的句法结构和语义特点对应着给予义动词作处置标记的不同来源"："给"的双宾结构＞广义处置式，"给"作与事介词＞狭义处置式，"给"的致使功能＞致使义处置式。丹江话的"给"未发展出"致使"用法，据此我们推测丹江话"给"作处置标记可能有两种来源。一是直接来源于"给予"动词。当"给"作"给予"动词出现在连动句"给 V +（NP1）+ NP2 + VP"时，作为接受者的"NP1"提至话题主语位置或在句中省略，句子转化为"（NP1）+ 给 V + NP2 + VP"；"给"虚化为处置标记，"NP1"被重新分析为施事，供给物"NP2"被重新分析为受事。二是来源于"受益（受损）"标记。"给"作前置介词出现在"给 + NP + VP"句式时，NP是 VP 的"受益（受害）者"、带有"遭受义"，NP 被重新分析为受事。

B. 丹江话"给"的特点

丹江话的"给"作前置介词时常与"跟"混用。经李炜（2015）考察，根据1893年的《华西官话汉法词典》记载，当时的西南官话尚未出现"给"，而"跟"的用法大致与古代汉语的"与"相一致，有给予动词、与事介词、并列连词以及跟随义动词等语法功能；"跟"的多功能用法在现代西南官话中普遍出现萎缩，基本遵循"给予动词—接受者—与事介词"的顺序从实到虚依次消失。丹江话的"给"已完成了对"跟"作"给予"动词、介引"接受者"等功能的替代，与介引"受益（受损）对象、有生方向、伴随对象"等前置介词功能的"跟"共存，但尚未发展出引介"有生来源、平比对象、关系对象"的用法。

丹江话的"使役"标记和"被动"标记来源于［+呼喊］义动词"叫"，"给"在丹江话中并未发展出使役和被动用法，但可以作处置标记。Croft（1991）[①] 基于"致使顺序假说"（causal order hypothesis）从语义关系的角度将格标记区分出前项（antecedent）角色和后项（subsequent）角色，并指出人类语言中没有一个表层的格标记能同时涵盖这两项语义角色。按照Croft的分法，"工具、方式、手段、伴随、被动施事、作格、原因"这类在事件中处于动作之前的角色等被归为前项语义角色，而"受益者、接受者、结果"这些受动作发生后影响的角色则属于后项语义角色。而潘秋平（2013：262—307）发现，"给"在18世纪到20世纪中前期的北京话口语中一直未出现使役和被动标记的功能，直至20世纪中后期，才发现了这两种用法。因此，结合Croft的观点，他们提出"给"在现代汉语北京话中作"使役"和"被动"标记的功能，并非自身发展的结果，而是因方言接触而产生的后期的层次；"给"作"受益标记"才是固有的层次。丹江话的"给"有"受益"而无"使役"、"被动"的用法佐证了这种推断。

但是按照Crotft的分法，"受益"属于后项角色、"伴随"属于前项角色；那么丹江话中"给"的"受益＞伴随"便是从后项语义角色扩展到前项语义角色，这就与"致使顺序假说"从前项扩展到后项的顺

---

① 以下关于Croft的观点转引自蔡燕凤、潘秋平（2015：295）。

序相违背。吴语中更是存在"伴随介词＞受益介词"的"搭"和"受益介词＞伴随介词"的"帮"这两种相反的语法化链条。在 Croft 看来,"Sam baked a cake for Jane"一例中,"Jane"是"Sam 做了蛋糕"这个事件发生后的受益者,因此与"接受者"同属于后项标记。但沈家煊(1999)认为,"给 X"置于动词前表示预定的目标,"S + 给 X + VO"句式表达的整体意义是"对某受惠目标发生某动作",与动作的参与者是否是惠予终点无关。对待上述现象,蔡燕凤、潘秋平(2015：295)指出 Croft 的"致使链"应当有所调整,将"受益者"区分为"有意受益"和"无意受益"。前者是在事件发生前有意志得到益处、属于前项标记,后者则是在动作发生后无意识地受到事件的影响、属于后项标记。由此,Croft 所述的"受益者"便兼具前、后项双重语义角色,是将前、后项语义角色联系起来的枢纽。

丹江话的"给"独立用作动词或介词时一般读作"[kə³⁵]",在"V 给"式中读作"[kə⁵³]"。还有一种由"给你"的合音而来的"给"读作"[kɛ⁵⁵]",专门用于动宾结构组成的祈使句中或在动宾(动补)结构后作语助词。"给"独立用作给予义动词时,常可替换作"给给""给到";但三者的使用范围、语气强弱及表义的完整性有区别：在使用范围上,给＞给给＞给到；在表义的完整性和语气的强弱上,给到＞给给＞给。

丹江话的"给"遵循"给予动词＞介词"的语法化规律,在"给予"义动词的基础上发展出引介动作行为的接受者(位于动词后)和受益/受损者(位于动词前)的用法。引介"受益(受损)"者的"服务(损害)"义进一步减弱,仅保留了"给"的"方向性"、且指向"有生方向"。随着方向义的逐步减弱,"给"又发展出了引介动作伴随对象的"跟"义。但最终未像河南确山等方言那样进一步发展出"有生来源、比较/关系对象、并列连词"的用法。此外,丹江话的"给"受"叫"的抑制,没有"使役"和"被动"用法,却在"给予"动词和引介"受益(受损)对象"的基础上发展出"处置标记"的用法。我们基于前人的研究和丹江话"给"的特点,初步构拟出丹江话"给"的语义演变路径为：

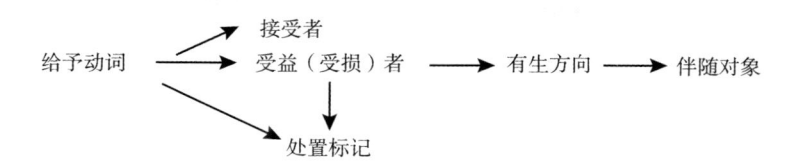

```
给予动词 ──→ 接受者
         ──→ 受益（受损）者 ──→ 有生方向 ──→ 伴随对象
         ──→ 处置标记
                    ↑
```

丹江话的"给"作介词用时，若置于动词后介引"接受者"、只能用"给"，若作前置介词或处置标记时，可与"跟"互用。这与"给"在西南官话中对多功能词"跟"的替代顺序一致。而丹江话的"给"可介引"受益者"，不能用作"使役""被动"标记的现象，说明"给予 > 与事介词"与"给予 > 使役 > 被动"是两条平行的多项语法化链条。与江蓝生等学者总结的"给予动词→使役动词→伴随介词→连词"单项语义演变路径略有不同。

第 7 章 结语

7.1 基本认识

7.1.1 关于方言的处置式

处置式作为现代汉语共同语及现代汉语方言中的一种重要句式,被国内外的语法学者高度关注,也一直争议不断。从处置式的命名到处置式的起源和发展路径、再到处置标记的词汇来源,学界的观点都莫衷一是。

我们综合曹茜蕾(2010)和刘培玉(2009)两位学者对于处置式的定义,从结构和意义上对处置式进行限定:从结构上讲,处置式最大的特点是一定要有外在的形式标记,是"一种直接宾语置于主要动词之前且带有明显标记"的"宾语带标记"结构[1];从意义上讲,处置式表达的句式义为"某人、某物或某事件通过主要动词所施行的动作对处置标记后面的宾语施加某种作用或影响,使得处置标记所指向的宾语或主语发生某种变化、产生某种结果、处于某种状态"。

汉语方言中用来表达处置义的方式多样,我们根据有无形式上的处置标记为主要线索,将方言中用来表达处置义的句法形式分为两大类。一种是带处置标记的处置式,另一种是没有处置标记、通过语序手段或是添加复指代词的方式表达处置意味的句式,我们将它们统称为处置式的变换句式。我们又据此将后者按照表达方式的不同分为"受事前置型"、"动词谓语型"以及"复指代词型"三类,并分别讨论了它们的

---

[1] 转引自李蓝,曹茜蕾《汉语方言中的处置式和"把"字句(上)》,《方言》,2013年第一期。

结构形式和句法要求。它们在方言分布上有以下特点：（1）受事前置型处置表达式大多分布于江西、福建和江浙。江西的赣方言区、江浙一带的吴语区和福建的闽方言区是该类句式分布最为集中的地区。尤其是在赣方言区（刘斌、陈倡仪 2005：35）和吴语区，大多都有带标记和不带标记两种方式表达处置义。其次是江西和广州的客家话和赣方言区。（2）动词谓语型处置表达式的分布表现得最为聚集，主要出现在广东、广西、江西以及山东的局部地区。广东、江西、广西的客话区以及江西的赣方言区使用此类句式的频率最高，其次是广东的粤语区和广西的白语区。（3）复指代词型处置表达式主要出现在江西、河南以及东南沿海一带。这类句式在江浙一带的吴语区和分布在江西（以及福建、广东、香港）的客方言区中显得较为常见，其次是福建的闽方言区。（4）有些方言点中不只有一种方式可以代替处置式表达处置含义。在个别客方言区（武平、香港）和河南滑县方言中，三种用法都有。

7.1.2 关于方言的处置标

我们考察了全国 500 多个方言点后，最后总结出 150 余个处置标记。它们中一定会存在因为不同的记录者选用了不同的音近字造成的看似不同其实指的就是同一个字的现象，这也是我们在分析处置标时所面对的重大阻碍。

我们综合曹茜蕾（2007\2013）、李蓝\曹茜蕾（2013）、张俊阁（2016：6）等几位学者的分类依据，将统计到的 150 多个处置标记尝试着按照词汇来源进行分类，认为汉语方言中的处置标最主要有五大来源："拿抓"义动词、"给帮"义动词、"使令"义动词、"称呼"义动词、伴随格，并且我们分别考察了它们的地理分布和在方言中的表现形式。其中，"拿抓"义动词是现代汉语方言处置标记的最主要来源（曹茜蕾 2007），汉语方言中的处置标记很大一部分都是由"拿握、抓取"义动词虚化而来，在方言中最常见的就是直接用"把""将""拿"或"捉\抓"等历史上或现在仍然作"拿抓"义动词使用的词汇形式作处置标记，还有如"搭、揸、搦、掏、提、拈、拧、撒、掫、扚、逮（倒\住）"等与"拿、捉"义动词相关的处置标记。这类标记的字形往往与"手"有关，为了分类的简明，我们将与手部动作相关或表示

"做、干"义的动词全部归为此类,但其实如果细分,这些处置标记在动词义上仍有一些细微的区别。曹茜蕾(2007\2013)曾指出"给帮"义动词是汉语方言处置标记的第二大来源,根据我们掌握的语料来看,"给帮"义动词确实是除了"拿抓"义动词外的又一重要来源。例如在我们统计的近40个河北省的方言点中,绝大多数都是用"给"作处置标记;还有一些方言中虽然用"把"作处置标记,但这些"把"在方言中作动词时不是"持拿"而是"给予"义;许宝华、陶寰(1999)也曾明确指出"给/帮"类处置词在吴语中的分布范围最广。"给帮"义动词在方言中还有"拨""约""代""帮""畀""分"等不同的词汇形式,这些处置标记要么在共同语中曾经作过"给帮"义动词使用,要么当前在现代汉语方言中作"给帮"义动词使用。还有像闽南语中"互"这样看似与"给帮"义动词毫无关联的处置标记,但其本字"与"其实也来源于该类动词。"使令"义动词在汉语方言中兼作处置标记的现象也比较常见,尤其是在中原官话中,多数用"叫"(也记作"教")或者"让"作处置标记。要特别说明的是,"给"在很多方言中也兼作使令动词和处置标记,但由于我们倾向于表使役的"给"也是来源于"给予"义,所以依然将"给"放在"给帮"义动词中讨论。"伴随格"来源的处置标记在闽语中最为常见,闽语中经常使用"共"及其同源词或同义词"合""佮""甲"等"和"类虚词兼作处置标记,在其他方言中也有"同""跟""连"等表现形式。这些处置标记大多在古代汉语或者现代汉语中作"伴随"义动词使用,还有一部分处置标记(如浙江吴语的"则"),虽看似与"伴随"义动词无关,但据学者推测极有可能来源于近代汉语表"附着"义的"着"。但也有像南京话的"告"这种处置标记,确实在古代汉语和现代汉语中都没有伴随动词或伴随介词的用法,但是它在方言中相当于伴随介词"同"。

  关于处置标记,我们讨论的重点是复合处置标记的构成方式及产生机制。从构词方式上,我们参照石毓智(2008)的分类依据、按照复合处置标第二个语素的语义类型将复合处置标记分为"动词+时态/动态助词""动词+结果补语""介词+介词""动词+地点介词""动词+得到义动词"五大类。并分别探讨了这些复合标记的地理分布,考察了它们的类型学意义。

就复合标记产生的原因,石毓智(2008)认为主要原因有二:首先,处置和被动这一对语法范畴使用频率的不平衡导致了标记度有差异,被动式的标记度在方言中明显要高于处置式,这也就是为什么复合处置标记和复合被动标记在方言中的分布存在差异的原因;其次,方言中的被动式和处置式共用一个标记所造成的歧义现象,为了消除这种歧义,采用了标记度差异的方法。最后,除了石毓智提到的上述因素外,我们认为还有一种原因就是处置标记在某些方言中的语法功能复杂、并非专作处置标记,处置性不强,方言中可能也会因此而出现复合标记。

7.1.3 关于方言处置式和处置标的演变

关于处置式的来源问题,学界一直争议不断。概括而言,主要有以下几种观点:"以"字说、"连动"说、"多源"说、"词汇扩展"说。持"以"字说的学者认为处置式最初来源于上古汉语中的"以"字结构,他们的理由是,介词"以"与"把、将"都是由动词虚化而来,且在语法功能上有许多相似之处。持"连动"说的学者认为"把/将"在"把/将 + NP1 + V2"中虚化为处置标记,是连动结构语法化的结果;他们认为上古汉语中没有处置式,处置式从唐朝才开始产生。持"多源"说的学者将处置式划分为不同次类,认为不同次类下的处置式在来源上也不尽相同。持"词汇扩展"说的学者则认为不同语义类别的处置式实则是同一种句式演变扩展的结果,从广义到狭义再到致使义,处置式的演变仅仅是一种单纯的词汇扩展,广义处置式实则是工具式的重新分析。由此可见,处置式的起源的分歧主要在对待"以"字结构的态度上,即要不要把上古汉语中的"以"字结构看作是早期的处置式形式。

我们认为,把"以"字式看作是处置式唯一来源的观点和完全否认"以"字式是处置式早期形式的做法都不太合适。就处置式的句式结构和语法意义而言,上古时期的"以"字结构确实满足处置式的要求,我们对此从现代汉语方言中找到了佐证。如果考察处置式来源时,完全将"以"字式摒弃在外,我们就无法解释方言中存在的"NP受事 + X处置标记 + VP"这类结构的处置式。这种用法如果不考虑是否受其他临近语言的影响、仅从汉语内部来解释的话,只能来源于

"以"字结构,"把/将"处置式从未发展出这样的用法。

因此我们比较赞成上古汉语中的"以"字式是处置式的早期形式的观点,而"把/将"类连动结构的虚化是狭义处置式的来源,中古以后"将/把"逐渐取代了"以"字在广义处置式中的位置。而从上古汉语时期的"以"字式到隋唐时期带动词宾语的"把/将"处置式,它们之间不过是"把/将"对"以"字的词汇替换,是由语法形式之间的类化作用所引起的一个词汇更替过程。不能因为"以"字式未能发展成为专职的处置标记,就完全否认"以"字式是早期形式的处置式。

关于处置标记的历时演变,学界对于"拿抓"义、"给帮"义这两类的研究最为充足。大多数学者(如蒋绍愚、曹广顺、石毓智、祝敏彻等)对于"持拿/抓握"义来源的处置标记演化路径的看法较为一致,认为该类型的处置标记是连动结构中第一个动词语法化的结果。根据我们现掌握的方言材料,我们也非常赞同这种观点,在诸多方言中确实可以印证"拿抓"义动词在连动结构中由动词虚化为介词的语法化路径。甚至在如布依语(周国炎 1993)等少数民族语和如苗语、越南语、泰语、高棉语(Bisang W. 1992)①、克拉姆语、恩基尼语、瓦加拉语、加族语、特维语等其他人类语言中都发现了这种演变路径(Bernd Heine, Tania Kuteva 2012:398)。但在不同的方言中,"拿抓"义来源的处置标记虚化程度不尽一致:在我们收集到的语料中,"把"和"将"的虚化程度最高,"拿"的语法化程度就相对要低。之所以会存在这种差异,除了张俊阁(2016:41)概括的"动词性强弱不同"和"语义、语法功能的多寡"这两点原因外,我们认为"动词虚化的时间长短"、"受共同语影响的程度""在方言中使用频率的高低"等因素也会造成不同方言的处置标记虚化程度不同的情况。

学者对于"给帮"义动词语法化的研究主要集中在"给予"义动词上,但也有学者涉及"帮助"义的动词。潘秋平(2013)、王健(2004)、林素娥(2007)、曹茜蕾(2007\2013)都指出"给予"义动词(包括"帮助"义动词)出现在连动结构中第一个动词的位置上时,它们才具备了虚化为处置标记的条件,"给予"义动词除了可以虚化为

---

① 转引自张俊阁(2016:42)。

处置标记外，还可以发展出使役动词、与格标记、被动标记等用法，但针对它们的虚化路径和先后顺序，学界目前的观点不尽一致。我们目前的研究也尚未能很好地说明这一问题，因为在不同的方言中，"给帮"义来源的处置标记并非在所有方言中都同时具备上述多功能用法，我们据此很难判断这些不同的语法功能是否是一条连贯的语法化路径以及它们产生时间的先后。

"使令"义动词同样是在连动结构"叫 + N1 + V + N2"中发展成为处置标记的，刘春卉（2008）、胡利华（2011）、颜峰（2005）等学者都有如是表述，黄晓雪、贺学贵（2016）还指出 NP1 与"叫 + NP2 + VP"之间的语义关系以及与 VP 的及物程度决定了该结构能否重新分析为致使义处置式。我们确实可以看到在很多方言中，"叫/教""让"等使役动词兼作处置标记的现象。并且经过蒋绍愚（2002：159—177）、张雪平（2005）、赵茗（2003：16）等学者的研究发现，"叫"除了可以发展为使役动词外、还可以语法化为被动标记，因此在我们看到的很多方言中，使役动词除了作处置标记外、还兼作被动标记，但是根据我们掌握的方言语料上来看，从使役动词到处置标记和被动标记的语法化进程并非是同一条路线、而是两条路径，即"使令动词→被动标记"或"使令动词→处置标记"。

"伴随格"来源的处置标记在学界的讨论大多停留在对古代汉语和现代汉语共同语中伴随格来源的研究上，并且观点较为一致。以吴福祥（2003）为代表的学者根据伴随格标记在不同历史时期的语法功能，归纳出"伴随动词＞伴随介词＞并列连词"这条语法化链条，但是较少涉及这条路径在方言中的表现形式。曹茜蕾（2007＼2013）在综合考察了汉语方言中"伴随格"来源的处置标记，发现方言中伴随格的演化路径与共同语略有不同，当伴随动词发展到伴随介词这一阶段时，在部分方言中是和共同语一样继续语法化为并列连词，但是还有一部分伴随介词没有发展成为并列连词、而是分化为不同功能的介词，然后进一步演化为处置标记。根据我们收集到的方言材料，确实证明了曹先生的这一观点，但是曹先生认为最终演化为处置标记的是引进受益者的间接格标记，我们对这一观点尚持保留意见。因为在我们收集到的语料中，有部分方言的处置标记虽然来源于伴随格标记、但是并没有发展出引进受益者的介词用法。

7.2　不足之处

7.2.1　关于处置式分类

分类问题一向是研究处置式时的一个难点，学界对于共同语中处置式分类的讨论一直都未停止、并且看法不一。不同的研究者基于各自对处置式不同角度的理解对处置式展开分类，比如从"主观性"（沈家煊2002、刘培玉2009）、"控制度"（郭浩瑜、杨荣祥2012）等角度在主观意识层面进行划分。但是学界最为常见的做法还是从语义特征的角度来进行分类，最具代表性、认可度最高的当属吴福祥（1996：422—429）将处置式分为"广义处置式、狭义处置式、致使义处置式"的"三分法"。并且学界过往对于处置式的分类研究大多集中于对古代汉语和现代汉语共同语上，对于现代汉语方言处置式的语义类型的分类研究相对较少、且主要针对的是单点方言，分类的时候又往往照搬共同语领域的分类方式。然而，现代汉语方言中处置式的类型、条件限制等情况要比共同语更为复杂，如果单纯地按照共同语对于处置式的分类依据来进行考察，很难全面地概括方言处置式的语义类型。

我们在第2章曾论及，李蓝、曹茜蕾（2013）两位学者在受到辛永芬（2006）关于河南浚县方言处置式的分类方法的启发后，专门针对汉语方言处置式的语义分类进行了尝试，将现代汉语方言处置式划分为"强处置式、一般处置式、对待义处置式、致使义处置式、命名义处置式"五种类型。但是我们经过观察对比其他方言中的处置式后发现，很少有方言和浚县方言一样是通过不同的处置标记来区分强、弱处置式的差异，并且针对强处置式和弱处置式的判断标准具有一定的主观性。因此，我们在李蓝、曹茜蕾先生的基础上，结合我们收集到的方言语料，将汉语方言处置式分为"处置义处置式、致使义处置式、遭受义处置式、对待义处置式、命名义处置式"五种类型，但也仅是依据我们目前能收集到的方言材料来进行划分。虽然我们也尽可能全面地收集现有的书面语料，但有些方言材料中仅提供了处置标记、缺乏相关的例句或解释，我们并不能确保所有的方言处置式类型全都囊括在内。再来，对于不同处置式语义类型的理解，难免存在主观的因素，不同的调查者可能对于同一处置式的语义类型有不同的解读。这些都会影响我们对于方言处置式类型的理解和划分。

除了处置式的划分外，处置标记的划分也是本文仍需进一步解决的问题。首先，我们在统计了500多个方言点后收集到的处置标记数目较为庞大，一共有150多个不同形式的方言处置标记。这些在各方言文献中用不同汉字或者不同音标记录的处置标记，有些可能不是本字、而是用同音字代替，有些可能就是"把"在方言中的变读或者是临近方言处置标记在该方言中的变读。虽然我们尽可能全面地收集了学界现有的关于处置式和处置标记的方言文献，但是由于研究的深度不同，仅凭我们目前掌握的方言材料，尚不能很好地对上述问题进行筛选和归类，这就可能导致分类的不足以及分类标准的混乱。其次，"把"在现代汉语共同语中现在仅作处置标记和量词使用，其动词用法已经消失，但是方言中的处置标记往往是多功能的，除了作处置标记外、通常还兼任其他语法功能；即便是具备相同外在形式的处置标记，在不同的汉语方言中也有不同的语义来源。就连最典型的处置标记"把"，在现代汉语方言中可以作"给予"类动词、"拿握"义动词、处置标记、被动标记等多种功能，但是并非所有方言中的"把"都兼具以上功能。针对这种情况，在划分处置标记类型的过程中，即便是我们参照了曹茜蕾（2007\2013）和张俊阁（2016）等学者的分法，我们将统计到的150多个处置标记按语义类型分为"拿抓"义、"给帮"义、"使令"义、"称呼"义、伴随格，但是在划分的过程中其实仍然感觉比较混乱，而目前我们尚未找到更好的解决办法进一步分类。

关于处置式语用意义的划分更是不足，最大的限制来源于方言语料。因为我们主要是在方言语法著作、方言志、论文等文献资料中收集处置式的材料，学界现有的这些方言处置式研究对于处置式的语用意义关注不多，通常都是一带而过甚至不曾提及，这就导致我们很难对处置式的语用意义进行综合考察。我们仅在第4章节中，结合解正明（2006）的类型学分析成果，较笼统地对方言处置式的语用类型进行说明。迫于方言材料不足、相关研究较少，我们在划分角度上自己的创见不足，主要参照了解正明的分类标准。

关于分类问题可以说是研究方言语法时存在的共性的问题，在研究其他类型的方言语法现象时或多或少都会面临这一困难。恰如王自万（2012：236）在研究汉语方言可能式时所述："我们搜集到的材料毕竟是有限的，是否能够涵盖可能式的全部，尚且不敢下断语。……分类本身就是为了研究的方便把原本连续性的东西人为地截断，肯定会存在些模棱两可的情况。如何描述这些分界之间模糊地带的情况，或者如何将不同类别的区分标准更加具体化（最好是形式化），本文并没有涉及。在引用方言例句时，我们并没有完全按照本文的语义类别进行划分，因为方言例句出处不同，解说相近程度不一，我们很难做出非常细致的判断，只能依据原作者的描述，为其做一大致分类。"这些也是我们在对现代汉语方言处置式进行划分时不得不面对的问题。比如我们在考察汉语方言处置式的演化过程中，其实也很难全面说明不同方言的处置式和处置标记在演变过程中具体受到了哪些因素的影响，就同一历史时期处置式的类型划分也难免存在着一些主观因素，针对处置式和处置标记类型分类边界不明的地方，我们也缺乏专门讨论。这些都是我们在接下来的研究中亟须解决的问题。

7.2.2 关于研究的方法

目前学界关于汉语方言语法综合性地比较研究主要是通过文献收集的方式，从各类方言志书、方言语法专著和论文、方言词典等文献资料中采集，辅以对部分方言区的调查问卷或实地调查等形式展开。文献收集方言语料的好处是不受时间、地域的限制，也较少受到被调查者水平的影响，可以最大程度地汇集现有的调查材料来进行较为全面的考察。尤其是来源于方言语法专著和论文中的例句，都是由具备相当专业基础的研究者提供、可信度往往较高，且针对调查问题的论述和解释也更具为深入，有利于我们深入了解所要研究的方言现象。因此，我们的研究也主要是通过对方言文献资料的收集来展开。

但是通过文献资料收集来综合对比研究方言语法，最大的问题就是在材料的收集上，这也是目前方言语法研究者所面对的较为共性的问题，王自万（2002：237）、陈芙（2013：178）、章黎平（2013：306）等学者在研究现代汉语方言可能式、否定式、人体词语时都曾表示在研究中遇到了材料收集的问题。本书在研究方言处置式的相关问题时，所需材料不足也是我们面临的主要问题之一。即便是我们尽了最大的努力去收集各类纸质和电子文献资料，但当我们想要对调查的问题进行深入的观察和研究时，往往会感到材料的匮乏。

　　首先，由于部分方言文献中并未提供本字、而是用同音字代替或仅提供了音标，当我们在收集、归纳方言处置标记时，这就造成我们统计到的方言处置标记难免会存在名异实同的情况，最终导致数目的庞杂以及分类和溯源上的困难。其次，不同的方言文献对于同一问题的研究程度也不同，比如本书想要对比分析具有多处置标记的方言中不同处置标记在分工上的不同时，就发现不同的处置式研究文献对该问题的研究深浅程度不一，有些论文或著作的研究较为深入、有些则是一带而过甚至尚未论及。这就使得我们只能根据现有的文献材料进行简要的分析，并不能保证很好地概括多处置标记方言中不同处置标记的功能。再次，不同的方言文献研究的重点不同，我们在想要解决本研究关注的问题时，常常找不到合适的方言研究材料作为支撑。并非所有的方言语法文献都关注到了处置式、也并非所有研究处置式的方言文献恰好都谈及了我们想要探究的问题。比如我们在研究的过程中发现，学界目前对于不同类型的方言处置式的语用研究极少，是我们原本想要深入探寻的问题。但是在实际操作的过程中我们发现，仅就目前所掌握的方言处置式研究材料、我们很难展开进一步的研究，因为即便是在很多深入考察了方言处置式的著作或论文中，也没有关注到处置式的语用价值，而那些考察了方言处置式语用问题的文献，也不一定符合我们想要观察的角度。最终导致我们未能在方言处置的语用功能上取得较有益的突破，仅是在解正明（2006\2008）等学者的研究基础上进行增补。又如本书原计划对方言处置式中否定词的前后位置以及其与古代汉语、临近方言之间的关系问题进行考察，但最终因为收集不到足够充分的方言文献资料而无法展开对这一问题的深入讨论。最后，对于其他人类语言研究材料掌握的不足，也影响到了我们对于方言处置式的类型学分析。本书的研究重点是对方言处置式进行比较研究，但是从类型学的研究角度出发，其实我们不仅要关注现代汉语方言处置式的各种现象和成因，更应当关注处置式和处置标记在汉语方言中的表现和发展对于整个人类语言研究的类型学意义。但是限于我们对其他人类语言研究材料掌握的不足，本研究在这方面尚存在很大的欠缺，也是我们在接下来的研究中需要努力的方向。

7.2.3 关于解释的深度

本书在研究过程中，受到材料的收集和整理、时间和精力的分配、研究者理论水平等因素的限制，在寻求问题的解释上难免存在一些不足或疏漏。

对于方言处置式的比较研究，首先要从对共同语的研究着手，只有先搞清楚共同语中处置式的界定、表现和特征，才能更好地说明方言处置式的特点。但是由于目前学界对于共同语处置式的定义、语义特征的分类等问题尚有争论，我们在说明这些问题时，往往也是在综合前人的研究后，根据我们掌握的材料以及据此取得的认识，来选择我们支持的观点。比如在对共同语中"把"的词性划分时，主要是在罗列前人的研究，未能提出太多新的建议。对于"把"词性的划分往往又影响着对"把"的作用的认识，本书对于共同语中"把"字句语用功能的认识也仍然需要进一步深化。

方言处置式的研究也离不开对于古代汉语处置式的充分认识，但是本研究在对于一些古代汉语处置式中曾经存在过的，却在现代汉语共同语中已经消失、在部分方言处置式中仍然保留下来的现象缺乏足够的解释。比如在现代汉语共同语中，处置式的否定形式通常只能是"否定副词+处置标记"、而部分汉语方言中存在否定词放在处置标记后面的情况（如前文提到的四川九寨沟"认得半十天把我莫认着"、湖北江夏安山"昨夜里把房门冇关，跑几只老鼠儿进来了"、陕西富平"他就把你不当人看"等），对于这种否定词后置的处置式，傅惠钧（2014）、张俊阁（2016）等学者都曾经观察到在唐宋时期的文献中已经出现了这类否定词置于处置标记后面的处置式（比如唐诗中的"念我常能数字至，将诗不必万人传"、"从此锦城机杼，把回文休织"等）。本研究虽然注意到了这种现象的存在，但是对于否定副词置于处置标记前取代了否定副词后置这一现象的成因缺乏足够的历时层面的思考和解释。

寻求方言语法现象的解释时，除了要考虑到共同语和古代汉语的因素外，更离不开对于不同方言甚至其他人类语言的比较和分析，但本研究在进行不同方言间处置式的比较分析时仍然存在着很多解释上的不足。比如在我们上文已经说明在处置标记的整理和分类中，不同的调查者针对同一个处置标记可能采用不同的汉字来记录，方言调查材料用字缺乏一致性就造成了我们在方言处置标记的整理和归纳上存在很大的障碍。但限于调查方言数目较大、对各方言了解程度不足等原因，我们未能考察清楚不同处置标记在方言中的本字，尤其是那些我们尚不确定方言来源的处置标记，如果能搞清楚它们的方言本字，对我们深入解释它们的来源将大有裨益。像我们在第6章提到的"伴""则"等处置标记，虽然从外在形式上看和表示"给予"义及"伴随格"来源的处置标记毫无关联，但经学者考证后，认为它们的本字分别是与手部动作相关的"扮"和表"附着"义的"着"，由此就可以有效地对其来源进行归类。此外，方言语法的研究也离不开对于语音的研究，要想全面地考察现代汉语方言处置式和处置标记的特征和用法，就必须关注语音的问题。以河南获嘉（贺巍 1989：70）、浚县（辛永芬 2011）、滑县（胡伟、甘于恩 2015）方言为例，处置式的表现形式可以不用处置标记、而是用"V 它"式，但这里的动词需要变韵（如：就这点儿菜，你买^{D}它吧。\ 电话号码儿我记^{D}它本儿上了 我把电话号码记在本子上了。\ 喝^{D}它 把它喝了。）。如果不注意考察这里的语音情况，就很可能忽略用"V 它"式表示处置义的限制。这样的现象也不一定仅存在于河南的这几处方言中，但据我们收集到的文献资料来看，学者在研究处置式时大多关注的还是语法层面、对语音层面的关注较少，所以我们目前也不太确定在其他方言中、尤其是习惯用其他句式替换处置式表达的方言中是否存在类似现象。最后，我们对某些方言处置式中区别于共同语的现象也缺乏足够的类型学解释，未能很好地考察是否受到其他语言的影响。比如我们在第4章提到汉语方言中存在"NP$_{受事}$＋X$_{处置标记}$＋VP"这种将处置标记置于受事宾语后面的处置式（如：温州永嘉"阿勇代送学堂底去 把阿勇送学校里去。"），并且指出曹茜蕾（2007）也曾经发现"以"字结构在上古和中古时期的也有类似的用法（如《诗经》中的"杂佩以赠之。"），但是限于目前调查条件和材料的限制，我们未能解释清楚该结构的出现是否受到其他语言的影响、后来在共同语中消失又是出于何种原因。

7.3 几点思考

7.3.1 关于研究内容

学者对于在共同语、汉语史、汉语方言领域的处置式研究做过许多有益尝试，试图从多个角度全面地解读处置式的结构形式、语义特征、发展源流等问题。本研究从现代汉语方言着手，重点关注处置式的语义类型、层次类型、结构类型、地理分布等问题，也综合了学界关于处置式在不同历史时期形成和发展的研究成果、以此来观察方言处置式中保留的古代汉语处置式的特征。在研究的过程中，笔者发现有以下问题仍然需要我们进一步进行思考和研究。

（一）"以"字式为何被"将\把"式替代、没有发展成为固定的处置式

是否应该把上古汉语时期的来源于工具格的"以"字式看成处置式的早期形式，一直是学者争论不休的问题。有学者（陈初生1983、太田辰夫1958、Bennett1981等）认为应当将其视作广义处置式的来源、有学者（张华文1985、何亚南2001等）则表示明确的反对。我们在第6章曾论及将"以"字式当作是处置式唯一来源或者完全否认"以"作为早期处置式的来源都是不太恰当的做法，杜敏（1996）就曾发现在唐代"将\把"处置式正式产生之前，"以"除了可以理解为工具式外，也可以重新分析为"处置（告、示）、处置（给）、处置（到）"，且句式结构也满足处置式的要求。刘子瑜（1995）则提出"以"字式有广义处置式的用法、但处置式并非"以"字式的专职句式，"把\将"式对于"以"字式的替换不过是一个简单的词汇更替。但是，我们困惑的是，既然产生在前的"以"字式已经具备了广义处置式的结构形式和语义特征，为何没有继续发展下去，反而被后来的"将\把"式取代。曹广顺（2005）提出连动结构最初未发展出前后两个宾语同指的用法，此时"以"字式不具备发展为狭义处置式的条件，后期又因为已经有大量可能完成从广义处置式到狭义处置式变化的动词的加入，"以"字式最终未能实现广义处置式到狭义处置式的转变。但除了

曹广顺先生所分析的这些原因外,"以"字式最终被"把/将"式取代,是否有语用的因素在里面?又是否受到其他周边语言的影响或者是强势方言对弱势方言的冲击?这些都是我们需要继续思考的问题。

(二)否定处置式中的否定副词从唐宋至元明清时期皆可前可后,为何在现代汉语共同语中仅保留了否定副词置于处置标记前的用法

唐宋至元明清时期的否定处置式,否定副词既可以出现在处置标记前、也可以出现在处置标记后,甚至有处置标记前后同时出现否定副词的双重否定句(如《金瓶梅》中的两个例子:你就真的忍心丢在那间破庙,不把他入土不成?\ 我不把秋秋小厮不摆布的见神见鬼的,他也不怕。)并且在部分现代汉语方言中也保留了这种用法,如第4章提到的:湖南郴州(匡媛2016):你把妈妈冇放在眼里,像个么么样子你把妈妈没放在眼里,像个什么样子。\ 安徽潜山(储丽敏2016):尔把饭不吃完。\ 青海西宁(孔祥馥2017):我把杯子冇打破。\ 陕西镇安(赵雪2014):你把作业么写完,不准你去耍。

蒋绍愚、曹广顺(2005:376)曾关注到在古代汉语和方言中,当否定标记分别置于处置标记前后时是否具有语用差异的问题,提出否定词出现在"把"字前和谓语动词之前具有不同的话语/语用功能:"把+NP+不VP"格式中NP的话题性和定指度明显高于"不把+NP+VP"中的NP,以致有些场合只能使用"把+NP+不VP"格式;并由此发问近代汉语文献里"把+NP+不VP"和"不把+NP+VP"是否也有话语/语用功能的差异。除了这一悬而未决的问题外,我们还应注意到,假如古代汉语和方言处置式中否定副词出现的位置不同会导致语用功能的差异,那么为何这种用法在现代汉语共同语中已经消失,普通话中处置式的否定副词通常只能放在处置标记的前面、构成"否定副词+把"的结构。

(三)近代汉语时期出现的"S把O"句式,在现代汉语共同语中为何会消失

在现代汉语共同语中,"把"字句中的谓语通常不能是光杆动词,更不能出现"把"后只有宾语、后面没有动词的情况,但是在近代汉语和现代汉语方言中却存在"S+把+O"这种句式。比如明代小说《三宝太监西洋记》中的"把你这些大小官军,俱为刀下之鬼 \ 把你

这些畜类,打做一锅儿熬了你",四川九寨沟方言的"我把你这块碎崽儿!"都是这样的用法。孙锡信(2014:400)发现"S把O"句式在元代已经出现,向熹(1993:492)将元明清时期的"S把O"句式归为两类:一种是出现在人物对话中,带有比较强烈的感情色彩,说话者没有把话说完就停止了;一种是因为"把/将"的宾语较长,后面失去相应的动词。学者大多都发现这类句式具备独特的语用价值,往往在表示一种表示上对下的责骂时使用。比如王力就在《中国现代语法》中指出:"骂人的话往往不能把处置的办法骂出来,于是话只得说一半。"

邢福义(2000)的"小三角"理论认为:"一个语法单位能够在语言系统中存在,在语言交际中承传,必定有其语用价值上的根据,否则便会被淘汰。"那么像近代汉语中"S把O"这种用法既然是具有特殊的语用价值的,为何在现代汉语共同语中会逐渐消失?在何种机制下这种句式被淘汰?在消失的过程中是否有政治、经济、文化等因素的影响?在这种用法已经消失的共同语和其他方言中,是否有其他句式来替代?这些问题都是本文没能给出解释、需要进一步深入探讨和研究的。

(四)有些在古代汉语和现代汉语方言中曾经出现过的处置标记为何之后不再使用

蒋绍愚、曹广顺(2005:376)曾发问,从古代汉语发展到现代汉语为何实现了处置标记"把"对"将"的替换,并且联系今天北方方言处置式用"把"不用"将"而粤、闽、客家等多数南方方言用"将"而不用"把"这一事实,提出历史上介词"将""把"的此消彼长是否存在方言背景差异的思考。除了"将"以外,古代汉语中还曾经出现过"取""拿""捉"等处置标记,在现代汉语方言中也存在原本有多个处置标记、但后来被"把"或其他方言处置标记替代的情况。我们在讨论"给帮"义处置标记来源的时候,也曾总结过一些不同处置标记在方言中的虚化程度不同的原因,除了张俊阁(2016:41)概括的"动词性强弱不同"和"语义、语法功能的多寡"两大因素外,我们还总结出一些其他影响因素:一是动词虚化的时间长短不同,语法化时间越长的处置标记其虚化的程度越高、作为处置标记的功能就越固定;二是受共同语影响的程度不同，受共同语影响越大的方言，其处置标记虚化的程度越高；三是处置式在方言中使用频率的高低不同，处置式发展越成熟的地区，用"把"作处置标记的概率越大，反之则越小。而在我们推测看来，处置标记虚化程度的高低应当也会影响到处置标记能否固定下来：处置标记虚化程度越高、应该在方言中作处置标记的用法就越固定。但是除了受处置标记虚化程度高低影响外，是否还有临近方言的影响？又是否受到一些历史事件或语言政策的影响？这也是值得我们继续探寻的问题。

7.3.2 关于研究方法

处置式作为汉语中最具代表性的句法范畴之一，历来受到语言学家的重视，关于处置式的研究也从未停歇。本书从现代汉语方言处置范畴着手，力求通过对现代汉语方言处置式和处置标记的整理和研究，观察处置式在现代汉语方言中的不同表现和形成原因，从而更为全面地认识共同语处置式的特点和发展源流等问题。在研究的过程中，我们主要坚持了以下研究方法和原则。

（一）坚持"多边比较"的研究方法

邢福义（1999\2000）曾在研究现代汉语语法时提出了"两个三角"的著名论断，其中"大三角"指的是在研究现代汉语共同语语法史的过程中，为了深化对语法事实的认识，要坚持"普—方—古"三角："普"是普通话、指现代汉语共同语的语法事实，"方"是方言、指现代汉语里的方言事实，"古"是古代汉语、指汉语里跟现代相对的古代近代的语法事实。要想实现"大三角"理论，邢福义（1999\2000）指出要做到"以方证普""以古证今"两方面，"以方证普"就是要做到立足于普通话、横看方言，看所研究现象在方言里有什么样的表现；"以古证今"就是要立足于今，上看古代汉语近代汉语，考察所研究的对象在古代汉语里有什么样的表现。吕叔湘（1992）也曾指出："要认识汉语的特点，就要跟非汉语比较，要认识现代汉语的特点，就要跟古代汉语比较；要认识普通话的特点，就要跟方言比较。"这些学者都看到了研究汉语方言对于全面认识现代汉语共同语语法特点的重要作用，但是他们的立足点和出发点都是为了研究现代汉语共同语的语法特点、而不是着重考察现代汉语方言的语法特征。而汪国胜（2014）将现代汉语方言语法作为研究对象，结合朱德熙（1993）的"三结合"、邢福义（1999\2000）的"两个三角"理论，将方言语法研究的总思路精炼地概括为"多边比较，多角考察"："多边比较"即"方—普、A方言—B方言、汉方言—民族语、方—古"的比较；"多角考察"即"表—里—值"的"小三角"考察。这样做的好处是更为贴合现代汉语方言语法研究、更能彰显汉语方言的特点和表现。

我们在研究的过程中坚持了汪国胜（2014）的"多边比较"理论，从处置式在现代汉语方言中的语义特征、句式结构、分布类型等问题着手，进行方言与普通话、不同方言间以及方言与古代汉语之间的对比研究，从而深化对现代汉语方言处置范畴的认识。比如在讨论处置式的语义类型时，共同语领域的主要观点是吴福祥（1996：422—429）的"三分法"，即将处置式划分为"广义处置式、狭义处置式、致使义处置式"。但是我们通过观察收集到的方言材料，发现方言处置范畴的语义类型并非和普通话完全对应、处置式的语义类型在方言中有不同的表现，最后我们结合前人的研究、根据方言实例对方言处置式的语义类型重新进行了划分。虽然不一定全面和准确，但也是我们基于汉语方言语法事实所做的尝试。又如在讨论处置式的结构特点时，前辈学者对现代汉语共同语中处置式的结构特点的研究十分充足，很好地概括了共同语处置式在处置标记、处置宾语、谓语结构等方面的特征，但是这些特征有些并未在现代汉语方言处置式中体现，有时甚至完全相悖。这就需要我们立足于不同现代汉语方言的处置式，综合分析属于现代汉语方言处置式的结构特点。

（二）坚持"多角考察"的研究方法

邢福义（1999\2000）提出的"两个三角"论断的另一个三角即"小三角"理论，也就是"表—里—值"三角："表"即"语表形式—语表"的简称，指显露在外的可见形式，任何语法单位都有其语表形式、都跟特定的语里意义和语用价值相联系，语法单位不同、语里意义的偏重点也有所不同；"里"是"语里意义—语里"的简称，指隐含在内的不可见的关系或内容；"值"是"语用价值—语值"的简称，重视在比较中考究研究对象的语用效应、回答它到底有何价值的问题。关于如何实现"小三角"理论,邢福义(2000)指出要做到"表里印证"和"语值验察"两方面:"表里印证"就是要在表里之间寻找规律性联系,以揭示有关事实的特定规律;"语值验察"是指在"表里印证"之后进一步研究"值"角,弄清特定的语用价值。这是针对研究现代汉语共同语语法而言的,上文提到,汪国胜(2014)也赞同在研究现代汉语方言语法时,亦要做到"表—里—值"的"多角考察"。

我们在研究的过程中也力求做到对现代汉语方言处置式"表—里—值"的多角度考察,完成"由表及里、由里及表"的反复验证过程。例如通过观察收集到的500多个方言点的处置标记,我们发现现代汉语方言中的处置标记的外在表现形式远比共同语丰富得多,不同的处置标记在方言中的地位并不平等、有些方言中甚至存在多个处置标记的情况。有多个处置标记的方言,在对标记的选择使用上或多或少有一定的取向,同一方言中的各个处置标记由此也就产生了语用上的差异。我们根据目前能够收集到的研究材料,将其在语用上的差异概括为"适用范围""语气色彩""使用频率"三个方面。以湖南宁远方言为例,有"把"和"拿倒"两个常用处置标记,但根据张晓勤(2009:100)的考察,"拿倒"句在宁远方言中仅用于让人不愉快的事件的致使义处置式中;如果句子表述是令人愉悦的事件,就必须用"把"。但由于目前对现代汉语处置式的调查研究大多还是局限于对单点方言的静态的句法、语义描写,在语用价值的介绍上仍然十分欠缺,只有少数研究者在记录单点方言处置式或处置标记的时候,就其语用价值进行了简要描述。在方言词典、方言语法专著中也鲜少见到对语用特征的分析。这就造成了我们在对汉语方言处置式和处置标的语用价值进行综合性地比较研究时,存在较大的困难。虽然我们试图从事相关研究,但限于目前研究材料的匮乏,我们仍然需要在今后的研究中持续深入对现代汉语方言处置式和处置标的语用价值考察。

(三)坚持"三个充分"的研究原则

邢福义(1991)在研究现代汉语语法时总结出了"观察充分、描写充分、解释充分"的三个"充分"原则:"观察充分"是说研究一种语言现象时,首先要充分观察、才能有充分的了解;"描写充分"是指在题目划定的范围内,通过充分的描写把应该反映出来的规律性的东西全部反映出来；"解释充分"强调从宏观上对语法事实作理论的阐明。在邢先生看来，两个"三角"是汉语语法研究深入的思路和方法、而三个"充分"是研究深入的要求和目标，二者互补互证、互为条件。罗自群（2003）也曾表示："描写的方法是语言研究，尤其是方言学研究的最基本的方法之一。其核心本质是尽可能真实地、全面地、客观地反映语言或方言的事实面貌。……对本课题所要研究的各种方言事实进行全面的描写是绝对必要的。只有这样，才能对这一语法形式所表达的语法意义作进一步深入细致的分析，才能为下一步进行广泛的不同方言之间的比较打下坚实的基础。"

由此可以发现，无论是现代汉语共同语语法的研究，还是现代汉语方言语法的研究，都离不开对于语言事实的充分观察和描写，在此基础上才能作出充分有效的解释说明。比如我们在研究现代汉语方言处置式时，不仅关注了方言中有标记的处置式，还关注到一些处置式发展尚不成熟的方言区用来表达处置义的变换句式，并考察了它们的句法结构和地理分布。当我们观察处置式在现代汉语方言中的方言事实时，也尽量系统地来观察和分析，尽力去归纳和总结不同方言处置式背后的共性，而不是孤立地来对待每一种方言。对于汉语语法研究而言，要想做到"观察充分""描写充分"已经较为困难，但对共同语和方言语法的研究来说，最大的挑战可能来自"解释充分"。研究者只能通过不断提升研究能力、汲取国内外优秀研究成果，才能不断深化对方言语法现象的解释。诚如张邱林（2011）所述："推进汉语方言学学术创新，要重视理论，强化理论意识。要立足方言实际，借鉴先进理论方法，把经过检验行之有效的理论方法，包括西方的和国内普通话、民族语言研究的，应用到汉语方言事实的分析，并在应用中检验、丰富和发展。对于方言语法研究来说，吸收和借鉴普通话语法研究的成果尤为重要。普通话语法研究的深度在整体上领先于方言研究。"也就是说，我们在进行汉语方言语法研究时，虽然不能完全照搬共同语领域的理论和方法、但也不能完全忽视共同语领域既有的研究成果，要立足于现代汉语方言事实，结合国内外对于人类语言研究的优秀成果，挖掘出属于现代汉语方言语法的特点、概括出属于现代汉语方言的语法理论。虽然我们力求在研究中贯彻"三个充分"的原则，但由于研究者的理论水平、能够收集到的语言事实、学界对于相关问题的研究程度等种种限制因素,本研究在对现代汉语方言处置式的描写和解释上依然存有很多漏洞和不足,需要各位语言研究者的批评和指正,这也是我们今后仍需努力的方向。

参考文献

［日］太田辰夫：《中国语历史文法》（1958），蒋绍愚、徐昌华译，北京大学出版社1987年版。

［日］大西博子：《萧山方言研究》，好文出版1999年版。

A. 贝罗贝：《早期"把"字句的几个问题》，《语文研究》1989年第1期。

Bennett, Paul A.：The Evolution of Passive and Disposal Sentences, Journal of Chinese Linguistics, 1981.

BerndHeine, TaniaKuteva：《语法化的世界词库》（中译本），世界图书出版公司北京公司2012年版。

Chappell, H.（曹茜蕾）：《汉语方言的处置标记的类型》，《语言学论丛》第36辑，商务印书馆2007年版。

Chappell, H.：Pan-Sinitic Object Marking：Morphology and Syntax, Breaking Down the Barriers：Interdisciplinary Studies in Chinese Linguistics and Beyond, Taipei：Academia Sinica, 2013.

Heine B, Kuteva T.：World Lexicon of Grammaticalization, Cambridge University Pre, 2003.

Small H.：Co-citation in the Scientific Literature：A New Measure of the Relationship between Two Documents, Journal of the American Society for Information Science, 1973年第4期。

Ye Youwen.：On the Internal Origins of the Disposal Construction in the Sui-Tang Period, Journal of Chinese Linguistics, 1988.

安徽省地方志编纂委员会：《安徽省志·方言志》，方志出版社1997年版。

鲍厚星:《东安土话研究》,湖南教育出版社 1998 年版。

鲍厚星:《湖南江永桃川土话研究》,湖南师范大学出版社 2016 年版。

鲍厚星等:《长沙方言研究》,湖南教育出版社 1999 年版。

贝罗贝:《早期"把"字句的几个问题》,《语文研究》1989 年第 1 期。

贝先明、向柠:《浏阳方言的介词》,《湖南方言的介词(修订本)》,湖南师范大学出版社 2009 年版。

蔡国妹:《福建莆仙方言的助动词"厄"》,《方言》2016 年第 2 期。

蔡国妹:《闽方言莆仙方言处置标记"合"的成因探析》,《汉语学报》2014 年第 2 期。

蔡燕凤、潘秋平:《从语义地图看〈左传〉的受益表达》,《汉语多功能语法形式的语义地图研究》,商务印书馆 2015 年版。

蔡勇:《安山方言带双受事格的"把"字句》,《语言研究》2002 年第 S1 期。

曹广顺、龙国富:《再谈中古汉语处置式》,《中国语文》2005 年第 4 期。

曹广顺、遇笑容:《中古译经中的处置式》,《中国语文》2000 年第 6 期。

曹延杰:《德州方言志》,语文出版社 1991 年版。

曹志耘:《金华汤溪方言的动词谓语句》,《动词谓语句》,暨南大学出版社 1997 年版。

曹志耘:《金华汤溪方言的介词》,《介词》,暨南大学出版社 2000 年版。

柴伟梁:《海宁方言志》,浙江人民出版社 2009 年版。

晁瑞:《汉语"给"的语义演变》,《方言》2013 年第 3 期。

陈承泽:《国文法草创》,商务印书馆 1982 年版。

陈初生:《早期处置式略论》,《中国语文》1983 年第 3 期。

陈法今:《闽南话的"互"字句》,《华侨大学学报》(哲学社会科学版)1988 年第 2 期。

陈芙:《汉语方言否定范畴比较研究》,华中师范大学,博士学位论文,2013 年。

陈海忠:《潮汕方言介词例释》,《汕头大学学报》(人文社会科学版),增刊,2003 年,

陈晖:《湖南泸溪梁家潭乡话研究》,湖南师范大学出版社 2016 年版。

陈晖:《涟源方言研究》,湖南教育出版社 1999 年版。

陈晖:《涟源桥头河方言的介词》,《湖南方言的介词》,湖南师范大学出版社 2009 年版。

陈景熙:《潮学集刊》(第 3 辑),社会科学文献出版社 2014 年版。

陈丽:《安徽歙县太谷运方言》,方志出版社 2013 年版。

陈亮、王珊:《五河方言"给"字句的特点及用法》,《河南科技学院学报》2014 年第 7 期。

陈山青、施其生:《湖南汨罗方言的处置句》,《方言》2011 年第 2 期。

陈晓强、陈晓春、陈晋:《陇西方言词语研究》,甘肃人民出版社 2015 年版。

陈亚川、郑懿德:《吕叔湘著〈汉语语法分析问题〉助读》,商务印书馆 2015 年版。

陈瑶:《"给予"义动词兼做处置标记和被动标记的成因》,《福建师范大学学报》(哲学社会科学版)2011 年第 5 期。

陈悦、陈超美等:《引文空间分析原理与应用》,科学出版社 2014 年版。

陈云龙:《粤西濒危方言马兰话研究》,暨南大学出版社 2012 年版。

陈泽平:《19 世纪以来的福州方言》,福建人民出版社 2010 年版。

陈泽平:《福州方言处置介词"共"的语法化路径》,《中国语文》2006 年第 3 期。

陈泽平:《福州方言研究》,福建人民出版社 1998 年版。

储丽敏:《潜山方言"把"字句的语义和语用考察》,《桂林航天工业学院学报》2016 年第 2 期。

储泽祥:《岳西方言志》,华中师范大学出版社 2009 年版。

褚俊海:《桂南平话"处置"义的表达》,《广西大学学报》(哲学

社会科学版）2012 年第 3 期。

崔勇、陶薇：《把字句的演变轨迹和原因》，《凯里学院学报》2008 年第 2 期。

崔云忠、何洪峰：《《临沂话中的介词"掌"及其类型学考察》，《临沂大学学报》2012 年第 6 期。

单韵鸣：《广州话典型狭义处置句的变异》，《暨南学报》（哲学社会科学版）2012 年第 3 期。

邓永红：《桂阳土话的介词》，《湖南方言的介词（修订本）》，湖南师范大学出版社 2009 年版。

邓永红：《桂阳土话语法研究》，湖南师范大学，博士学位论文，2007 年。

邓永红：《湖南桂阳六合土话研究》，湖南师范大学出版社 2016 年版。

刁晏斌：《近代汉语"把"字句与"将"字句的区别》，《辽宁师范大学学报》1993 年第 1 期。

刁晏斌：《近代汉语句法论稿》，辽宁师范大学出版社 2001 年版。

丁家勇：《隆回方言的介词》，《湖南方言的介词（修订本）》，湖南师范大学出版社 2009 年版。

丁家勇、张敏：《从湘方言动词句式看双及物结构语义地图》，《汉语多功能语法形式的语义地图研究》，商务印书馆 2015 年版。

丁声树：《现代汉语语法讲话》，商务印书馆 1961 年版。

董正谊：《攸县方言介词的类型》，《湖南方言的介词（修订本）》，湖南师范大学出版社 2009 年版。

杜敏：《唐宋把字句再论》，《宁波大学学报》（人文科学版）1998 年第 3 期。

杜敏：《早期处置式的表现形式及其底蕴》，《陕西师范大学学报》（哲学社会科学版）1996 年第 4 期。

范慧琴：《定襄方言语法研究》，语文出版社 2007 年版。

范晓：《动词的配价与汉语的把字句》，《中国语文》2001 年第 4 期。

方平权：《岳阳方言的介词》，《湖南方言的介词》，湖南师范大学出版社 2009 年版。

方松熹:《义乌方言研究》,浙江省新闻出版局 2000 年版。

冯爱珍:《福清方言研究》,社会科学文献出版社 1993 年版。

冯春田:《近代汉语语法研究》,山东教育出版社 2000 年版。

福建省地方志编纂委员会:《福建省志·方言志》,方志出版社 1998 年版。

傅惠钧:《否定词后置处置式功能特点及历史发展》,《当代修辞学》2014 年第 6 期。

高华年:《广州方言研究》,商务印书馆香港分馆 1980 年版。

高名凯:《汉语语法论》,商务印书馆 1986 年版。

高慎贵:《新泰方言志》,语文出版社 1996 年版。

广丰县地方志编纂委员会:《广丰县志》,方志出版社 2005 年版。

贵州省桐梓县地方志编纂委员会:《桐梓方言志》,中国文史出版社 1987 年版。

郭浩瑜:《近代汉语中的一种特殊"把"字句——遭受义"把"字句》,《语文研究》2010 年第 2 期。

郭浩瑜、杨荣祥:《试论早期致使义处置式的产生和来源》,《语言科学》2016 年第 1 期。

郭辉:《淮北方言的"拜"字句》,《淮北师范大学学报》(哲学社会科学版) 2011 年第 2 期。

郭辉、郭迪迪:《皖北濉溪方言的"给"字句》,《淮北师范大学学报》(哲学社会科学版) 2012 年第 5 期。

郭利霞:《九十年代以来汉语方言语法研究述评》,《汉语学习》2007 年第 6 期。

郭锐:《"把"字句的语义构造和论元结构》,《北京大学汉语语言学研究中心〈语言学论丛〉委会·语言学论丛(第 28 辑)》,商务印书馆 2003 年版。

郭晓瑞:《临猗方言的"到""给"及相关句式的研究》,《语文教学通讯》2014 年第 12 期。

郭燕妮:《致使义把字句的句法语义语用分析》,《汉语学报》2008 年第 1 期。

海峰:《东干语"把 N 不 V"句式分析》,《新疆大学学报》(哲学·人文社会科学版）2015年第2期。

韩栋:《许昌方言表处置的"让"》,《中文自学指导》2009年第2期。

何茂活:《山丹方言志》,甘肃人民出版社2007年版。

何守伦:《永胜方言志》,语文出版社1989年版。

何亚南:《〈三国志〉和裴注句法专题研究》,南京师范大学出版社2001年版。

何亚南:《汉语处置式探源》,《南京师大学报》（社会科学版）2001年第5期。

和少英:《人类学、民族学与中国西南民族研究中》,云南大学出版社2015年版。

河北省昌黎县县志纂委员会、中国科学院语言研究所:《昌黎方言志》,科学出版社1960年版。

贺巍:《洛阳方言记略》,《方言》1984年第4期。

洪波:《"给"字的语法化》,《南开语言学刊》2004年第2期。

侯精一、魏钢强、陈昌仪:《南昌话音档》,上海教育出版社1998年版。

侯精一、温端政:《山西方言调查研究报告》,山西高校联合出版社1993年版。

胡德明:《安徽芜湖清水话中的"无宾把字句"》,《中国语文》2006年第4期。

胡附、文炼:《"把"字句问题》,《现代汉语语法探索》,新知识出版社1988年版。

胡利华:《安徽亳州方言的语法特点》,《安徽工业大学学报》（社会科学版）2011年第2期。

胡利华:《安徽蒙城方言的"叫"字句》,《阜阳师范学院学报》（社会科学版）2009年第4期。

胡萍:《湖南绥宁关峡苗族平话研究》,湖南师范大学出版社2016年版。

胡双宝:《高瞻远瞩,一空依傍——读桥本万太郎〈语言地理类型学〉》,《语文研究》1986年第2期。

胡双宝:《评〈山西方言调查研究报告〉》,《语文研究》1995年第3期。

胡松柏等:《赣东北方言调查研究》，江西人民出版社 2009 年版。

胡伟、甘于恩:《河南滑县方言的五类处置式》，《方言》2015 年第 4 期。

胡文泽:《"把"字句语法意义在"把"字结构句中的不均衡表现》，《语言研究》2010 年第 1 期。

胡文泽:《也谈"把"字句的语法意义》，《语言研究》2005 年第 2 期。

胡云晚:《湘西南洞口老湘语虚词研究》，江西人民出版社 2001 年版。

湖北省襄樊市地方志编纂委员会:《襄樊市志》，中国城市出版社 1994 年版。

黄伯荣:《汉语方言语法类》，青岛出版社 1996 年版。

黄朵:《纳雍方言句法初探》，《长江大学学报》（社会科学版）2012 年第 5 期。

黄红蕾:《高敬话的处置式研究》，《杭州师范学院学报》（医学版）2006 年第 6 期。

黄磊:《邵东方言的"把"字句》，《邵阳学院学报》（社会科学版）2004 年第 6 期。

黄晓雪:《方言中"把"表处置和表被动的历史层次》，《孝感学院学报》2006 年第 4 期。

黄晓雪:《宿松方言的"把"字句》，《汉语方言语法研究》，华中师范大学出版社 2007 年版。

黄晓雪、贺学贵:《从〈歧路灯〉看官话中"叫"表处置的现象》，《中国语文》2016 年第 6 期。

黄月圆:《把/被结构与动词重复结构的互补分布现象》，《中国语文》1996 年第 2 期。

江蓝生:《汉语连——介词的来源及其语法化的路径和类型》，《中国语文》2012 年第 4 期。

江亚丽:《桐城方言"把"字研究》，《安庆师范学院学报》（社会科学版）2010 年第 2 期。

蒋冀骋、吴福祥:《近代汉语纲要》，湖南教育出版社 1997 年版。

蒋军凤:《湖南东安石期市土话研究》,湖南师范大学出版社2016年版。

蒋绍愚:《"给"字句、"教"字句表被动的来源——兼谈语法化、类推和功能扩展》,《语言学论丛(二十六辑)》,商务印书馆2002年版。

蒋绍愚:《〈元曲选〉中的把字句——把字句再论》,《语言研究》1999年第1期。

蒋绍愚:《把字句略论——兼论功能扩展》,《中国语文》1997年第4期。

蒋绍愚、曹广顺:《近代汉语语法史研究综述》,商务印书馆2005年版。

焦妍:《汉语与东干语"把"字句特点对比分析——以俄罗斯屠格涅夫俄文小说〈木木〉为语料》,《新疆职业大学学报》2014年第5期。

解正明:《把字句跨方言分析及其生成机制探讨》,《伊犁教育学院学报》2006年第2期。

解正明、徐从英:《汉语方言处置式类型学分析》,《青海社会科学》2008年第3期。

金立鑫:《选择使用"把"字句的流程》,《汉语学习》1998年第4期。

金小栋:《西华方言多功能词"给"的语义演变》,《语言研究》2016年第4期。

孔祥馥:《西宁方言与普通话"把"字句对比研究及其结构模式分析》,《青藏高原论坛》2017年第2期。

匡媛:《浅论郴州方言的"把"及相关句式》,《长春教育学院学报》2016年第1期。

兰玉英等:《泰兴客家方言研究》,文化艺术出版社2007年版。

兰州市地方志编纂委员会:《兰州市志第59卷方言志》,兰州大学出版社2002年版。

雷小芳:《江西南昌话中的"拿"字及其相关句式》,《佳木斯教育学院学报》2012年第1期。

黎锦熙:《新著国语文法》,商务印书馆 1959 年版。

黎锦熙:《说"把"(上/下)》,《汉语释词论文集》,科学出版社 1957 年版。

李滨:《闽东古田方言的介词》,《龙岩学院学报》2014 年第 6 期。

李滨:《闽东古田方言研究》,厦门大学出版社 2014 年版。

李建校等:《榆社方言研究》,山西人民出版社 2007 年版。

李健:《化州粤语概说》,天津古籍出版社 1996 年版。

李蓝、曹茜蕾:《汉语方言中的处置式和"把"字句(上)》,《方言》2013 年第 1 期。

李蓝、曹茜蕾:《汉语方言中的处置式和"把"字句(下)》,《方言》2013 年第 2 期。

李连进、朱艳娥:《广西崇左江州蔗园话比较研究》,广西师范大学出版社 2009 年版。

李琳:《太原北郊方言处置式和被动式中的"给"》,《唐山师范学院学报》2017 年第 1 期。

李启群:《凤凰方言的介词》,《湖南方言的介词(修订本)》,湖南师范大学出版社 2009 年版。

李启群:《吉首方言研究》,民族出版社 2002 年版。

李人鉴:《试论"使"字句和"把"字句(续)》,《扬州师院学报》(社会科学版)1991 年第 1 期。

李荣:《现代汉语方言大词典》,江苏教育出版社 2002 年版。

李如龙:《福建县市方言志 12 种》,福建教育出版社 2001 年版。

李如龙:《汉语方言学》,高等教育出版社 2007 年版。

李如龙:《论汉语方言比较研究(上)——世纪之交谈汉语方言学》,《语文研究》2000 年第 2 期。

李如龙:《论汉语方言的类型学研究》,《暨南学报》(哲学社会科学)1996 年第 2 期。

李如龙:《闽南方言的介词》,《介词》,暨南大学出版社 2000 年版。

李如龙、张双庆:《客赣方言调查报告》,厦门大学出版社 1992 年版。

李维琦:《祁阳方言研究》,湖南教育出版社 1998 年版。

李炜、刘亚男:《西南官话的"跟"——从〈华西官话汉法词典〉说起》,《中国语文》2015 年第 4 期。

李炜、石佩璇:《北京话与事介词"给"、"跟"的语法化及汉语与事系统》,《语言研究》2015 年第 1 期。

李小华:《客家方言的处置标记及其句式》,《殷都学刊》2013 年第 1 期。

李小华:《闽西永定客家方言虚词研究》,华南理工大学出版社 2014 年版。

李星辉:《湖南永州岚角山土话研究》,湖南师范大学出版社 2016 年版。

李星辉:《涟源方言处置句中主语述语间两项介词短语的同现》,《云梦学刊》2008 年第 6 期。

李行健:《河北方言词汇》,商务印书馆 1995 年版。

李永:《汉语动词语法化的多视角研究》,山东大学出版社 2014 年版。

李永明:《潮州方言》,中华书局 1959 年版。

李永明:《临武方言土话与官话的比较研究》,湖南人民出版社 1988 年版。

李兆琳:《九江方言中的"佢"字语法化研究》,《文学与传播》2014 年第 5 期。

力量、张进:《宿豫方言研究》,河海大学出版社 2011 年版。

连涵芬:《简析德化话中的"互"》,《牡丹江师范学院学报》(社会科学版)2014 年第 4 期。

练春招、侯小英、刘立恒:《客家古邑方言》,华南理工大学出版社 2010 年版。

梁东汉:《论"把"字句》,《北京大学中文系语言学论丛辑部·语言学论丛(第 2 辑)》,上海教育出版社 1959 年版。

梁福根:《阳朔葡萄平声话研究》,广西民族出版社 2005 年版。

林寒生:《闽东方言词汇语法研究》,云南大学出版社 2002 年版。

林华东:《泉州方言研究》,厦门大学出版社 2008 年版。

林立芳:《梅县方言的"同"字句》,《方言》1997 年第 3 期。

林连通、陈章太:《永春方言志》,语文出版社1989年版。

林绍志:《临朐方言》,齐鲁书社2013年版。

林素娥:《北京话"给"表处置的来源之我见》,《汉语学报》2007年第4期。

林素娥:《上海方言中的"(S+)受事+VP"结构》,《汉藏语学报第5期》,商务印书馆2012年版。

林素娥、邓思颖:《湘语邵东话助词"起/倒"的语法特点》,《汉语学报》2010年第4期。

林玉山:《汉语语法发展史稿》,厦门大学出版社2018年版。

刘斌总纂,陈昌仪主编;江西省地方志编纂委员会:《江西省志·江西省方言志》,方志出版社2005年版。

刘春卉:《河南确山方言两个处置标记"掌"与"叫"的语法化机制考察》,《汉语史研究集刊》2008年第1期。

刘翠香:《山东栖霞方言伴随义介词及其来源》,《惠州学院学报》2017年第1期。

刘丹青:《汉语给予类双及物结构的类型学考察》,《中国语文》2001年第5期。

刘丹青:《苏州方言的动词谓语句》,《动词谓语句》,暨南大学出版社1997年版。

刘丹青:《语法化中的共性与个性,单向性与双向性——以北部吴语的同义多功能虚词"搭"和"帮"为例》,《语法化与语法研究1》,商务印书馆2003年版。

刘丹青:《重新分析的无标化解释》,《世界汉语教学》2008年第1期。

刘丹青、邢向东、沈明:《方言语法论丛(第7辑)》,商务印书馆2016年版。

刘静:《陕西关中东府五县市方言志》,陕西师范大学出版社2006年版。

刘纶鑫:《贵溪樟坪畲话研究》,文化艺术出版社2008年版。

刘纶鑫:《江西客家方言概况》,江西人民出版社2001年版。

刘纶鑫:《芦溪方言研究》,文化艺术出版社2008年版。

刘培玉:《把字句的句法、语义和语用分析》,《华中师范大学学报》

(人文社会科学版）2002 年第 5 期。

刘培玉:《关于"把"字句的语法意义》,《汉语学习》2009 年第 3 期。

刘培玉:《说"把"》,《零陵师范高等专科学校学报》2001 年第 2 期。

刘则渊:《科学知识图谱:方法与应用》,人民出版社 2008 年版。

刘子瑜:《处置式带补语的历时发展》,《语言教学与研究》2009 年第 1 期。

刘子瑜:《唐五代时期的处置式》,《语言研究》1995 年第 2 期。

柳宁:《河北磁县话中"叫"字的句法功能分析》,《河北北方学院学报》(社会科学版) 2016 年第 1 期。

卢甲文:《郑州方言志》,语文出版社 1992 年版。

卢开鼓、张朣:《水富方言志》,语文出版社 1988 年版。

卢小群:《湘语语法研究》,中央民族大学出版社 2007 年版。

卢笑予:《临海方言非谓语前置词的语法多功能性分析》,《现代语文》2013 年第 5 期。

卢笑予:《临海方言双及物结构的句法分析》,《知行录(第 3 辑)》,中央民族大学出版社 2012 年版。

陆丰县地方志编纂委员会:《陆丰县志》,广东人民出版社 2007 年版。

陆俭明:《从语言信息结构视角重新认识"把"字句》,《语言教学与研究》2016 年第 1 期。

陆俭明:《汉语语法语义研究新探索》,商务印书馆 2010 年版。

吕必松:《汉语语法新解》,北京语言大学出版社 2015 年版。

吕俭平、董业明、张雁:《枣庄方言语法研究》,山东人民出版社 2011 年版。

吕叔湘:《把字用法的研究》,《汉语语法论文集》,商务印书馆 1984 年版。

吕叔湘:《通过对比研究语法》,《语言教学与研究》1992 年第 2 期。

吕叔湘:《现代汉语八百词》,商务印书馆 1984 年版。

吕叔湘:《中国文法笔略》,商务印书馆 1982 年版。

罗荣华:《赣语上高话处置、被动共用标记"畀"研究》,《宜春学院学报》2014 年第 8 期。

罗昕如:《湖南蓝山太平土话研究》,湖南师范大学出版社 2016 年版。

罗昕如、邹蕾:《新化方言的介词》,《湖南方言的介词修订本》,湖南师范大学出版社 2009 年版。

罗自群:《现代汉语方言持续标记的比较研究》,中国社会科学院,研究生院,博士学位论文,2003 年。

马贝加:《对象介词"将"的产生》,《语言研究》2000 年第 4 期。

马贝加:《汉语动词语法化》,中华书局 2014 年版。

马贝加、陈伊娜:《瓯语介词"代"的功能及其来源》,《汉语学报》2006 年第 3 期。

马凤如:《金乡方言志》,齐鲁书社 2000 年版。

马文忠、梁述中:《大同方言志》,语文出版社 1986 年版。

梅广:《"把"字句》,《文史哲学报》,1979 年第 12 期。

梅祖麟:《唐宋处置式的来源》,《中国语文》1990 年第 3 期。

孟庆惠:《徽州方言》,安徽人民出版社 2005 年版。

孟庆惠:《歙县话音档》,上海教育出版社 1997 年版。

南京市地方志编纂委员会:《南京方言志》,南京出版社 1993 年版。

宁洁:《南宁白话的处置句式》,《桂林师范高等专科学校学报》2015 年第 3 期。

宁廷德:《山东方言志丛书泰安方言志》,山东大学出版社 2015 年版。

潘家懿:《临汾方言志》,语文出版社 1988 年版。

潘秋平:《从语义地图看给予动词的语法化:兼论语义地图和多项语法化的关系》,《语法化与语法研究 6》,商务印书馆 2013 年版。

潘秋平、张敏:《语义地图模型与汉语多功能语法形式研究》,《当代语言学》2017 年第 4 期。

彭逢澍:《娄底方言的介词》,《湖南方言的介词（修订本）》,湖南师范大学出版社 2009 年版。

彭玉兰:《衡阳方言的介词》,《湖南方言的介词（修订本）》,湖南师范大学出版社 2009 年版。

钱奠香:《海南屯昌闽语语法研究》,云南大学出版社 2002 年版。

钱奠香:《屯昌方言的介词》,《介词》,暨南大学出版社 2000 年版。

钱学烈:《试论〈红楼梦〉中的把字句》,《深圳大学学报》(人文社会科学版)1986 年第 2 期。

钱曾怡:《莱州方言志》,齐鲁书社 2005 年版。

钱曾怡:《山东方言研究》,齐鲁书社 2001 年版。

钱曾怡、曹志耘等:《山东人学习普通话指南》,山东大学出版社 1988 年版。

乔全生:《汾西方言志》,山西高校联合出版社 1990 年版。

乔全生、刘芳:《长治方言"将"的共时用法及历时演变》,《山西大学学报》(哲学社会科学版)2013 年第 4 期。

桥本万太郎:《语言地理类型学》,北京大学出版社 1985 年版。

青岛市史志办公室:《青岛市志方言志》,新华出版社 1997 年版。

丘学强:《军话研究》,中国社会科学出版社 2005 年版。

丘学强:《粤、琼军话研究》,暨南大学,博士学位论文,2002 年。

饶春、王煜景:《处置式起源与演变研究述评》,《现代语文》(语言研究版)2012 年第 12 期。

任碧生:《青海方言语法专题研究》,青海人民出版社 2006 年版。

阮绪和:《江西武宁话的"拿"字句》,《江西教育学院学报》(社会科学)2006 年第 1 期。

邵敬敏:《把字句的语法意义》,《汉语语法的立体研究》,商务印书馆 2000 年版。

邵敬敏:《把字句及其变换句式》,《研究生论文选集语言文字分册 1》,江苏古籍出版社 1985 年版。

邵敬敏:《把字句研究纵横观》,《语文导报》1987 年第 7 期。

邵燕梅:《郯城方言志》,齐鲁书社 2005 年版。

邵燕梅、刘长锋、邵明武:《沂南方言志》,齐鲁书社 2010 年版。

申向阳:《九寨沟方言研究》,四川大学出版社 2014 年版。

沈家煊:《"在"字句和"给"字句》,《中国语文》1999 年第 2 期。

沈家煊:《如何处置"处置式"?——论把字句的主观性》,《中国语文》2002 年第 5 期。

沈若云:《宜章土话研究》,湖南教育出版社 1999 年版。

沈阳:《名词短语的多重移位形式及把字句的构造过程与语义解释》,《中国语文》1997 年第 6 期。

盛益民:《绍兴柯桥话处置式研究》,《汉藏语研究四十年第 40 届国际汉藏语言暨语言学会议论文集》,黑龙江大学出版社 2010 年版。

盛益民:《绍兴柯桥话多功能虚词"作"的语义演变——兼论太湖片吴语受益者标记来源的三种类型》,《语言科学》2010 年第 2 期。

施关淦:《"给"的词性及与此相关的某些语法现象》,《语文研究》1981 年第 2 期。

施明达:《泰顺县志》,浙江人民出版社 1998 年版。

石定栩:《"把"字句和"被"字句研究》,《共性与个性——汉语语言学中的争议》,北京语言文化大学出版社 1999 年版。

石林:《沂水方言介词"叫"》,《大舞台》2011 年第 9 期。

石毓智:《处置式产生和发展的历史条件》,《语言研究》2006 年第 3 期。

石毓智:《汉语方言语序变化的两种动因及其性质差异》,《民族语文》2008 年第 6 期。

石毓智:《汉语方言中被动式和处置式的复合标记》,《广西师范大学学报》(哲学社会科学版) 2008 年第 2 期。

石毓智:《汉语方言中被动式和处置式的复合标记》,《广西师范大学学报》(哲学社会科学版) 2008 年第 2 期。

石毓智:《兼表被动和处置的"给"的语法化》,《世界汉语教学》2004 年第 3 期。

石毓智:《论处置结构的新发展——"拿"的语法化及其功能》,《对外汉语研究第 3 期》,商务印书馆 2007 年版。

石毓智:《论汉语的结构意义和词汇标记之关系——有定和无定范畴对汉语句法结构的影响》,《当代语言学》2002 年第 1 期。

石毓智:《现代汉语语法系统的建立》,北京语言大学出版社 2003 年版。

石毓智:《语法化理论:基于汉语发展的历史》,上海外语教育出版社 2011 年版。

石毓智、李讷:《汉语语法化的历程》,北京大学出版社 2001 年版。

石毓智、刘春卉:《汉语方言处置式的代词回指现象及其历史来源》,《语文研究》2008 年第 3 期。

石毓智、王统尚:《方言中处置式和被动式拥有共同标记的原因》,《汉语学报》2009 年第 2 期。

史俊丽:《处置式的语法化历程》,山西大学,硕士学位论文,2004 年。

宋恩泉:《汶上方言志》,齐鲁书社 2005 年版。

宋玉柱:《"把"字句、"对"字句、"连"字句的比较研究》,《语言研究》,1981 年第 1 期。

宋玉柱:《现代汉语语法十讲》,南开大学出版社 1986 年版。

苏俊波:《郧县方言研究》,华中师范大学出版社 2016 年版。

苏俊波、邢福义:《丹江方言语法研究》,华中师范大学出版社 2012 年版。

孙立新:《户县方言的把字句》,《语言科学》2003 年第 5 期。

孙锡信:《中古近代汉语语法研究述要》,复旦大学出版社 2014 年版。

孙叶林:《邵东方言的介词》,《湖南方言的介词修订本》,湖南师范大学出版社 2009 年版。

孙叶林:《湘南勉语和汉语方言的接触与影响研究以衡阳常宁塔山瑶族乡为个案》,湖南师范大学出版社 2013 年版。

孙占林:《〈金瓶梅〉"把"字句研究》,《广西师院学报》1991 年第 3 期。

太田辰夫、蒋绍愚、徐昌华:《中国语历史文法》,北京大学出版社 2003 年版。

覃远雄:《南宁平话的介词》,《介词》,暨南大学出版社 2000 年版。

汤廷池:《国语语法研究论集》,台湾学生书局 1979 年版。

陶伏平:《方言被动标记类型及语法化比较——湖南宁乡偕乐桥话与慈利通津铺话考察》,《湖南税务高等专科学校学报》2012 年第 6 期。

陶伏平:《湖南宁乡话处置式》,《云梦学刊》2007 年第 5 期。

田家成等:《苍山方言志》,齐鲁书社 2012 年版。

田希诚:《临汾方言语法的几个特点》,《语文研究》1981 年第 2 期。

汪国胜:《大冶方言的"把"字句》,华中师范大学中国语言学会第十届学术年会论文,1999 年。

汪国胜:《谈谈方言语法研究》,《华中师范大学学报》(人文社会科学版)2014 年第 5 期。

汪化云、郭水泉:《鄂东方言的把字句》,《黄冈师专学报》1988 年第 1 期。

汪平:《吴江市方言志》,上海社会科学院出版社 2010 年版。

王春玲:《西充方言语法研究》,中华书局 2011 年版。

王丹荣:《从"给"字看襄樊话的方言类型》,《襄樊学院学报》2005 年第 6 期。

王丹荣:《襄樊方言被动句和处置句探析》,《孝感学院学报》2006 年第 5 期。

王东:《河南罗山方言的"给给"》,《语文研究》2008 年第 2 期。

王东、罗明月:《河南罗山方言"把_ NP 受_ V_ 它"式处置式》,《信阳师范学院学报》(哲学社会科学版)2007 年第 6 期。

王芳:《湘乡方言的介词》,《湖南方言的介词修订本》,湖南师范大学出版社 2009 年版。

王芳、冯广艺:《表处置义"连"字句的语义特点、语法功能和语法化途径——以豫北安阳方言为例》,《江汉学术》2015 年第 2 期。

王福堂:《吴语研究第四届国际吴方言学术研讨会论文集》,上海教育出版社 2008 年版。

王红旗:《"把"字句的意义究竟是什么》,《语文研究》2003 年第 2 期。

王还:《"把"字句和"被"字句》,新知识出版社 1957 年版。

王还:《"把"字句中"把"的宾语》,《中国语文辑部·庆祝吕叔湘先生从事语言教学与研究六十年论文集》,语文出版社 1985 年版。

王慧娟:《项城方言中兼表被动和处置义的"叫"字句》,《现代交际》2012 年第 8 期。

王箕裘、钟隆林:《耒阳方言研究》,巴蜀书社 2008 年版。

王建华:《江西乐安方言中的处置助词"去"、"来"》,《安徽文学》2015 年第 11 期。

王健:《"给"字句表处置的来源》,《语文研究》2004 年第 4 期。

王李英;广东增城市地方志办公室等:《增城方言志第 2 分册》,广东人民出版社 1998 年版。

王力:《汉语史稿》,中华书局 1980 年版。

王力:《中国现代语法》,商务印书馆 1985 年版。

王力:《中国语法理论》,山东教育出版社 1984 年版。

王求是:《孝感方言研究》,华中师范大学出版社 2014 年版。

王淑霞、张艳华:《山东方言志丛书定陶方言志》,时代文艺出版社 2005 年版。

王廷贤等;天水市地方志办公室:《天水方言》,甘肃文化出版社 2004 年版。

王颐:《定南方言》,江西人民出版社 2015 年版。

王锳:《语文丛稿续编》,齐鲁书社 2013 年版。

王自万:《汉语方言可能式研究》,华中师范大学,博士学位论文,2012 年。

韦玉娟:《六甲话的句法特点》,《广西民族大学学报》(哲学社会科学版)2007 年第 6 期。

魏兆惠:《襄樊方言特殊的处置式:"给"字句和"叫"字句》,《培训与研究》(湖北教育学院学报)2004 年第 4 期。

温昌衍:《客家方言》,华南理工大学出版社 2006 年版。

吴宝安、邓葵:《涟源方言的"拿"字及其相关句式》,《湘潭师范学院学报》(社会科学版)2006 年第 6 期。

吴福祥:《敦煌变文语法研究》,岳麓书社 1996 年版。

吴福祥:《汉语伴随介词语法化的类型学研究》,《语法化与语法研究 1》,商务印书馆 2003 年版。

吴福祥:《再论处置式的来源》,《语言研究》2003 年第 3 期。

吴继章:《河北方言"处置""被动"等常见句式的特点》,《河北师范大学学报》(哲学社会科学版)2017 年第 5 期。

吴静:《万荣方言的"赶"》,《语文研究》2002 年第 4 期。

吴启生:《常宁方言的介词》,《湖南方言的介词(修订本)》,湖南师范大学出版社 2009 年版。

吴云霞:《万荣方言语法研究》,语文出版社 2009 年版。

吴子慧:《吴越文化视野中的绍兴方言研究》,浙江大学出版社 2007 年版。

伍巍:《黟县方言介词》,《介词》,暨南大学出版社 2000 年版。

伍巍、蒋尊国:《湘南蓝山土市话的处置式》,《方言》2005 年第 3 期。

伍云姬:《汉语方言共时与历时语法研讨论文集》,暨南大学出版社 1999 年版。

伍云姬:《湖南方言的介词修订本》,湖南师范大学出版社 2009 年版。

夏俐萍:《益阳方言的处置式》,《湖南省政法管理干部学院学报》(综合版)2002 年第 1 期。

向若:《关于"给"的词性》,《中国语文》1960 年第 2 期。

向熹:《简明汉语史》,高等教育出版社 1993 年版。

项开喜:《安徽枞阳方言的"把"字句》,《方言》2016 年第 3 期。

项梦冰:《连城客家话语法研究》,语文出版社 1997 年版。

肖牡丹:《祁东方言中表被动的"得、把"字句》,《现代交际》,2012 年 8 月。

肖萍:《余姚方言志》,浙江大学出版社 2011 年版。

谢伯端:《辰溪方言的介词》,《湖南方言的介词修订本》,湖南师范大学出版社 2009 年版。

谢建猷:《广西汉语方言研究上》,广西人民出版社 2007 年版。

谢奇勇:《湖南道县祥霖铺土话研究》,湖南师范大学出版社 2016 年版。

谢奇勇:《新田方言的介词》,《湖南方言的介词》,湖南师范大学出版社 2009 年版。

谢易延:《河南商丘方言介词研究》,湖南师范大学,博士学位论文,2018 年。

谢自立:《〈汉语方言大词典〉简评》,《复旦学报》(社会科学版)2000 年第 3 期。

辛永芬:《浚县方言语法研究》,中华书局 2006 年版。

辛永芬:《豫北浚县方言的代词复指型处置式》,《中国语文》2011

年第 2 期。

邢福义:《"最"义级层的多个体涵量》,《中国语文》2000 年第 1 期。

邢福义:《汉语语法学》,东北师范大学出版社 1996 年版。

邢福义:《现代汉语语法研究的两个"三角"》,《云梦学刊》1990 年第 1 期。

邢福义:《现代汉语语法研究的三个"充分"》,《湖北大学学报》(哲学社会科学版) 1991 年第 6 期。

邢福义:《语法研究中"两个三角"的验证》,《华中师范大学学报》(人文社会科学版) 2000 年第 5 期。

徐复岭:《济宁方言语法特点撮要》,《济宁师专学报》2002 年第 1 期。

徐国莉:《安义方言的"搦"字句》,《晋中学院学报》2006 年第 4 期。

徐慧:《益阳方言语法研究》,湖南教育出版社 2001 年版。

徐慧芳:《富平方言的把字句》,《咸阳师范学院学报》2013 年第 3 期。

徐杰:《两种保留宾语句式及相关句法理论问题》,《当代语言学》1999 年第 1 期。

徐烈炯、刘丹青:《话题的结构与功能》,上海教育出版社 1998 年版。

徐奕昌、张占献:《新野方言志》,文心出版社 1987 年版。

许宝华、汤珍珠:《上海市区方言志》,上海教育出版社 1988 年版。

许宝华、陶寰:《吴语的处置句》,《汉语方言共时与历时语法研讨论文集》,暨南大学出版社 1999 年版。

许光烈:《维纳斯句型——近代汉语中一种特殊的"把"字句》,《语言教学与研究》2005 年第 4 期。

许胜寒:《故城方言的介词"叫"字句》,《齐齐哈尔师范高等专科学校学报》2016 年第 5 期。

薛凤生:《"把"字句和"被"字句的结构意义——真的表示"处置"和"被动"?》,《功能主义与汉语语法》,北京语言学院出版社

1994 年版。

薛兴祥:《高淳县志》,江苏古籍出版社 1988 年版。

颜峰、徐丽:《山东郯城方言的叫字句及相关句式》,《语言科学》2005 年第 4 期。

杨秋泽:《利津方言志》,语文出版社 1990 年版。

杨蔚:《沅陵乡话研究》,湖南教育出版社 1999 年版。

杨月蓉:《重庆市志方言志（1950—2010）》,重庆出版社 2012 年版。

杨增武:《山阴方言志》,山西高校联合出版社 1990 年版。

叶向阳:《"把"字句的致使性解释》,《世界汉语教学》2004 年第 2 期。

叶友文:《隋唐处置式内在渊源分析》,*Journal of Chinese Linguistics*,1988 年第 1 期。

殷相印:《微山方言语法研究》,黑龙江人民出版社 2008 年版。

尹世超:《东北官话的介词》,《方言》2004 年第 2 期。

云南省地方志编纂委员会:《云南省志卷 58 汉语方言志》,云南人民出版社 1989 年版。

曾常红、李建军:《绥宁方言的介词》,《湖南方言的介词（修订本）》,湖南师范大学出版社 2009 年版。

曾春蓉:《湖南双牌理家坪土话研究》,湖南师范大学出版社 2016 年版。

曾献飞:《汝城方言研究》,文化艺术出版社 2006 年版。

曾毓美:《湘潭方言语法研究》,湖南大学出版社 2001 年版。

詹伯慧:《广东粤方言概要》,暨南大学出版社 2002 年版。

詹伯慧:《汉语方言学大词典与汉语方言学科建设》,《暨南学报哲学社会科学版》2015 年第 9 期。

詹伯慧:《汉语方言语法研究的回顾与前瞻》,《语言教学与研究》2004 年第 2 期。

占升平:《常宁方言中的处置式》,《铜仁学院学报》2013 年第 5 期。

占升平:《仡佬族方言比较研究》,民族出版社 2012 年版。

张成材:《西宁及周边方言介词初探》,《青海师范大学学报》(哲学社会科学版) 2006 年第 3 期。

张德岁、唐爱华:《宿州方言中的"给"》,《宿州学院学报》2010

年第 7 期。

张定:《汉语方言"工具—伴随"标记多功能性的 MDU 视角》,《汉语多功能语法形式的语义地图研究》,商务印书馆 2015 年版。

张弗、澄江县地方志办公室:《澄江方言志》,云南民族出版社 1996 年版。

张鸿魁:《临清方言志》,中国展望出版社 1990 年版。

张华文:《〈早期处置式略论〉质疑——与陈初生同志商榷》,《云南师范大学学报》(哲学社会科学版)1985 年第 1 期。

张惠英:《汉藏系语言和汉语方言比较研究》,民族出版社 2002 年版。

张金圈:《山东方言志丛书无棣方言志》,世界图书出版广东有限公司 2015 年版。

张俊阁:《汉语否定处置句研究》,《浙江大学学报》(人文社会科学版)2015 年第 5 期。

张俊阁:《后期近代汉语方言处置式类型学考察》,山东人民出版社 2016 年版。

张蕾:《否定式"把"字句的历时发展》,《语文学刊》(基础教育版)2006 年第 8 期。

张敏:《"语义地图模型理论":原理、操作及在汉语多功能形式研究中的运用》,《汉语多功能语法形式的语义地图研究》,商务印书馆 2015 年版。

张邱林:《深化比较:汉语方言学研究创新的重要途径》,《中国社会科学报》2011 年第 186 期。

张廷兴、王祚厚、李贵友:《山东方言丛书沂水方言志》,语文出版社 1994 年版。

张旺熹:《"把字结构"的语义及其语用分析》,《语言教学与研究》1991 年第 3 期。

张晓勤:《宁远平话研究》,湖南教育出版社 1999 年版。

张晓勤:《宁远方言的介词》,《湖南方言的介词修订本》,湖南师范大学出版社 2009 年版。

张雪平:《河南叶县话的"叫"字句》,《方言》2005 年第 4 期。

张一舟等:《成都方言语法研究》,巴蜀书社 2001 年版。

张义:《钟祥方言研究》,华中师范大学,博士学位论文,2014 年。

张豫峰:《现代汉语致使态研究》,复旦大学出版社 2014 年版。

张振铎:《沁县方言志》,山西高校联合出版社 1990 年版。

张振兴:《台湾闽南方言记略》,福建人民出版社 1983 年版。

张振兴:《重读〈中国语言地图集〉》,《方言》1997 年第 4 期。

章黎平:《汉语方言人体词语比较研究》,山东大学,博士学位论文,2011 年。

章望婧:《慈溪方言的处置式》,《现代语文》2013 年第 6 期。

赵日新、高晓虹:《读〈山东方言研究〉》,《方言》2002 年第 4 期。

赵雪:《镇安方言中的"把"字句分析》,《安徽文学》2014 年第 10 期。

赵燕珍:《论白语处置句和被动句》,《中国语言学报第十六期》,商务印书馆 2014 年版。

赵元任:《国语语法：中国话的文法》,学海出版社 1981 年版。

赵元任:《汉语口语语法》,商务印书馆 1979 年版。

赵则玲:《浙江畲话研究》,浙江人民出版社 2004 年版。

浙江省桐庐县县志编纂委员会、北京师范学院中文系方言调查组:《桐庐方言志》,语文出版社 1992 年版。

郑杰:《现代汉语"把"字句研究综述》,《语言教学与研究》2002 年第 5 期。

郑克强:《赣文化通典方言卷》,江西人民出版社 2014 年版。

郑焱霞、彭建国:《湖南城步巡头乡话研究》,湖南师范大学出版社 2016 年版。

中国语文杂志社:《潮州方言》,中华书局 1959 年版。

钟雷兴:《闽东畲族文化全书语言卷》,民族出版社 2009 年版。

周长楫、欧阳忆耘:《厦门方言研究》,福建人民出版社 1997 年版。

周国光:《现代汉语配价语法研究》,高等教育出版社 2011 年版。

周国炎:《布依语处置式的来源及其发展》,《中央民族大学学报》1999 年第 3 期。

周磊、王燕:《吉木萨尔方言志》,新疆人民出版社 1991 年版。

周乃刚、吕泉、朱晶晶:《桂北平话处置标记的语义类型及语法化》,《贺州学院学报》2008 年第 3 期。

周琴:《泗洪话处置式句法格式研究》,《南京晓庄学院学报》2008 年第 4 期。

周跃红、陈宝钧《诏安县志》,方志出版社 1999 年版。

朱德熙:《从方言和历史看状态形容词的名词化》,《方言》1993 年第 2 期。

朱德熙:《语法讲义》,商务印书馆 1982 年版。

朱冠明:《湖北公安方言的几个语法现象》,《方言》2005 年第 3 期。

朱建颂:《武汉方言词典》,江苏教育出版社 1995 年版。

朱赛评:《温州永嘉话表处置义的五类句式》,《吴语研究第七届国际吴方言学术研讨会论文集》,上海教育出版社 2014 年版。

朱雨:《开远方言中"挨"的介词功能与连词功能》,《红河学院学报》2013 年第 5 期。

朱玉宾:《汉语方言同形标志词的处置式和被动式》,《沈阳大学学报》(社会科学版) 2016 年第 1 期。

祝敏彻:《论初期处置式》,《北京大学中国语言文学系语言学论丛(第 1 辑)》,新知识出版社 1957 年版。

庄初升:《闽语平和方言的介词》,《韶关大学学报》(社会科学版) 1998 年第 4 期。

左福光:《四川宜宾方言的被动句和处置句》,《方言》2005 年第 4 期。

佐佐木勋人:《由给予动词构成的处置句》,《语法探究和探索 11》,商务印书馆 2002 年版。

后　　记

　　处置式是汉语中最具代表性的重要句式之一。国内外学者在共同语和汉语史领域都对这一句式做过细致的研究，并得出了许多重要的认识，这为本研究的开展提供了有利的条件，方便我们在前人研究的基础上来梳理和解释方言处置式的发展源流和结构演变。相对共同语而言，汉语方言领域对于处置式的研究起步较晚，成果不多，前期的研究大多是对单点方言处置式的简单描写，较为深入的方言处置式的研究是近年来才开始，尤其是对于汉语方言处置式的综合比较研究更是需要重视和加强。汉语方言处置式的深入研究有助于我们深化对共同语（普通话）处置式的认识，可以帮助解决共同语处置式研究中一些带有争议的问题。

　　由于前辈学者对于诸如共同语处置式的结构特点和部分处置标的语法化路径等问题的论述已经比较全面，我们很难对这些问题进行新的拓展，大多是总结学界认可度较高的观点，以此来进行普方验证。而对于一些关注度较少的问题，如汉语方言处置式的语用意义和特点，又很难通过文献收集到所需的语料，因此也不太容易取得太多的创见，我们多是在前人研究的基础上进行增补或解释，力求反映自己的认识。

　　本书得以完成，特别要感谢我的导师汪国胜先生。论文从框架的搭建到正文的撰写，汪老师都提供了许多指导。还记得第一次将论文提纲发给汪老师时，汪老师是在出差途中的火车上帮我改定提纲。之后我因病住院，汪老师知道我的情况后，反复叮嘱我要注意身体、放松心情，在学习、生活上遇到什么问题一定要及时与老师沟通。感谢汪老师的悉心指导。论文的完成受到本人研究水平的局限，与汪老师的要求仍有差距，今后我还将继续深化这一研究。我还要感谢华中师范大学语言研究所的各位老师和同学，他们给我提供了语料、建议等很多方面的帮助。另外，本书在成稿初期曾遇到不少问题，存在一些疏漏，我要特别感谢曾给本书提出宝贵意见的各位学者。

余 乐

2022 年 5 月 8 日

《汉语方言语法研究丛书》书目

安陆方言语法研究
安阳方言语法研究
长阳方言语法研究
崇阳方言语法研究
大冶方言语法研究
丹江方言语法研究
高安方言语法研究
河洛方言语法研究
衡阳方言语法研究
辉县方言语法研究
吉安方言语法研究
浚县方言语法研究
罗田方言语法研究
宁波方言语法研究
武汉方言语法研究
宿松方言语法研究
汉语方言持续体比较研究
汉语方言完成体比较研究
汉语方言差比句比较研究
汉语方言物量词比较研究
汉语方言被动范畴比较研究
汉语方言处置范畴比较研究
汉语方言否定范畴比较研究
汉语方言小称范畴比较研究
汉语方言疑问范畴比较研究

石城方言语法研究
山西方言语法研究
固始方言语法研究
海盐方言语法研究
临夏方言语法研究
祁门方言语法研究
宁都方言语法研究
上高方言语法研究
襄阳方言语法研究
苏皖方言处置式比较研究